눈물로 쓴 애꾸눈 광대의 희망일기

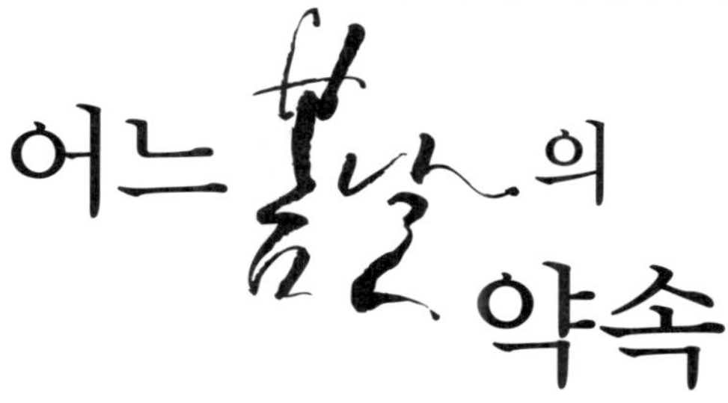

어느 봄날의 약속

이지현 글

시와사람

눈물로 쓴 애꾸눈 광대의 희망일기

어느 봄날의 약속

2022년 4월 25일 인쇄
2022년 5월 1일 발행

지은이 | 이 지 현
펴낸이 | 강 경 호
발행처 | 도서출판 시와사람
등　록 | 1994년 6월 10일 제 05-01-0155호
주　소 | 광주시 동구 양림로119번길 21-1(학동)
전　화 | (062)224-5319
E-mail | jcapoet@hanmail.net

ISBN 978-89-628-1 03810

값 17,000원

· 지은이와의 협의로 인지를 붙이지 않습니다.
· 잘못된 책은 구입하신 서점에서 바꾸어 드립니다.

공급처 ■ 한국출판협동조합
경기도 파주시 적성면 가월리 1859-9 한국출판협동조합 적성물류센터
주문전화 (02)716-5616, 070-7119-1740

눈물로 쓴 애꾸눈 광대의 희망일기

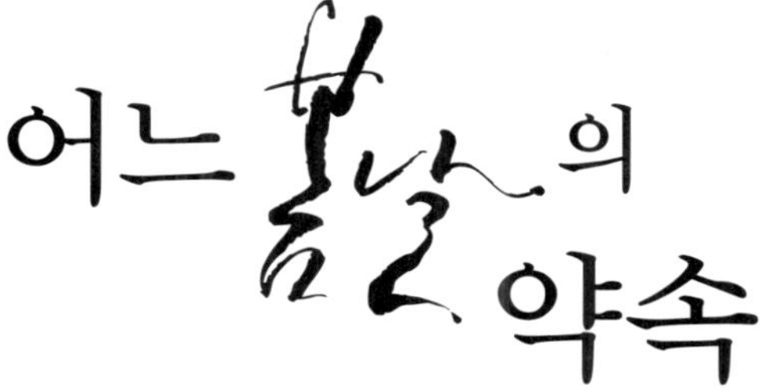

■책을 펴내며

'5월 광주'는 나의 영원한 연인!

내 고향은 마지막 의병장 심남일 장군이 체포된 화순 청풍으로, 6·25 전후에 부모님은 낮에는 군경, 밤에는 빨치산에게 시달렸다.

그래서 어머니는 나를 임신하자 출산을 위해 피난 간 곳이, 김구 선생께서 은거했던 보성군 득량면 삼정리 1구 쇠실부락이며, 그곳이 나의 태를 묻은 곳이다.

학창시절엔 부모님의 뜻과 달리 문학소년을 꿈꾸다, 고교 졸업 후엔 악극단 활동과 응원단장을 지냈다. 그러다가 1980년, 나의 '연인' 5·18민중항쟁과 숙명적으로 만났다.

어머님 말씀을 안 듣고 이리와 장성을 거쳐 내려와 구 전남도청에서 기종대 선배님 등과 시신수습을 했다. 그러다가 친구에게 가던 중, 화정동 안기부 근처에서 계엄군에 부상을 당한 후, 돌고개에서 시민군의 장갑차에 실려 전남대병원으로 후송됐다. 생각하고 싶지 않은 1980년의 참상, 가슴 잘리어진 손○○와 공수부대원에게 성폭행당한 유○○ 여고생의 애환을 가슴에 안고 살아야 했다. 그래서 진상규명 투쟁에 앞장섰고 독종이란 별명을 얻었다.

감시·연행·사찰·구속, 그리고 안기부(국정원)와 보안대를 섭렵하는 바람에 가정은 풍비박산나고 말았다. 42년 동안 죄인처럼 살았다. 우울증과 트라우마로 인해 자살을 기도했으나 죽는 것도 마음대로 되지 않았다. 하여 시민들께 빚을 갚기 위해 봉사활동을 시작했고, 그것이 계기가 되어 5·18 민주화운동 기념공연 『애꾸눈광대』를 하게 됐다.

숙명일까, 한국의 근현대사를 사신 어머님께서 공연날에 소천하여, 임종도 빈소도 못 지킨 불효자식이 될 수밖에…….

이 책은 5·18 이후의 투쟁사이며 반성문이다. 소중한 역사적 기록이라고 말씀해주시는 분들이 계셔서, 용기를 내어 출간을 하게 됐다. 부족한 점은 5·18 연구자들이 채워주길 바란다.

지금까지 보잘 것 없는 소생을 응원해주신 광주시민을 비롯한 국민 여러분과 남화토건(주)의 최재훈 대표이사, (주)리젠시빌의 이영웅 회장, 윤상원 열사의 동생 윤태원 선생과 5월가족 및 민주화운동 동지, 그리고 유은동문과 화순 향우, 특히 <시와사람>의 강경호 시인께 감사드린다.

애꾸눈광대 이지현

■축간사

광주의 진실을 알리는 민주주의의 나침반

『어느 봄날의 약속』의 출간을 축하드립니다. 책의 저자 이지현 선생님은 이 책을 내면서, '5·18민주항쟁 이후의 투쟁사이자 반성문'이라고 말씀하셨습니다. 여기에 제가 감히 덧붙인다면 이 책은 우리 모두가 기억해야 할 '우리의 오월, 우리의 광주에 대한 이야기'라고 말씀드리고 싶습니다.

5·18민주화운동과 그 정신은, 어두운 시대에 굽히지 않고 등불을 밝힌 자랑스러운 우리의 산 역사입니다. 그러나 80년 5월에 대한 이야기는 오랫동안 금기였습니다. 그 역사를 함께 겪은 사람들에게는 평생 안고 가야 할 멍에이기도 했습니다.

1980년 그 해에, 저는 5·17 계엄령 위반으로 구속되고, 석방된 후 고향인 대구로 내려가서 민주화운동을 이어갔습니다. 87년 대통령선거 당시에는, 대구 시내 골목골목에서 김대중 후보의 지지연설을 했습니다. 그리고 그 자리에서 이지현 선생님을 처음 만났습니다. (이 날의 이야기가 이 책에도 담겨있습니다)

그 후 저는 서울로 올라가서 정치에 입문했고, 이 선생님은 문화예술로 광주를 알리겠다며 연극인이 되셨습니다. 그리고 2014년 겨울, 대구에서 이 선생님의 연극 〈애꾸눈 광대〉를 봤습니다. 연극이 끝나고 난 뒤 관객들과 함께 밤새도록 토론과 통음을 했던 기억이 지금도 선명합니다.

5월 광주 이후, 그날의 진실을 밝히고 알리는 일이 곧 민주화운동이 되었습니다. 그 일은 42여 년이 지난 지금도 현재진행형입니다. 광주의 진실을 알리는 이 책이 민주주의를 향한 나침반이자, 상처와 애환을 안고 살아가고 있는 모든 이들에게 힘이 되기를 소망합니다.

5월의 이야기가 이렇게 책으로 나오게 된 것을 다시 한번 축하드리며, 이지현 선생님의 노고에 깊이 감사드립니다.

2022년 4월

국무총리 김 부 겸

■ 축간사

굳건한 의지와 삶의 자세 떠올려보기를

"내가 날씨에 따라 변할 사람 같소!"

5.18 광주항쟁 당시 지광 김동수 열사의 저 외침을 늘 마음에 지니고 살아왔습니다만 근자에 날씨뿐만 아니라 조그마한 고깃덩이와 닭벼슬보다 못한 자리에도 변한 사람들을 많이 목도하여 침울한 적이 한두 번이 아니었습니다. 허나 이지현 선생께서는 제가 수십년을 보아왔으나 늘 큰 나무처럼 제 자릴 지켰던 분이셨기에 그나마 이 침울함을 잊어보게됩니다.

광주항쟁이 42년을 넘어가니 사람들 마음 속에서도 가물가물해지는가 싶어서 안타깝곤 합니다 진상규명이 잘되고 학살을 지시한 자들에 대한 역사적 평가가 흔들림이 없다면, 자연스레 상처도 잊혀지는 것이 좋으련만 아직도 한 켠에서 아주 큰 목소리로 전두환에 대한 옹호와 광주에 대한 모욕들이 횡행하니 염려가 됩니다

여러 여건들이 어렵습니다. 이번에 민주화운동유공자 보상에 관한 법을 만드는 것에 도움을 드리려고 노력했지만 참으로 어려웠습니다. 무거운 마음이 어깨를 짓누르는 듯 하지만 그래도 천천히 한 걸음씩 나아갈 수밖에 없지않겠습니까!

이지현 선생처럼 묵묵히 자신의 의지와 지조를 지키며 한 발자국씩 내딛는 분들을 보면서 침울한 마음을 이겨봅니다. 오늘 이지현 선생께서 쓰신 글들을 보면서 선생의 굳건한 삶의 편린들을 다시 상기해보게 되었습니다. 이 글을 읽으시는 분들께서도 그러한 굳건한 의지와 삶의 자세들을 떠올려보시길 바랍니다.

제가 며칠 전『난중일기』를 훑어보다가 이순신 장군께서 쓰신 「송사를 읽고」라는 글을 보았는데, 마음에 남는 구절로 이지현 선생에 대한 마음을 보여봅니다

去之之言 固不可萌諸心 況敢出諸口耶

떠나간다는 말은 결코 한 점의 마음 속에서도 싹트면 안되는 것이니 하물며 감히 입 밖으로 꺼낼 수 있으리요!

2022년 4월

민주화운동기념사업회 이사장 지선 스님

■축간사

'5월 광주' 명예회복과 마중물 되기를

이지현 전 5·18부상자회장님의 『어느 봄날의 약속』 출간을 축하합니다.

이지현 회장님은 설명이 필요 없는 '5월 광주'의 산 증인입니다. 80년 5월 계엄군에 한쪽 눈을 잃어버린 뒤에도 부상자회 초대회장을 맡아 진상규명과 책임자 처벌을 위한 투쟁을 멈추지 않으셨습니다.

비록 지금도 해결해야 할 과제가 많지만, 회장님의 이런 헌신과 노력이 있었기에 5·18이 이 정도로나마 역사에 자리매김될 수 있었을 것입니다.

더욱 의미 있는 것은 5·18을 널리 알리고, 역사를 바로세우기 위한 노력을 문화의 영역으로 넓혔다는 데 있습니다. 회장님은 2010년 이후 '애꾸눈 광대'라는 이름의 극단을 통해 연극을 200 차례 넘게 무대에 올리셨습니다. 이를 통해 5·18을 슬픔 속에만 가둬두지 않고 '희망'으로 끌어내셨습니다.

저는 전교조 활동으로 해직된 후, 민주연합 광주·전남지부에서 사무처장으로 활동하면서 이 회장님과 인연을 맺었습니다.

『어느 봄날의 약속』은 이처럼 소중한 회장님의 5·18인생을 함축하여 담아냈습니다. 뿐만 아니라 5·18 관련한 수많은 이야기를 기록한 이 책은 역사적인 측면에서 의미가 있습니다.

이 책이 미완의 과제인 5·18진상규명과 명예회복을 앞당기는 마중물이 되기를 바랍니다. 나아가, 미래세대인 우리 아이들에게 교훈과 희망을 안겨주는 민주주의의 지침서가 되기를 기원합니다.

2022년 4월

전라남도교육감 장 석 웅

■축간사

5월 광주가 있어서 민주주의 진전

나는 5·18의 진실을 한동안 전혀 알지 못했다. 세월이 흘러 1993년 5월 18일 저녁, 전 전남도청 광장에서 열렸던 기념식에 처음으로 초대되어 갔던 것이 그날의 진실을 알게 된 시작이었다. 20여만 시민의 함성속에 터지는 가슴과 흐르는 눈물의 아픔 속에 마주한 역사의 진실에 민주주의의 소중함을 뼛속까지 느낀 순간이었다. 그 깨달음으로 민주적 정권도 만들어냈고 많은 기대가 있었지만 민주적인 현실은 아직도 요원한 실정이다. 그래서 사회 곳곳에 남아있는 전근대적 제도와 관습과 의식을 변화시키는 개혁이 지금도 많이 필요한 상황이다.

그래서 이번 선거도 결국은 기득권 수구세력과 민주적 사회 정의를 갈망하는 개혁세력의 대결이 되고, 말았다. 아직도 일제 치하와 이승만의 휘하에서 그리고 군부독재에 빌붙어 호의호식하며 살아온 자들은, 이 사회의 지배적 엘리트 기득권 세력으로 굳건히 자리잡고 있기 때문이다. 즉 대한민국의 선거는 기득권의 이익을 대변하는 세력과 김구 선생 등 애국지사들의 가르침을 따라 고난 속에 국민의 자유와 평등을 추구해온 민주 세력간의 다툼일 수밖에 없는 것이다. 광주 항쟁의 한복판에서 조국의 민주주의를 위해 헌신해온 이지현 형님 같은 많은 민주 투사들의 노력에 힘입어, 이땅의 민주주의가 그래도 한 발짝씩 앞으로 나아가고 있음에 참으로 감사한 마음이다.

2022년 4월
전 국회의원 정 한 용

■축간사

광주항쟁의 한복판에서
민주주의를 위해 헌신한 투사

5월 18일은 '5·18민주화운동 기념일'이다. 대한민국에는 국가기념일이 53개나 있다니 일주일마다 한 번 꼴로 국가기념일이 돌아오는 것이다. 올해가 2022년이니 1980년 5월은 이미 42년이나 지난 일이다. 일제 36년보다 훨씬 더 긴 세월이 흘렀으니 지금 젊은이들에게 1980년 5월의 이야기를 하는 것은, 해방 직후의 젊은이들에게 대한제국 때 의병 이야기를 하는 것만큼 옛날이야기가 되어 버렸다. 민주화운동에 대한 젊은 세대의 태도는 갈수록 냉담해지고 있다. "사랑도 이름도 명예도 남김없이 한평생 나가자던" 386세대는 사랑도 이름도 명예도 모두 가진 기득권 세력이 되었고, "라떼는 말이야"의 무용담에 관심을 갖는 젊은 세대는 찾아보기 어렵다.

1980년 광주는 과연 무엇이었을까? 그것은 최정운 교수가 『오월의 사회과학』에서 말한 것처럼 "하나의 사건이 아니라 우리의 역사를 다시 시작하게 만든 사건"이며, 적어도 민주화운동 세대에게는 "우리 모두에게 각자 새로운 역사를 시작하게 만드는 사건"이었다. 1980년 나는 스물두 살의 대학생이었다. 그때는 몰랐지만, 나 역시 오월 광주 때문에 삶의 궤적이 바뀐 수많은 광주의 자식들 중 한 명이었다. 80년대 질풍노도의 분위기 속에서 현대사를 공부하게 되었고, 그 후 광주와 관련된 강연도 수백 번은 했을 것이다. 지금 한국사회에는 여덟 번째인지 아홉 번째인지, 정부 차원의 5·18 민주화운동 진상규명조사위원회가 만들어져 그날의 진실을 규명하려고 하고 있다. 도대체 우리가 아는 것은 무엇이고, 모르는 것은 또 무엇인가? 내가 정말로 궁금한 것은, 아니, 우리 사회가 진실로 규명해야 할 것은 발포명령을 누가 언제 내렸느냐가 아니다. 유대인 학살의 명령을 히틀러가 언제 어떻게 내렸는지 밝혀져 있지는 않지만, 홀로코스트에서 이 문제는 전혀 쟁점이 되지 않는다.

내가 진정 궁금한 것은, 궁금하다기보다는 정말로 부끄러운 것은 어떻게 인정도 반성도 사죄도 하지 않은 전두환이 감옥이 아닌 제 집에서 죽을 수 있었냐는 것이다. 마이클 샌델의 『정의란 무엇인가』가 수백만 권이 팔리고, 국민들이 가장 사랑하는 애송시가 "죽는 날까지 하늘을 우러러 한 점 부끄러움이 없기를 잎새에 이는 바람에도 나는 괴로워했다"라는 나라에서 어떻게 이런 일이 가능했을까? 평균 수명이 80을 훌쩍 넘긴 대한민국에서 살아남은 자의 슬픔을 곱씹어야 했던 시민군들의 평균 수명은 왜 50을 넘기지 못하는 것일까? 정병균, 채광한, 이광영... 뒤늦게 트라우마 센터를 만

들었다고는 하지만, 왜 이 죽음의 행진은 멈춰지지 않는 것일까? 우리가 정말로 규명해야 할 진실이고 바로잡아야 할 현실이다.

그래서 애꾸눈 광대 이지현은 여전히 40여 년 전 팔십년 오월을 살고 있다. 애꾸눈 광대는 끊임없이 1980년 5월을 이야기한다. 200회가 넘게 공연된 '애꾸눈 광대'는 공연할 때마다 이야기가 다르다고 한다. 그만큼 하고 싶은 이야기, 들려주고 싶은 사람들의 사연이 많은 것이다. 『어느 봄날의 약속』에는 그의 이야기보다도 이 책이 아니면 그저 망월동 묘지의 비석에서나 스쳐 지나가며 이름을 보았음직한 사람들이나, 그렇게 이름이라도 남길 기회조차 없었던 오월 가족들의 이야기로 가득 차 있다.

역사를 공부하고 가르치다 보니, 역사를 발전시킨 원동력이 무엇이냐는 질문을 종종 받곤 한다. 오월 광주를 보면서, 특히 『어느 봄날의 약속』의 '고아 출신 구두닦이 시민군 정병균' 이야기를 보면서 느낀 것은, 역사를 지탱해 온 큰 힘은 평범한 사람들의 분노와 부끄러움이라는 점이다. 2020년 9월 1일 임대 아파트 옥상에서 투신하기 직전 119에 전화를 걸어 어디서 투신하니 빨리 시신을 수습해 달라는 처절한 유언을 남긴 정병균의 친구는 이렇게 이야기한다. "새벽에 도망 나온 놈들이 무슨 낯짝으로 나간다요? 우리 구두닦이 고아들이 삼십여 명 된디, 그것 때문에 부끄러워서 5·18 관련자라고 얘기도 못하고 삽니다." 5·18 유공자들의 특혜니 자녀들의 공무원 시험 가산점 문제 등으로 복잡했던 머리가 망치로 한 대 세게 맞은 느낌이었다.

다음번 헌법 개정에는 5·18이 반드시 헌법 전문에 명기되어야 한다고 여야 정치권이 입을 모으는 나라에서, 5·18은 정녕 명예로운 것인가? 5·18 유공자들은 어떤 삶을 살고 있고, 그들의 가족은 자신들의 아버지나 남편을 자랑스럽게 여기고 있는가? 오월은 아프다. 오월이 아프지 않다면 애꾸눈 광대도 힘들게 무대에 서지 않아도 될 것이다. 그 해 오월 광주에 있었고 그 참혹한 학살을 외면하지 않았다는 사실이, 삶의 멍에가 아닌 명예가 되도록 하는 것이야말로 살아남은 자의 슬픔을 외면하지 못한 우리 모두의 책임일 수밖에 없다. 애꾸눈 광대는 그 뜨거웠던 오월이 그에게 가져다준 엄청난 고통 속에서 어떻게 살다가 죽는 게 올바른 길인가를 비로소 알게 됐다고 고백한다. 이 책은 그런 깨달음을 얻게 해 준 수많은 이름 없는 사람들의 이야기이다.

2022년 4월

한 홍 구

■축간사

5월 가족의 땀과 피와 눈물로 얼룩진 역사

이지현 회장과의 인연은 5·18 광주청문회를 거치면서였습니다. 2020년 5월, 광주항쟁 40주년이 되는 해를 무의미하게 보내기가 민망하고 부끄러웠습니다. 그래서 제안을 했으며 양동시장에서 장을 봤습니다. 이 회장과 차종수 씨와 함께 주남마을과 송암동 두 곳에서 노제를 올렸습니다.

그리고 처음으로 연극 〈어느 봄날의 약속〉을 봤습니다. 연극을 보는 내내 고개를 들 수 없었고, 죄스러운 마음을 어찌할 바를 몰랐습니다. 당시의 시민군 기동타격대로 활동했던 분들과 시민들에게 사죄를 드렸습니다. 시민들이 오히려 격려해주어 눈물이 났습니다.

이지현 회장이 발간한 『어느 봄날의 약속』은, 화순의 아들로 태어나 광주정신을 지키기 위해 온 몸으로 싸운 이 회장과, 5월 가족들의 땀과 피와 눈물로 얼룩진 역사가 아닐까 합니다. 알려지지 않는 수많은 사건들을 통해서 폄훼와 왜곡을 막고 '진상규명'의 디딤돌이 되었으면 합니다. 저 또한 전문위원의 한 사람으로서, 결자해지의 마음으로 진상규명에 최선을 다하겠습니다.

행불자들이 가족의 품으로 안기도록 '양심선언'을 촉구합니다.

2022년 4월

5·18당시 계엄군 중사 최 영 신

■축간사

오월정신을 일깨우는 죽비소리가 되길

2021년의 봄, 부산과 전남의 고등학생들과 영호남 고교생 5·18 바로알기에 참여하면서 학생들과 함께 〈연극, 어느 봄날의 약속〉을 봤습니다. 공연 전 애꾸눈광대 이지현 선생님이 무대에 올라서 환영의 말씀을 하셨습니다. '고등학생들, 특히 부산에서 온 고등학생들에게 오월 광주 사람들의 이야기를 들려줄 수 있어서 기쁘다'고 하셨습니다. 부산의 역사교사로서 5·18의 의미를 학생들과 많이 나누었다고 생각했는데, 내게 저런 절실한 소통의 갈망이 있었던가 하는 반성을 했습니다.

학생들에게 5·18에 대해 이야기를 하면서 한순간 애꾸눈광대의 목이 메이는 순간이 있었습니다. 트라우마... 『어느 봄날의 약속』 책 속에 자주 등장하는 그 아픔이 몸을 뚫고 나왔습니다. 애꾸눈광대는 아직도 5·18 당시의 국가 폭력 속에서 있었습니다. 민주주의와 인권, 인간다움이 억압되었던 시절의 아픔에 몸과 마음이 묶여 있었습니다. 같은 시대를 살아가는 사람으로서 어떻게 그 아픔을 나눌 수 있는지 몰라서 미안했습니다.

눈물로 쓴 애꾸눈광대의 희망일기, 『어느 봄날의 약속』은 이지현 선생님이 기억하는 5·18과 사람들에 관한 이야기였습니다. 책을 읽으면서 너무나 평범하고 선한 사람들, 양심과 인간다움을 지키려 했던 사람들, 삶의 무게에 짓눌려버린 사람들, 다시 일어서려고 노력하는 사람들을 만났습니다. 평범하지만 선함을 잃지 않았던 사람들의 희생을 통해 한국은 인간다움을 유지할 수 있는 나라가 되었습니다. 이 사람들을 기억하는 것이 봄날의 약속을 지키는 것이라고 다짐을 합니다.

이 책이 광주만이 아니라 영남, 그리고 전국의 학생들과 시민들에게 읽혔으면 좋겠습니다. 이 책이 지금도 계속되고 있는 5·18의 아픔을 기억하고 오월 정신을 일깨우는 죽비소리가 되길 염원합니다.

2022년 4월

부산남산고등학교 교사 김 민 수

■사진으로 보는 이지현의 길

▲ 화순군 청풍면 차리 141번지 생가

▲ 산간벽지 전남 화순군 청중초등학교 졸업사진(1964.1.)

▲ 보성중학교 2학년 1반 급우들과의 모습

▲ 유일한 고교시절의 사진

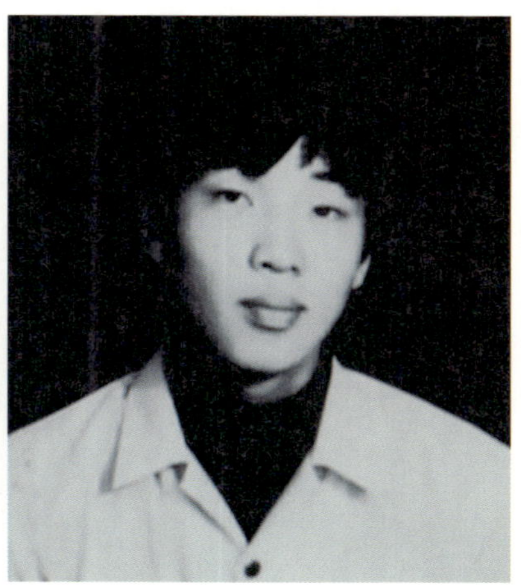

▲ 고향에서의 청년시절

▲ 어머님 회갑 때 일가 친척과의 모습

▲ 1983년 11월 26일 결혼식
(5·18 수괴 정동년, 유족회 전계량, 정수만 회장 및 부상자 동지들과)

▲ 재광 화순 청풍초등학교 동문회(곡성 압록)

▲ 5·18관련자인 인현과 막내 충현과의 홍도여행

▲ 1977년 광주상고(현 동성고)의 황금사자기 우승 때의 응원 모습

▲ 1980년 당시 환자 수송 모습

▲ 1983년 5월 18일 3주기 행사 및 총회(구 카톨릭센타 5.18기록관)

▲ 1983년 5월, 5.18민중봉기 화순동지회 창립

▲ 부활제 모습

▲ 1980년 당시 시민군들의 모습

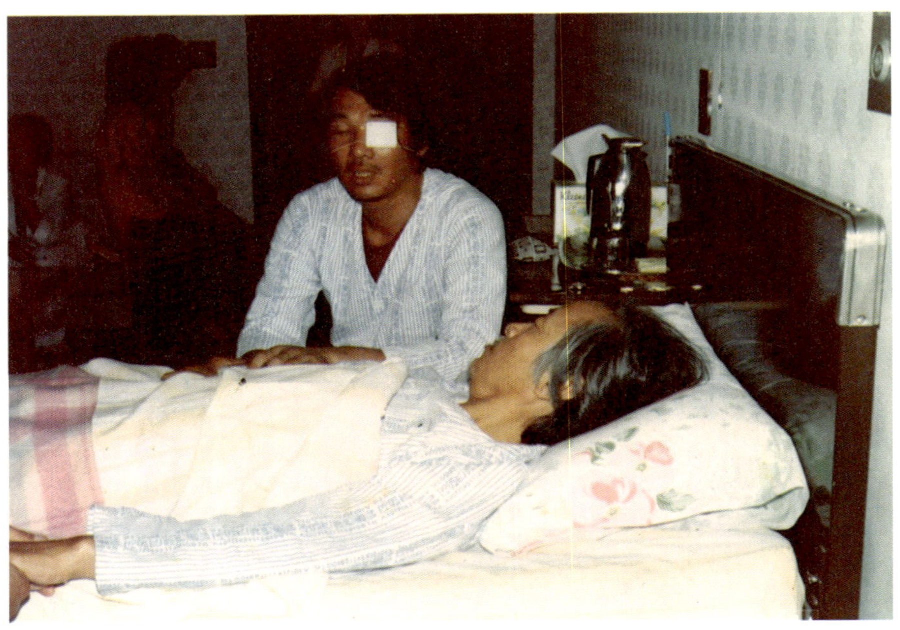

▲ 1983년 5월 26일 김영삼 총재 단식 때(서울대병원 10층)

▲ 1983년 5.18 추모미사(남동성당)
좌로부터 골롬반회 간다위 신부, 윤공희 대주교, 김성용 신부

▲ 1984년 4월, 천주교 명상의집에서의 5월 가족모임 (뒷줄에 문익환 목사, 조비오 신부님 등의 모습)

▶ 5·18위령탑건립 및 기념사업 추진

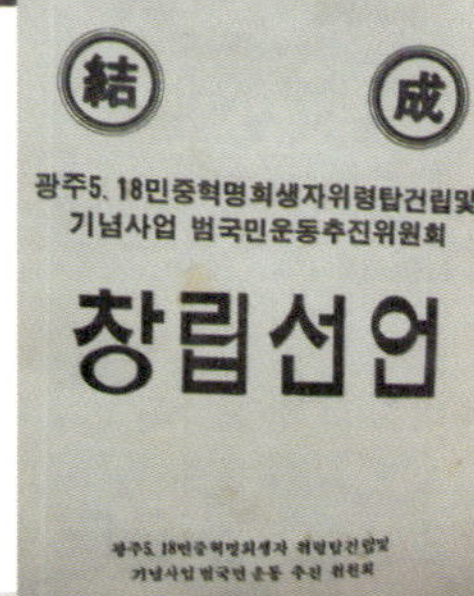
結 成

광주5. 18민중혁명희생자위령탑건립및
기념사업 범국민운동추진위원회

창립선언

광주5. 18민중혁명희생자 위령탑건립및
기념사업 범국민 운동 추진 위원회

▼ 1984년 5.18 4주기 추모식장에서 안종필 열사의 누나 안경순 씨의 추모시 낭송

▼ 5·18민중혁명희생자위령탑건립추진위원회의 메달

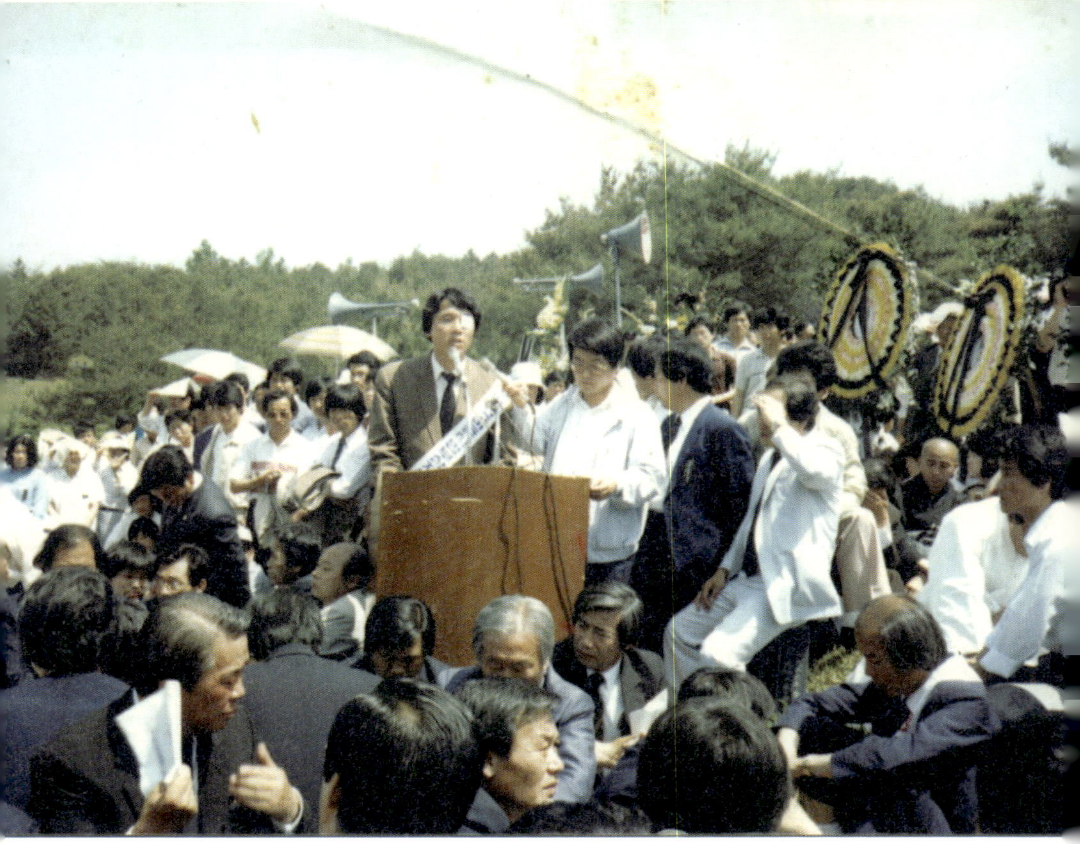

▲ 1985년 5·18 5주기 추모행사의
사회 보는 모습

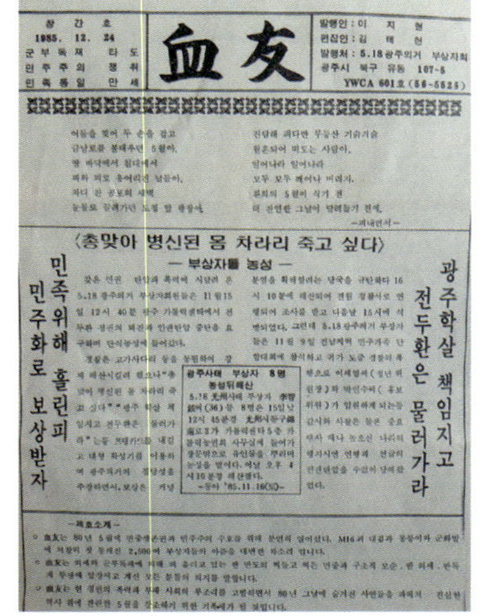

창 간 호
1985. 12. 24
군부독재 타도
민주주의 쟁취
민족통일 만세

血友

발행인 : 이 지 현
편집인 : 김 태 헌
발행처 : 5.18광주의거 부상자회
광주시 북구 유동 107-5
YWCA 601호 (56-5525)

〈총맞아 병신된 몸 차라리 죽고 싶다〉

— 부상자들 농성 —

민족위해 흘린피
민주화로 보상받자

광주학살 책임지고
전두환은 물러가라

광주사태 부상자 8명
농성뒤해산

-동아 '85.11.16(토)-

-제호소개-

▶ 5·18 기관지 창간호

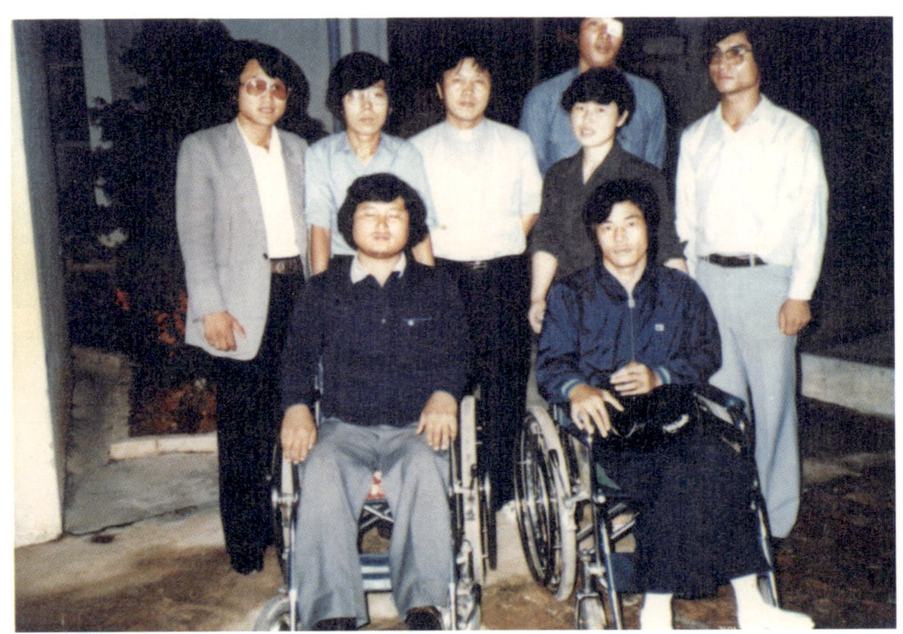

▲ 부산미문화원 방화사건의 관련자를 숨겨준 원주교구 최기식 신부가 석방되어 계림동성당에서 1983년 말(뒷줄 가운데가 최기식 신부)

▲ 1985년 4월 홍남순 변호사, 조아라 회장님 등과 동교동 방문하여 기념사진

▲ 5·18민중항쟁 6주기

▲ 1987.8.29. 만기석방 후 망월동묘역에서

▲ 1980년 5월 19일, 공수부대에 성폭행을 당한 후 스님이 된 유ㅇㅇ 양의 뒷모습

▲ 1989년 2월 14일, 5·18광주민중혁명 부상자동지회 창립

카메라 현장

(사진=이해열 강재호 우태윤 최종학기자)

◇"보상앞서 진상규명을" 20일 오전 11시20분쯤 5·18광주민중항쟁유족회를 비롯한 부상자가족등 4개단체회원 1백20여명이 국회정문 경비를 뚫고 의사당안으로 들어가 "조속한 진상규명, 호프만식 보상철회"등의 구호를 외치며 시위를 벌이다가 문동환위원장 등 광주특위의원들의 설명을 듣고 오후 3시쯤 자진해산했다.

▲ 5공청문회 시절 국회점거농성

▲ 1989년 노태우정권 퇴진 및 이철규 열사 사인 규명 투쟁

1988년 국회 앞
진상규명과
미국의 사과와 통일투쟁
(뒤에 홍금숙, 이춘기 동지)

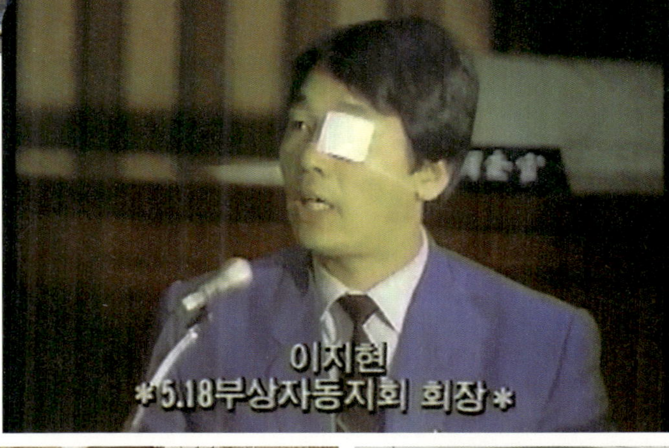

1989년 5공 청문회 증인 참석

鄭東年·李智鉉씨 사전영장

光州지검

街頭시위주도·공무집행방

家宅압수수색영장도

▲ 1989년 518공동대책위 사전구속영장

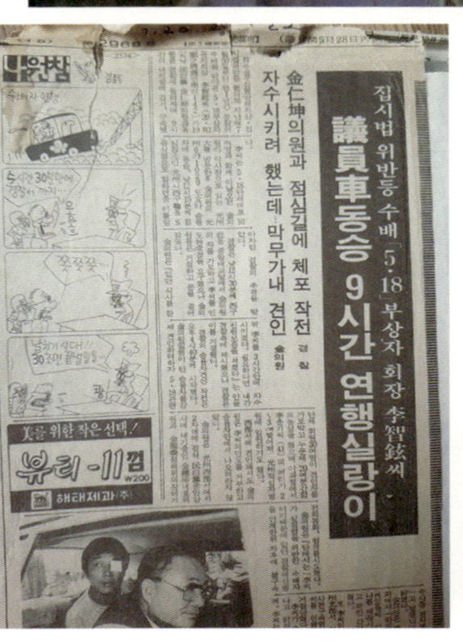

집시법 위반등 수배 「5·18」부상자 회장 李智鉉씨

議員車동승 9시간 연행실랑이

金仁坤의원과 점심길에 체포 작전

자수시키려 했는데 막무가내 견인

▲ 1990.7.20. 9시간 차량농성

▲ 1990.7.20. 9시간 차량농성

▲ 1989년 5월 18일, 노태우 정권퇴직 투쟁 때의 분수대. 왼쪽부터 윤강옥, 허규정, 서경원 의원, 필자, 김영진, 홍기훈, 조홍규 의원, 문장우, 정해직, 정웅, 정상용 의원, 조봉훈

▲ 20만 명이 운집한 1989년 도청분수대 앞

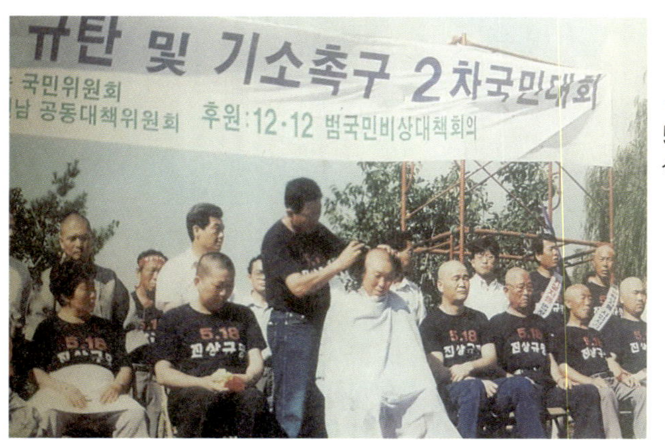

◀ 5·18 유가족과 부상자들의 삭발투쟁(장충단공원)

1991년 5월학교 시절

시민운동을 하던 시민회
(구 주민회시절
화엄사에서,
1994년)

부상자 회원들과의
역사문화답사

▲ 1993.5.17. 정한용 전 의원 황진우 시인과 추모제에서

▲1995년 5·18학살자 재판회부를 위한 광주·전남 공동대책위원회

▲ 1995년 5월 피터슨 목사 망월동 참배

▲ 근우회(김근태 친구들의 모임, 초대회장 지선스님) 정례모임(1996년)

▲ 1999년 노무현 전대통령과 제주도 4.3항쟁 추모공원에서의 만남

▲ 부상자회 임원 연수(2009년 8월)

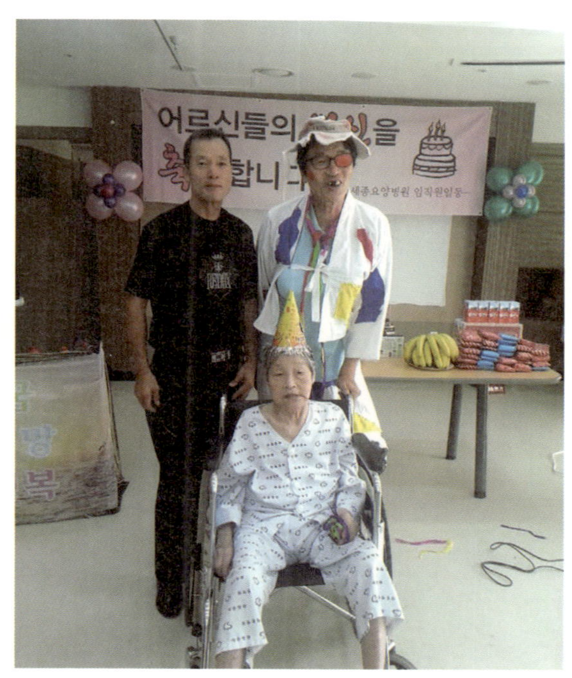

▶ 요양병원 어머니와

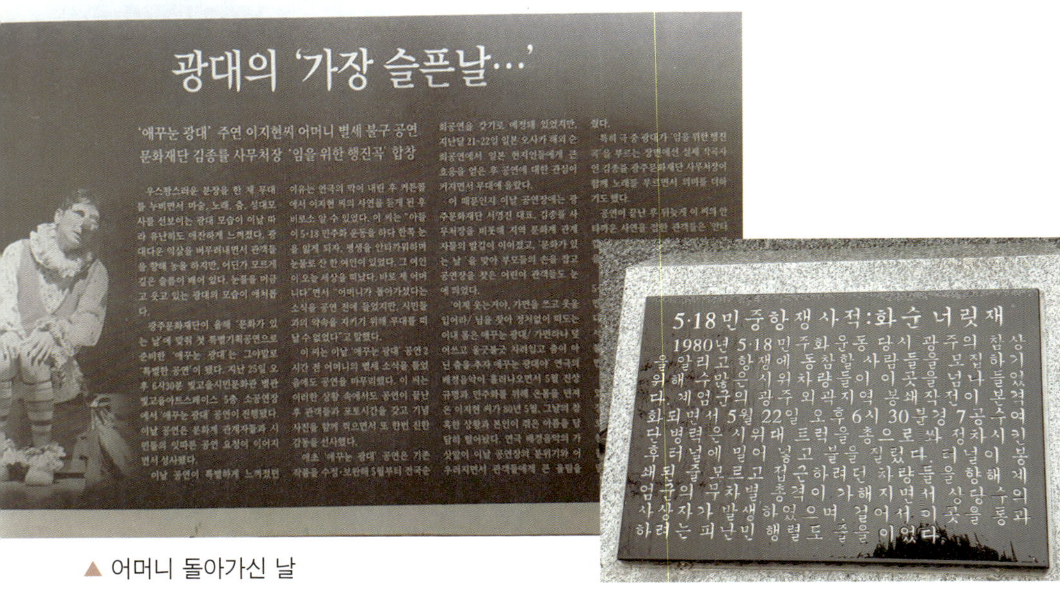

2015년 2월27일 금요일

광대의 '가장 슬픈날…'

'애꾸눈 광대' 주연 이지현씨 어머니 별세 불구 공연
문화재단 김종률 사무처장 '임을 위한 행진곡' 합창

우스꽝스러운 분장을 한 채 무대를 누비면서 마술, 노래, 춤, 성대모사를 선보이는 광대 모습이 이날 따라 유난히도 애잔하게 느껴졌다. 광대다운 익살을 버무려내면서 관객들을 향해 농을 하지만, 어딘가 모르게 깊은 슬픔이 배어 있다. 눈물을 머금고 웃고 있는 광대의 모습이 애처롭다.

광주문화재단이 올해 '문화가 있는 날'에 맞춰 첫 특별기획공연으로 준비한 '애꾸눈 광대'는 그야말로 '특별한 공연'이 됐다. 지난 25일 오후 6시30분 빛고을시민문화관 별관 빛고을아트스페이스 5층 소공연장에서 '애꾸눈 광대' 공연이 진행됐다. 이날 공연은 문화계 관계자들과 시민들의 잇따른 공연 요청이 이어지면서 성사됐다.

이날 공연이 특별하게 느껴졌던 이유는 연극의 막이 내린 후 커튼콜에서 이지현 씨의 사연을 듣게 된 후 비로소 알 수 있었다. 이 씨는 "아들이 5·18 민주화 운동을 하다 한쪽 눈을 잃게 되자, 평생을 안타까워하며 눈물로 산 한 여인이 있었다. 그 여인이 오늘 세상을 떠났다. 바로 제 어머니다"면서 "어머니가 돌아가셨다는 소식을 공연 전에 들었지만, 시민들과의 약속을 지키기 위해 무대를 떠날 수 없었다"고 말했다.

이 씨는 이날 '애꾸눈 광대' 공연 2시간 전 어머니의 별세 소식을 들었음에도 공연을 마무리했다. 이 씨는 이러한 상황 속에서도 공연이 끝난 후 관객들과 포토시간을 갖고 기념사진을 함께 찍으면서 또 한번 진한 감동을 선사했다.

애초 '애꾸눈 광대' 공연은 기존 작품을 수정·보완해 5월부터 전국순회공연을 갖기로 예정돼 있었지만, 지난달 21~22일 일본 오사카 해외순회공연에서 일본 현지인들에게 큰 호응을 얻은 후 공연에 대한 관심이 커지면서 무대에 올랐다.

이 때문인지 이날 공연장에는 광주문화재단 서영진 대표, 김종률 사무처장을 비롯해 지역 문화계 관계자들의 발길이 이어졌고, '문화가 있는 날'을 맞아 부모들의 손을 잡고 공연장을 찾은 어린이 관객들도 눈에 띄었다.

'이제 웃는거야, 가면을 쓰고 옷을 입어라/ 님을 찾아 정처없이 떠도는 이내 몸은 애꾸눈 광대/ 가면하나 덮어쓰고 울긋불긋 차려입고 춤이 아닌 춤을 추자 애꾸눈 광대야' 연극의 배경음악이 흘러나오면서 5월 진상규명과 민주화를 위해 온몸을 던진 이지현 씨가 80년 5월, 그날의 참혹한 상황과 본인이 겪은 아픔을 담담히 털어놨다. 연극 배경음악의 가삿말이 이날 공연장의 분위기와 어우러지면서 관객들에게 큰 울림을 줬다.

특히 극 중 광대가 '임을 위한 행진곡'을 부르는 장면에선 실제 작곡자인 김종률 광주문화재단 사무처장이 함께 노래를 부르면서 의미를 더하기도 했다.

공연이 끝난 후 뒤늦게 이 씨의 안타까운 사연을 접한 관객들은 '안타

5·18민중항쟁사적:화순 너릿재

1980년 5·18민주화운동 당시 광주의 참상을 알리고 항쟁에 동참할 사람들을 모집하기 위해 수많은 시위차량들이 이곳을 넘나들었다. 계엄군의 광주 외곽지역 봉쇄작전이 본격화되면서 5월 22일 오후 6시 30분경 7공수여단 병력은 시위대 트럭을 총으로 쏴 정차시킨 후 터널에 밀어 넣고 불을 질렀다. 터널이 봉쇄된 줄 모르고 접근하려던 차량들을 향해 계엄군의 무차별 총격이 가해지면서 상당수의 사상자가 발생하였으며, 걸어서 이곳을 통과하려는 피난민 행렬도 줄을 이었다.

▲ 어머니 돌아가신 날

▲ 너릿재 사적비

우리 부상자회는 일찍이 동서화합, 남북의 평화적 통일을 갈망하며 몸소 앞장섰다.

▲ 부상자회 영남인 초청

▲ 2016년 민주대행진

▲ 구 묘역 가는 길

▲ 1983.5.26.고문당했던 안기부 지하실의 현재 전경

▲ 505보안부대 터

◀ 국제로타리 370지구 광주무진로타리클럽 회원들과(2010년)

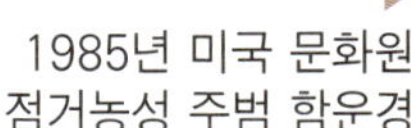

▶ 1985년 미국 문화원 점거농성 주범 함운경

▲ 우에무라 다카시 교수와 이재의 작가

▲ 김미화 코미디언과 함께

▲ 택시운전사 김사복 아들 김승필 안병하 치안감 막내 안호재 안병하기념사업회 이주연 사무총장(우측부터)

▲ 왼쪽부터 임갑수 소장, 신정훈 의원, 필자, 안진걸 소장

▲ 김부겸 국무총리님과 함께

▲ 이인영 통일부장관과 통일걷기

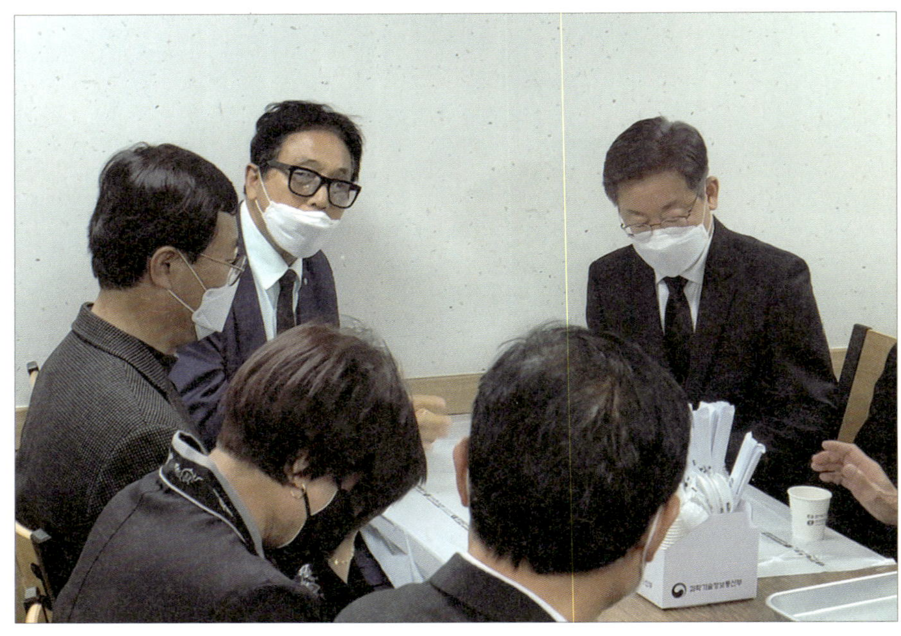

▲ 2021년 11월 24일 이광영 씨 장례식장. 오른쪽부터 이재명 전 경기도지사님, 필자, 조영재 신부, 미망인 나○○ 여사

▶ 김근태 전 장관 부인 임재근 의원

▲ 시민군 동상 제막식

▲ 광주공원 김군 동상 제막식(2020.5.24.)

▲ 공수처

▲ 광주YMCA 무진관 민주가족 합동세배

▲ 전두환 규탄대회

전두환 호송차량
계란투척

전두환 사자명예훼손
재판장 앞

▲ 2018 한국으르 빛낸 자랑스러운 인물대상 시상식(2018. 12. 15)

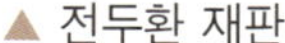
▲ 전두환 재판

▲ 전두환 재판

▲ 3·1절 시가행진

▲ 목포 평화광장

▲ 도청 앞에서

▲ 평화선언 시위 (2020. 7. 27)

▲ 강제징용 일본 외무성 앞. 도꾜 금요행동 500회 응원(2020. 1. 17)

▲ 도쿄 500회 금요행동 연대시위(2020년 1월 17일)

▲▶
전국노래자랑 2011 4월
광주 남구 인기상

◀▼
2011년 4월 22일 SBS 첫방송 유
노윤호, 이영하 출연
달고나 출연

첫 시집 출판기념회 및 1인극 특별공연

5·18부상자동지회 초대회장을 지낸 이지현(59·예명 이세상)씨가 18일 오후 7시 유스퀘어문화관 2층 동산홀에서 첫 시집 '당신의 눈물도 행복입니다' 출판기념회 및 1인극 '애꾸눈 광대'(극본 나창진, 연출 신동호) 특별공연을 가졌다.

5·18의 아픈 경험을 틈틈히 써두었던 시를 모아 펴낸 '당신의 눈물도 행복입니다'는 계간 '문예시대' 신인상으로 등단한 자신은 물론 동생들의 아픈 기억까지를 담아 가족사와 같은 상징적인 이야기를 엮어낸 작품으로 5·18의 또다른 면면을 보게 된다.

또 아시아1인극제 초청받았던 모노드라마 '애꾸눈 광대'는 1980년 5월 한쪽 눈을 잃은 뒤 '오월 투사'로 살다가, 가정적으로 아픔을 겪었던 이씨가 광대로 다시 태어나기까지의 삶의 여정이 담겨 있다.

광주평화방송 '이세상의 시사풍자' 프로그램을 진행하고 있는 이씨는 이날 오월 투사에서 희망배달부로 변신한 자신의 이야기를 모노드라마형식으로 풀어내 판소리와 북연주, 마술, 성대모사, 품바, 댄스 등 다채로운 장르를 선보였다.

이씨는 1980년 5월 광주민중항쟁 때 계엄군에 맞아 왼쪽 고. 5·18 진실을 규명 두 차례나 옥고를 치 는 5·18의 진실을 알리 승하기 위해 마술과 등을 배워 코믹마술사 레크리에이션 지도자

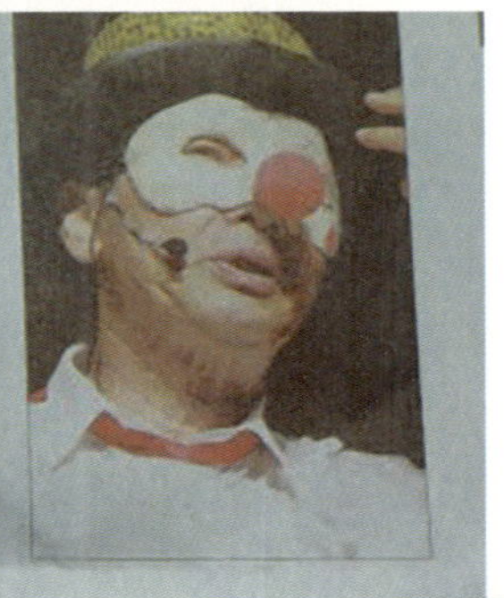

▲▶
시집 출판

■연극 「어느 봄날의 약속」 공연

"5·18 참상 회피하려는 세태까지 품다보니 '광대' 됐다"

짬

오월극 '애꾸눈 광대' 주인공

이세상 씨

'010-419×-518×'. 전화번호에 4·19와 5·18이 다 들어 있는 사람. 우리 역사를 잘 알자는 의미에서 그 번호를 쓴다. "이동전화를 010으로 옮길 때 '419'와 '518'이 들어가는 번호를 원했더니, 덜컥 안겨주더라고요. 하늘이 주신 거죠."

이세상(65·**사진**·본명 이지현)씨는 1980년 5월 광주민중항쟁 과정에서 한쪽 눈을 잃었다. '5·18부상자동지회' 초대 회장을 맡는 계기가 됐다. "길을 지나다 계엄군한테 개머리판으로 맞았어요. 보안대로 끌려가 모진 고문을 당했습니다. 제대로 용변을 볼 수 없을 정도였지요." 그가 광대가 된 이유는 "5·18 공동체정신을 알리기 위해서"라고 했다. "바로 내 것만 고집하는 게 아니라, 주먹밥을 나눠 먹고 배려하는 나눔의 정신이지요."

'애꾸눈 광대' 이세상씨가 오는 26~27일 서울시청 지하 2층 바스락홀에서 6인극 <애꾸눈 광대>에 주인공으로 출연한다. 한국 현대사 비극의 한복판에서 '살아남은 자의 슬픔'을 한바탕 신명나는 광대놀이로 풀어낸 작품이다. 배우들의 연기와 노래는 물론, 5월 현장을 담은 필름, 시민들의 온정 어린 모습을 담은 애니메이션 등으로 풍성하게 채워진다. '그날' 이후 36번째 5월을 맞는 그에게 5·18의 기억과 광대 인생을 들어봤다.

손준현 기자

먼저, 최근 논란의 와중에 선 '임을 위한 행진곡' 제창에 대한 그의 생각이 궁금했다. 보훈처는 5·18 기념식에서 전체 참석자 제창을 반대하고, 합창단의 노래만 허용하도록 했다. 이씨는 이 문제는 투쟁의 역사나 이념의 상징이 아닌 사람들의 마음, 곧 정서의 문제라고 했다.

"이건 마치 고향 사람들한테 '고향의 봄'을 부르지 말라는 얘기나 같아요. 역사 문제를 떠나 지역 사람들의 정서를 잘 보살펴야 하는 것 아닙니까? 바로 그게 대통령의 뜻이어야 한다고 생각합니다."

80년 5월 주검 수습하다 한쪽눈 잃어
두 동생도 피해입은 슬픈 가족사
부상자동지회 초대회장 맡아 '증언'
"교장들 꺼려 연주·마술도 곁들여"

항쟁 30돌때 해학담은 '5·18 품바'
인생사 바탕 6인극 '애꾸눈 광대'로
26·27일 서울시청서 '첫 상경 공연'

이번에 그가 올리는 6인극 <애꾸눈 광대>는 현대사의 비극적인 사건을 치유와 희망의 노래로 승화시킨다. "이 연극에는 슬픈 가족사가 담겼습니다. 저도 그해 5월 큰 부상을 당했지만, 제 남동생도 공용버스터미널에서 데모를 하다 상무대로 연행당해 고문을 당했습니다. 더 기구한 것은 제 여동생입니다. 5·18 때 희생된 '망월동묘역 묘지번호 114번'의 유가족(형)과 동병상련의 아픔을 나누며 결혼했는데 불행하게 끝났죠. 이 연극에는 비극의 한국 현대사와 그 과정에서 할퀴을 당한 가족사의 애환이 함께 존재합니다. 하지만 연극에선 그 슬픔을 딛고 다시 일어서는 희망의 이야기를 담았습니다."

80년 5월 '큰일'을 당하기 전까지 그는 보통 청년이었다. 한때 악극단에 몸담았던 그는 그 무렵 서울에서 작은 슈퍼와 연탄배달업을 하고 있었다. 가끔 모교 광주상고의 경기가 열리면 야구장을 찾아 열광하기도 했다. 그러다 광주에서 '폭도들이 날뛴다'는 방송을 들었다. "저는 운동권 학생도 아니고, 막연히 울컥하는 의협심이랄까, 아무튼 광주 상황을 직접 보고 판단해야겠다고 생각해서 내려갔어요."

현장에서 본 광주는 처참했다. 계엄군에게 목숨을 앗긴 주검들을 똑똑히 눈으로 봤다. "저는 전남도청에서 주검들을 수습하는 일을 도왔습니다. 그러다 농성동 바리케이드를 지나다 계엄군한테 한쪽 눈을 심하게 다쳐 전남대병원으로 실려갔지요. 그때 의사가 '자네 썩은 눈깔을 전두환 갖다 주라'고 했어요. 지금은 의안을 해 넣었습니다."

그때부터 이씨의 삶은 180도 바뀌었다. 5·18부상자동지회 초대 회장을 맡았고, 85년 5월10일 서울대 아크로폴리스광장에서 5·18의 숨겨진 실상을 알렸다. 88년 '5공 청문회' 때 안대를 쓰고 나가 증언했다. 그때 특위 위원이던 노무현 전 대통령이 명패를 던지던 장면도 직접 목격했다.

이후 그는 방방곡곡 대학과 중·고교를 다니며 증언과 강연을 했다. "그런데 교장 선생님들이 광주의 참상을 알리는 걸 꺼리시더라고요. 그래서 각설이 타령부터 색소폰 연주, 마술을 두루 배워 공연도 하면서 실상을 알리기로 했어요." 5·18이 그를 광대로 만든 것이다.

"2010년 광주항쟁 30돌을 맞았는데도 세상은 하나도 변한 게 없었어요. 그래서 이런 세상을 해학으로 풀어보려고 1인극 '5·18 품바' 공연을 시작했습니다." 영화 <태백산맥>에서 하대치 역으로 출연했던 광주의 극단 토박이 대표 신동호씨를 만난 게 계기였다. 2012년에는 그의 인생사를 바탕으로 극본가 나창진씨가 원작을 가다듬었고, <모란꽃> <금희의 오월> 등 주로 오월극을 만들었던 신씨가 연출을 맡아 '애꾸눈 광대'를 제작했다. 지금까지 국내외에서 70여회 공연했고, 이번 첫 서울 공연에는 극단 크리에이티브 드라마 대표 이행원씨가 연출을 맡았다.

이씨는 "잃어버린 5월 광주의 '주먹밥 공동체 정신'과 실종된 민주주의를 살리는 공연을 펼쳐 보이겠다"고 다짐했다. dust@hani.co.kr

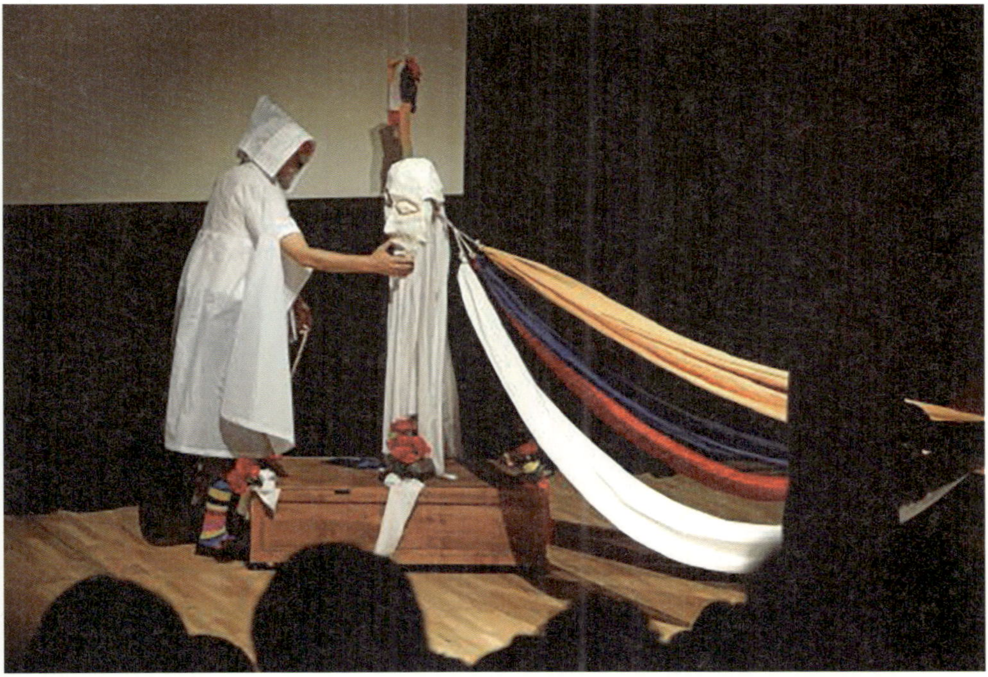

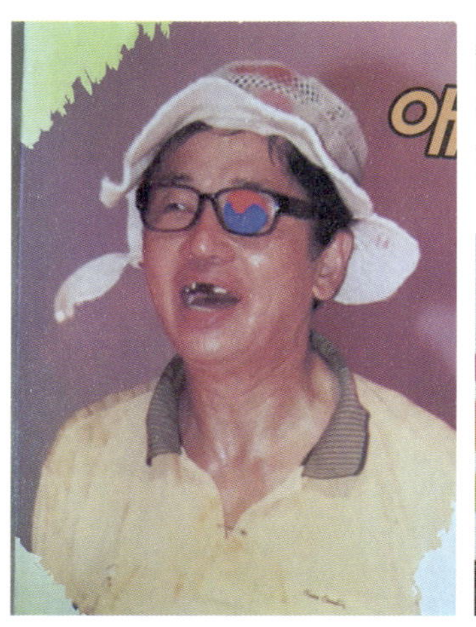

▲ ▶ ▼
연극「어느 봄날의 약속」공연

▲ 연극 「어느 봄날의 약속」 공연

▲'함평 재생마을'에서의 재능기부 공연 후 기념사진

▲ 학교 순회공연

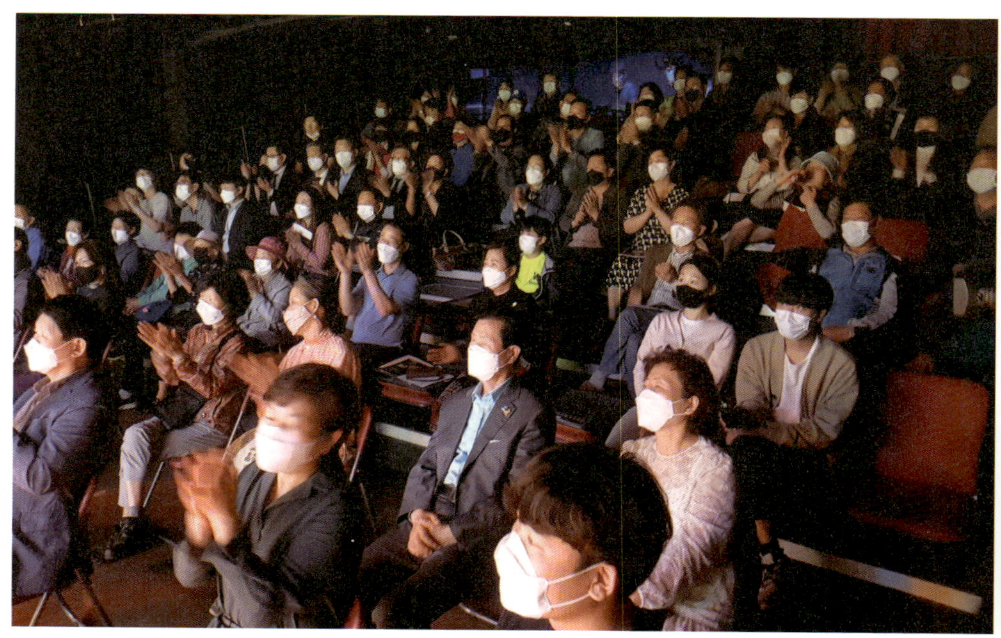

▲ 상설공연 (광주아트홀)

차례

2부

3부

4부

I

어느 봄날의 약속

비운의 전도사 문용동

문용동 전도사는 본래 평범한 사람이었다. 그는 목회를 하기 위해 호남 신학대학교를 다니면서 상무제일교회에서 활동했다. 운명의 1980년 5월 18일, 일요일에 목격한 것은 하나님의 사랑이 아니라 공수부대의 무자비한 만행이었다. 공수부대가 무서웠지만 노인이 폭행당하는 것을 어찌 보고만 있을 수 있겠는가? 이때 문용동은 한 여인이 떠올랐다. 23일 만나서 결혼 날짜를 잡기로 했기에 갈등이 생겼다. 그러나 불의에 맞서기 위해 수습대책위에 참여했다. 80년 5월 22일 문용동의 일기에는 이렇게 적혀있다.

> "이 엄청난 피의 대가를 어떻게 보상받아야 하는가. 이 엄청난 시민들의 분노를 어떻게 배상해 줄 것인가. 도청 앞 분수대 위의 32구의 시체, 남녀노소 불문하고 무차별 사격을 한 그네들, 아니 그들에게 무자비하고 잔악한 명령을 내린 장본인은 역사의 심판, 하나님의 심판을 받으라."

옛 도청을 지키고 있는 시민군을 화순 탄광과 탄약고에서 갖고 온 다이너마이트와 탄약을 지키기 위해 폭약 관리반이 결성됐다. 김영복(26·택시운전사), 박선재(22·숭의실고 실기교사), 이경식(23·조선대생), 양홍범(20·권투선수), 정곤석(20·고교 중퇴) 등 9명이 문용동 전도사와 함께했다. 1978년에 일어났던 이리역 폭발사건 때의 3배나 되는 폭탄이 도청 지하에 있다는 소문이 퍼져 있었다.

"오메, 공수부대를 몰아내려고 갖다는 놨는데 요것 때문에 골치가 아프구만이라."

"그랑께 우리가 잘 지켜야한단께."

"근디 소문에 의하면 요것이 터져불면 도청 근처 300미터는 날라가 분다던디."

"광주 3분의 1이 쑥밭이 된다는 말도 돕디다."

"오메 우리가 죽는 것은 어쩔 수 없는디 시민들이 피해를 보면 안돼제."

"그러면 어째야 쓰까."

"화순으로 다시 갖다주고 올께라."

"아니 광주가 봉쇄돼부렀는디 뭔 헛소리를 허냐."

"전도사님, 좋은 수가 없겠소?"

"제가 우리 목사님을 통해서 보안대에 연락 해볼께라."

"네, 그렇게라도 해보입시다."

광주에 주둔한 교육사령부가 있는 상무제일교회에서 1979년부터 전도사로 시무했던 인연이 있어, 24일에 ○○목사님을 통해 김기석 부사령관을 찾아갔다. 김기식 부사령관은 시민군의 계략으로 의심을 하다가 무안 출신 탄약검사사 배승일(26) 군무관을 파견했다. 그런데 명을 받들고 따라오던 배승일이 부들부들 떨기 시작했다. 그러자 탄약을 지키던 시민군들은 배승일 군무관을 안심시켰다.

"겁내지 말고 우리를 믿으시오."

"자, 글지 말고 막걸리나 한 잔 하고 가드라고."

"우리도 전라도 사람인께 염려하지 마라고."

"아따 죽으면 같이 죽을 것인께 얼른 한 잔 더 마시고 도청으로 갑시다."

배승일은 두려워했다. 그래서 술의 힘을 빌어 배승일을 안심시켰다. 그리고 도청 지하실에 도착했다. 배승일은 24일 밤 8시 30분부터 15시간에 걸쳐 폭약뭉치 2,100개와 수류탄 450발의 뇌관 제거를 마치고 25일 1시 무렵에 복귀했다. 그리고 26일 저녁이 됐다. 문용동 전도사의 누나들이 찾아와서 문용동 전도사에게 아버지가 기다리니 집으로 가자고 했다.

"누님, 내가 여기서 나가면 누가 도청을 지키겠는가."

"아따, 여기 사람들도 가라고 안 허냐."

"하나님을 믿는 사람이 어떻게……?"

27일 새벽이 찾아왔다. 굉음과 총소리, 나오면 살려준다는 소리가 들려왔다. 그러자 문용동 전도사가 앞장섰다. 계엄군이 M16을 난사했다. 그리고 문용동 전도사는 쓰러졌다. 그날 그의 손목에 찬 시계도 멈췄다. 계엄사령부는 5월 31일 발표한 '광주사태 전모'에서 계엄군은 26일 밤 폭도로 가장하여, 도청에 은밀히 침투시킨 요원과 매수했던 부화뇌동자로 하여금 도청 내 폭약, 폭발장치 뇌관을 철거하는 공작 과정에서 1명 중상, 1명 피살의 귀중한 희생을 치렀지만 성공했다고 홍보했다. 요원은 배승일, 부화뇌동자는 문용동을 지칭했다. 계엄당국은 문용동 전도사를 프락치로 둔갑시켰다. 훗날 문용동 전도사가 소속된 대한예수교 장로교(통합)에서는 '광주를 살린 의인'으로 평가

하며 순교자로 부르고 있다.

40주년이 되던 2020년 5월, 당시 도청 지하실에 있었던 박선재 씨와 함께 지하실을 찾았다. 천장 높이 180㎝에 약 80여 평 되는 공간엔 그날의 슬픈 역사가 스며있었다.

"어이 선재, 그 때 다이너마이트가 얼마나 있었는가?"

"그렇게 많지는 않았어라."

"자네가 처음에 여기 책임자였다고 하던데 어떻게 된 것인가?"

"형님, 나는 24일 저녁에 나갔다가 25일에 들어왔거든요. 제가 없는 사이에 일이 벌어졌어요. 지금도 이해가 안 된단 말이요."

"문 전도사가 프락치라는 말이 있던데 그 점에 대해서는 어떻게 생각한가?"

"아따, 프락치였으면 새벽까지 있다가 총 맞았겠소? 문 형은 절대 그럴 양반이 아니어라."

애꾸눈광대의 〈어느 봄날의 약속〉이란 연극을 보러온 한 분이 관람 후, 훌쩍이며 무대에 올라와 마이크를 잡았다.

"저는 문 전도사랑 신학대학을 다녔던 친구 김민식 목사입니다. 망월동 묘역에 문 전도사를 안장할 때 문 전도사의 여자 친구가 왔습니다. ○○대 4학년이라고 들었는데 갸름한 모습이었죠. 그 여학생의 눈물을 지금도 잊을 수가 없습니다. 시와 문학을 좋아하던 문 전도사가 프락치라뇨? 억울해서 편히 잠들 수 있겠습니까?"

어서 진상규명이 되어 문용동 전도사의 억울함이 밝혀지고 광주의 진실이 드러나야 한다. 그래서 암매장 당한 영령들도 가족들의 품으로 돌아가길 진심으로 기원한다.

광주교도소 앞 총격사건

1980년 5월, 전남대병원 1065호에 입원했을 때이다. 폭도라고 하니 아무도 면회오지 않았다. 원통하고 기가 막힐 일이 아닌가? 그래서 나는 부상당한 사람들을 위로하려고 눈에 붕대를 감은 채 환자들을 만나러 다녔다. 그때 어느 분의 귀뜸으로 일가족 부상 소식을 접했다.

김성수 씨 가족은 5월 21일, 고향인 진도에 가려다가 길이 막혀 담양 쪽으로 향하다, 광주교도소 부근에서 공수부대의 검문을 받았다. 공수부대원은 검문을 끝내고 가라고 했다. 그런데 악랄하고도 비겁한 일이 백주 대낮에 일어났다. 사격 연습하듯 무차별 난사하는 것 아닌가? 김성수 씨와 그의 아내 김춘화, 그리고 막내딸 김래향이 비운의 주인공이 되었다. 척추를 다쳐서 평생을 휠체어에 의지하고 사는 김래향. 그때 나이는 고작 5살이었다.

체육관 선거를 통해 정권을 강탈한 전두환과 그 일당은 전남대병원, 조선대병원 등에 입원해 있던 중환자들까지 일반병실이 부족하다는 핑계로 강제 퇴원을 감행시켰다. 만약 그런 만행만 없었다면 많은 부상자들이 중환자 신세는 면할 수 있었을 터인데 참으로 통탄할 일이다.

1982년 8월 1일, 18명의 부상자들이 모여 '5·18광주의거부상자회'를 창립했다. 나는 사명감을 갖고 맨발로 뛰었다. 진도 성당에 가서 김성룡 신부님을 뵙고 나서 김래향의 집을 찾아 가족들을 위로했다. 그 이후 두려움에 떨던 우리들은 부상자들을 규합하여 유가족과 함께 온몸으로 싸웠다.

당국에서는 추모제마저 막았다. 그러나 시민들의 적극적인 동참으로 1985년도 추모식은 역대 최대의 인파가 모였고 고속도로가 마비되었다. 그때 휠체어부대가 선발대였다. 장주인, 김용대, 이광영, 김요한 등…….

세상은 우리를 더욱 슬프게 했다. 김래향의 부모님은 세상을 떠났다. 그리고 장주인, 김용대, 김요한도 고생만 하다가 가버렸다. 이광영 씨마저도 2021년 11월 23일에 …… 마지막 남은 김래향을 수소문했으나 알 길이 없었다. 그래서 보훈청으로 연락을 했다. 그러나 보훈청에서는 그들이 생존해 있지만 개인 신상 문제라 밝힐 수 없단다. 그래서 김래향에게 만나자고 전했는데 소식이 없다. 나도 5월이 오면 가슴이 찢어지는데 래향이는 얼마나 힘들까를 생각하니 마음이 찡했다. '내가 어렵다고 나보다 더 힘든 사람들을 배려하지 못했구나, 반성을 해본다.' 부모님의 공백을 메꿔주지 못한 우리 모두가 죄인이라는 생각이 들었다.

5월 가족들의 상당수는 아직도 트라우마에 시달리며 고통받고 있다. 가정불화, 이혼, 자살 등으로 인해 삶이 풍비박산된 사람들이 많다. 그런데 틈만 나면 태극기를 앞세운 무리들이 광주를 들쑤시기 위해

온다니 한심스럽고 통탄할 일이 아닌가!

5살 어린 소녀는 이제 40대 중년이 됐다. 김래향에게 잘못했다는 죄의식 때문에 마음이 무겁다. 그래서 또 고통의 나날을 보내야 할 것 같다.

고아 출신 구두닦이 시민군 정병균

5월 가족에게 특별한 날이었다. 이름 없는 민초로 버림받았지만 80년 5월 현장에서 활동하다 옥살이를 했으며, 2020년 9월 1일에 자살을 한 무명열사 고 정병균 동지. 그가 영락공원 납골당에서 5·18국립묘지로 안장되었다. 고아 출신 구두닦이 소년 시민군 정병균 동지의 얘기에 앞서 나의 중학교 시절의 기억을 더듬어 본다.

나는 부모님이 당시에 유명한 광주서중을 응시하라고 했으나, 자신이 없자 보성중학교에 진학했다. 기차 통학을 하다 보니 어머님도 힘들었고, 나 또한 시간을 많이 뺏겼다. 그래서 장작을 때며 자취를 하고 있던 시절, 고아 출신 친구인 김○○이 시비를 걸었다. 그래서 덩치로 밀어버렸다. 주먹 쓰는 법을 몰라서 그렇게 했을 뿐인데 상대가 약간 다쳤다. 그런데 어쩌나? 고아 수십 명이 몰려왔다. 흡사 벌떼군단 같았다.

고아들이 왜 응집력이 강한 지를 나중에 이해하게 됐다. 그들은 가정의 오순도순한 인정을 느끼지 못해 외롭고, 그래서 자신을 버린 세상을 원망하며 살지만, 동료들이 바로 가족이라서 더 끈끈할 수밖에 없다. 아무튼 고아들에게 혼났다.

그런 사연이 있은 후부터 고아 출신을 만나면 무서워서가 아니라 동정심이 생겼다. 그래서 잘해주려고 노력했다. 한때 자판기를 운영하던 시절에 만나게 된 후배 박○○도, 수석 채취를 하다가 사귀게 된 사람도 박씨였다. 그들은 본래 자신의 성씨가 무엇인지도 모른단다. 고아원장이 박씨인 관계로 고아원에 들어온 원생은 모두가 박씨가 돼버렸기 때문이다. 그런데 그들은 성인이 돼서도 대부분 혼자 살았다. 부모님이 자신을 버렸기 때문에 자신도 결혼해서 행복하게 자식을 키울 자신이 없다는 것. 고아 출신들 중에 결혼을 한 사람도 있긴 하지만, 부모님의 사랑을 받지 못하고 성장을 했기에 실패한 사람이 많았다. 그래서 운명으로 알고서 독신으로 살아가고 있다는 걸 알고 마음이 아파 잘 대해 주었다.

정병균 동지는 100일 된 여동생, 9살 형과 함께 3살 때 고아원에 버려졌다. 그리고 BBS광주직업소년원(현재 광주공원 아래에 있는 사랑의 집)으로 옮겨졌고, 그곳에서 숙명적으로 5·18을 만났다. 원생이 다치고 죽자 항쟁에 뛰어들어 김순호 운구반장과 함께 시신 수습을 하다가, 27일 도청에서 마지막 새벽을 맞는다. 죽음이 두려워 세 시 반 무렵에 총을 든 채 담을 넘었고, 꼭 복수를 해야겠다는 일념에 총을 비닐로 꽁꽁 묶어서 소년원 화단에 묻었다. 나중에 들통이 나서 영창으로 끌려갔다. 혹독한 고문에도 동지들을 숨겨줬고, 석방 후에 공무원의 꿈을 접고 노동 현장을 전전했다. 진상규명도 5·18관련법 제정도 없이 40년의 세월이 흘렀다. 코로나 때문에 일도 없고, 기초 수급 대상자 혜택도 없었으니 삶이 얼마나 혹독했겠는가. 그래서 김병균 동지는 2020년 9월 1일, 임대 아파트 옥상에서 투신을 해버렸다. 자살하기 전에 119에 전화를 걸어 "○○ 아파트 ○동 아래 화단으로 떨어질테니, 빨리 시신을 수습을 해달라"고 했다. 그의 마지막 처절한 유언을 들어준 사람은 부모 형제가 아닌 소방대원인 셈이었다.

그러나 곧 바로 5·18 묘지에 갈 수 없었다. 4개월 징역을 산 전과 때문이다. 45일 후 국립묘지 안장심의위원회를 통과하여 11월 3일, 5월 동지들의 곁으로 돌아갔다. 비정상적인 형과 벙어리 형수와 5월 가족들, 특히 소년원 생활을 함께 하고 도청에서 마지막 밤을 밝힌 김석호 씨만이 안장식에 참석했다. 쓸쓸한 마음으로 헤어지려는데 고 정병균 동지의 형님께서 나를 불렀다.

"내가 지은 농사요. 요거나 갖고들 가시오."

"아따, 팔아서 써야지 귀한 걸 주시오?"

"그냥 성의로 받아주시오. 쬐끔씩 담았소."

"예, 감사히 먹을라요."

1980년 당시 전남도청을 지켰던 동지들과 한겨레 김용희 기자와 헤어졌다.

구 전남도청을 향하는 차에서 정병균 동지의 절친인 김석호 선생께 물었다.

"김 선생, 친구 생각나시죠?"

"그래도 이렇게라도 한께 조금 낫습니다."

"아까 님을 위한 행진곡 부르면서 우시던데요."

"병균이랑 도청에서 있을 때가 생각나서 울컥했습니다."

"그러셨겠네요. 나중에 모임에도 나오시면 좋겠습니다만."

"새벽에 도망 나온 놈들이 무슨 낯짝으로 나간다요? 우리 구두닦이 고아들이 삼십여 명 된디, 그것 때문에 부끄러워서 5·18 관련자라고 얘기도 못하고 삽니다."

5·18 때 구경하다 다친 사람도 무용담을 펼치는데, 결사항쟁으로 도청을 지키고도 겸손해하는 품성에 나는 존경심과 부끄러움에 망치로 한 방 맞은 기분이었다.

5·18과 광주상고(현 광주동성고)

1980년 5월, 시민과 더불어 수많은 학생들이 희생됐다. 구속 학생이 많은 곳은 광주 대동고였다. 그 이유는 박석무 전 의원(당시 대동고 교사)과 박행삼, 윤광장 선생님의 영향이 있었다. 그러나 결정적인 이유는 전계량 유족회장의 아들인 전영진 열사의 죽음이었다. 전영진 열사가 쓰러지자 이에 분개하여 친구인 이덕준, 김향득 등이 시민군 대열에 합류했다. 그리고 도청이 함락되자 포로로 전락하여 7명이 상무대로 끌려갔다.

당시 야구 명문이었던 광주상고(현 동성고) 학생들의 희생도 많았다. 5월 21일 고2였던 이성귀 열사가 도청 앞 발포 당시 그 자리에서 숨졌다. 1학년이었던 안종필과 문재학은 27일 전남도청에서 민주주의의 새벽을 지키다 운명했다. 전남대 2학년 이정연 열사도 광주상고 야간 출신이다. 이정연 열사의 부모님은 대인시장에서 장사를 하고 있었다. 아버지는 아들이 걱정되어서 5월 26일 전남 도청으로 가서 아들을 만났다.

"정연아, 집에 가자. 엄니가 기다린께 얼른 가자."

"아버지, 죄송합니다. 학생들이 이렇게 지키고 있는데 저만 의리 없이 가겠습니까."

"너를 출세시키려고 광주상고 야간을 졸업시키고 어렵사리 대학에 보냈다. 너를 얼마나 고생하며 키운 줄 아느냐."며 이정연 열사의 아버지는 아들에게 호통쳤다.

그러자 이정연 열사가 말했다.

"아버지, 할아버지가 못 뽑은 잡초, 아버지가 못 뽑은 잡초를 저희들이 안 뽑으면 누가 뽑으란 말입니까?"

42년이 지났어도 울컥하게 하는 말이다. 이정연의 아버지 이천균 선생은 기가 막혀 발길을 돌렸다. 다음 날 새벽에 이정연은 대인시장이 아닌 별들을 찾아 새벽찬가를 불렀다. 훗날 이정연 열사를 소재로 만든 작품이 극단 토박이의 <금희의 5월>이다. 그 작품은 놀이패 신명의 <일어서는 사람들>과 함께 세계 공연을 통해 광주의 5월을 알렸다. 이한열 열사도 광주 동성중 출신이다.

유은동문 중 유력한 분들은 아래와 같다.(동성중 출신은 자료 부족으로 충분히 게재하지 못했음)

- 정치권: 박광온·이개호·양향자 의원, 윤화섭 안산시장, 명현관 해남군수, 한영애·최경환 전 의원, 전주언 전 광주서구청장, 이용부 전 보성군수, 윤병태 전 전남부지사
- 경제계: 박석남 (주)우진사료 회장, 최승곤 (주)남양 STN 회장, 윤종규 KB국민금융지주 회장, 우오현 SM그룹 회장, 한상원 다스코 회장, 이영웅 ㈜리젠시빌 회장, 최갑열 삼일건설(주) 대표이사

- 학계: 김승환 전북교육감, 최영태 전 전남대 인문대학장, 남부대 김영식 웃음박사 등
- 체육계: 박미희 흥국생명 여자프로배구단 감독, 최만희 광주FC대표, 김성규 광주FC사무처장
- 시민사회단체: 이명자 5월 어머니집 전 관장, 5·18진상조사위원회 최용주 조사1과장, 이주연 안병하기념사업회 사무총장
- 언론계: 김선남 전남매일 사장, 이홍재 광주일보 주필, 윤종채 남도일보 전 주필, 강창우 일등방송 대표
- 문화예술계: 이영숙 가수, 남기남 영화감독, 안문숙 탤런트, 이당금 푸른연극마을 대표, 말바우아줌마 지정남, 놀이패 신명 오숙현 전 대표, 사물놀이 김용철 김용희 형제, 문화기획자 전고필 등
- 야구선수 출신: 김종모, 이순철, 장채근, 박충식, 한기주, 양현종, 최주환, 이원석, 노진혁, 김도영 등
- 법조계: 1. 판사 정상규(동성중 34회) 서울행정법원 부장판사, 이양희(광주여상 39회) 서울고등법원 판사, 정영하(광주여상 30회) 광주지방법원 부장판사

  2. 변호사 광주상고: 박구진(22회)·안병민(28회)·천형욱(30회)·장광수(30회)·이우성(35회)·김용수(36회), 동성중: 송영천(24회, 송영길 대표 동생)·정채웅(28회)·이건리(28회)·안상순(28회)·윤강식(30회)·이관진(35회)·김승만(55회)

1980년 당시의 초·중·고생 희생자는 18명이며, 여러 학교에 산재해 있고 어떤 곳은 추모비가 건립돼 있으나 없는 곳도 많다. 1980년

대 중반부터 우리 모교에 얼마나 자랑스러운 학교냐며 추모비 건립을 제안했지만 묵살당했다. 그런데 마침내 40주년에 5인의 의인의 뜻을 새기기로 했다. 코로나의 발호로 겨우 제막식을 가졌으며 이한열, 이정연, 문재학, 안종필, 이성귀 열사의 해원재가 머지않아 있으리라.

이제서야 추모비를 세운다는 게 부끄럽다. 우리 모교뿐만이 아니라 수많은 열사들의 정신을 계승 발전시키지 못해 안타깝다.

송암동 양민학살과 '김군'의 동상 제막식

영화 <김군>을 통해 고아 출신 넝마주이 김군이 세상에 알려진 이후에도 국가와 광주시와 5월단체는 김군을 추모하는 일을 방관했다. 그래서 5,000만원을 융자받아서 광주공원에 동상을 건립한 최진수 씨는 5·18 당시 상황을 다음과 같이 진술했다.

> 광주민중항쟁이 치열하게 전개되고 있던 80년 5월 24일, 광주시 외곽에 군인들이 매복해 있으니, 상황을 파악하라는 전갈을 도청 상황실에서 받았다. 도청에서 시민군 10여 명을 태우고 송암동으로 향했다. 오후 1시 30분 경, 송암동 효덕초등학교 삼거리에서, 이동 중인 11공수여단의 기관총 사격이 있었다. 우리는 민가로 피신했다.
>
> 말도 안되는 계엄군끼리의 오인 사격이 터진 것. 독이 오른 11공수는 APC장갑차에 설치된 캐리버50으로 집중사격을 가했다. 잠시 후 천지를 뒤흔드는 요란한 포격소리에 장갑차와 군용 JMC트럭 4대가 폭파됐다. 계엄군의 시신이 널브러지고 민가는 포탄과 실탄으로 공격을 받아 폐허가 됐다. 인근 논밭에도 포탄이 떨어져 구덩이가 생겼다. 계엄군의 무자비한 총격에 주민들이 쓰러지고 공포와 전율에 숨소리마저 멈췄다. 어디 사람뿐이었나? 농장에서 키우던 칠면조 250마리가 떼죽음을 당했다. 애지중지 자식처럼 키워온 젖소 두 마리—더구나 임신한 암소마저 악명 높은

11공수의 총알에 죽었다. 심지어 하수구 속에 숨은 동네 아낙네를 향해 총을 쏘았다. 계엄군은 마을 청년들을 끌고나와 죽이는 것도 부족했던지, 마을을 약탈하고 마을로 들어오는 전선을 절단해버렸다. 며칠째 길가에 나뒹구는 시신들에선 구더기가 시신을 갉아먹어 차마 눈뜨고 바라볼 수 없는 처참한 광경이었다.

나와 김군과 박진우, 이재남 씨 등 네 명은 민가에 숨었다. 이강갑 씨도 다른 집에 숨어 있었다고 한다. 콩볶는 듯한 총소리가 들렸다. 이윽고 공수수대가 마당까지 들어와 나오라고 외쳤다. 나는 어차피 죽을 몸이라 생각하고 총을 쏠까 망설였다. 문을 열고 나가려는데 김군이 나를 제치고 앞장서서 나갔다. 우리도 뒤따라 나갔다. 우리는 포로가 되어 한 줄로 섰다. 흥분한 계엄군이 김군을 향해 방아쇠를 당겼다. 선혈이 낭자했다. 내 몸에도 피가 튀었다. 그 다음은 내 차례였다. 이제 죽었구나 생각이 들고 만감이 교차했다. 그런데 기적 같은 일이 벌어졌다. 장교가 나타나더니 소리를 질렀다.

"야, 민가에서 사람을 죽이면 어떡해? 데리고 나가."

그래서 목숨을 구하게 됐다. 우리가 끌려간 곳은 현재 효천역이 있는 야산이었다. 우리들은 안 죽을 만큼 맞았다. 그리고 군용수송기에 실려 상무대영창으로 끌려갔다.

어디 그뿐이랴. 동네 전부를 총칼로 벌집을 만들고는 외딴집으로 피신한 청년들을 분풀이식 학살로도 부족했던지 시신마저 동네 똥통에 버렸다. 그 잔인했던 오월이 세상 밖으로 알려지는 날, 우리는 그때가 되면 비로소 오월을 얘기할 수 있을지 모르겠다.

계엄군들은 최진수 씨와 최영철 씨를 보안대로 끌고갔고, 중상을 입은 이강갑 씨는 헬기로 후송됐다. 오인사고로 계엄군 11명, 양민학살로 11명이 사망했다고 하나 진실은 암매장된 상태이다.

계엄군이 철수하자 주민들은 시신을 뒷산에 안장했다. 그런데 6월 초에 계엄군이 다시 덮쳤다. 그리고 주민들을 협박하여 매장 장소를 알아내고 시신을 어디론가 유기해 버렸다. 11공수의 만행을 결코 잊을 수 없다.

그는 이름도 성도 불확실한 무명시민의 한 사람으로 1980년 5월, 광주 민주화운동 과정에서 장갑차를 탄 모습으로 영상에 자주 나왔던 시민군이다. 또한 그는 5·18민중항쟁의 '왜곡 전문가 지만원'에 의해 광수 1호—북한 특수공작원인 김창식 농림상—로 지목된 시민군 '김군'이다. 얼마 전 강상우 감독이 집요하게 추적하여 세인의 관심을 주목시킨 시민군, 그는 세상의 버려진 것들을 모으며 생활하다 항쟁에 뛰어든 '넝마주이'였다.

김군 동상 건립추진위원회는 1988년 5공청문회 증인으로 출석한 시민군 동료 최진수 선생이 위원장을 맡고 강진욱, 김호성, 김용희, 박윤경, 박정숙, 최영심 선생이 추진위원으로 참여했다. 김군의 조각상은 전국 소녀상 대부분을 제작한 김서경, 김운성 부부 조각가가 제작했다. 총살 직전에 목숨을 건진 최진수 씨는 평생을 트라우마에 시달리면서 김군에게 빚이라도 갚아야겠다는 일념으로 동상 추진을 결심했고, 독지가들의 뜻을 모아 마침내 김군의 동상을 건립했다고 한다.

40년 전, 시민군 결성 장소인 광주공원과 광주천은 쓸쓸했다. 그야말로 이름 없는 시민군의 쓸쓸한 동상 제막식이었지만, 5월 가족과 당시 시민군이었던 이강갑, 최진수, 최영철 선생 등과 일부 시민들과 소통한 자리라서 의미가 있었다.

5·18 초창기에는 윤상원 열사로 대표 되는 운동권 출신들이 많았지만 27일이 가까울수록 넝마주이, 구두닦이, 공원, 고등학생, 시민군 등 이름없는 민중들이 목숨 걸고 싸웠다. 지금도 어딘가에 암매장당한 '김군'은 수많은 광주시민군의 상징이다. 수많은 김군들을 누가 찾아주고 애환을 달래줄까? 그래서 광주 하늘엔 비가 내리고 광대의 가슴

엔 한숨이 고였다.

이름 없는 시민군 한 사람이 대한민국의 역사이다.

암매장된 '광주시민군 김군'의 목소리가 들려오는 것 같다. '제발 우리들을 눈 감게 해주십시오. 정말 가슴 아픈 우리들의 5월입니다.'

김영철·김순자와 '5·18둥이 김연우'

"시민 여러분 지금 계엄군이 쳐들어오고 있습니다. 여러분의 아들 딸들이 죽어가고 있습니다. 어서 도청으로 모여주십시오."

박영순 학생의 호소가 애절하게 울려퍼졌다. 얼마 후 탱크소리와 함께 계엄군의 선무방송이 교차됐다.

"폭도들에게 알린다. 여러분은 이미 포위됐다. 투항하라. 투항하면 목숨만은 살려준다. 투항하라. 투항하라."

김영철은 임신 8개월의 아내가 떠올랐다. 그러나 고등학생들도 싸우겠다고 도청에 남아있는데 어찌 항복할 수 있겠는가? 그래서 결사항쟁의 각오로 2층에서 윤상원, 이양현 씨와 함께 매복하고 있었다. 콩 볶는 듯한 총소리, 헬리콥터 프로펠러 소리와 굉음, 결국 계엄군의 난사에 의해서 윤상원 대변인이 총을 맞았다.

"형님. 나는 틀린 것 같소."

"상원아, 정신차려!"

그러나 윤상원의 불꽃은 서서히 꺼져갔다. 김영철이 슬픔을 억누르고 총을 겨누고 숨어있는데, 계엄군 ○○○중사가 김영철을 보고 사살하려고 총을 겨눴고 60여 미터 앞에서 7발의 총성이 울렸다. 김영철의 자서전에는 7발의 총성이 어깨, 허벅지, 엉덩이를 스쳐 빗나가서 살았다고 한다. 하느님께서 살려줬다고 고마워했다. 7발의 총알이 스쳐지나간 자국을 훗날 아들인 김동명에게 전부 보여줬다고 한다. 그것을 본 김동명 군은 믿기지 않았다고 한다. 27일 새벽 전남도청 상황을 생각해보면 말이다. 이양현 씨는 팔에 맞았고 김영철 씨는 허벅지에 총알이 박혀 부상을 당했다.

그런데 최루탄이 커튼에 맞아 커튼에 불이 붙더니 윤상원 열사의 시신에 불이 떨어졌다.(김영철의 주장) 그러나 이양현 기획위원의 의견은 달랐다. 시신이 검게 탄 것을 나중에 알았지만 이유는 모르겠다고 했고, 검시 담당의사도 불에 탄 것은 맞다고 했다. 어쨌든 계엄당국은 화상을 입은 윤상원 열사를 자살로 뒤집어씌우려 했다. 윤상원은 자살이 아니라 확실히 계엄군의 총에 의해 사망했다. 하늘과 땅도 통곡하는 사이에 아침해가 떠올랐다. 1980년 5월 27일 새벽의 항쟁은 싸움이 아니라 학살이었다. 도청과 YMCA 등 도청 주변에서만 23명의 희생자가 발생했으며 고등학생 시민군은 3명이었다. 당시 조대부고 3학년 박성용 군과 광주상고 1학년 문재학, 안종필이 그들인데 계엄군에 의해 사살되었다. 분통이 터지지 않을 수 없다. 문재학과 안종필의 누나 문미영, 안경순 여사가 연극관람에 앞서 노먼호프의 사진전을 봤다. 동생의 죽음이 궁금했는데 둘이서 나란히 누워있는 모습을 보고, 하늘에서도 외롭지 않겠다며 눈시울을 붉혔다.

1980년 5월, 김영철의 아내 김순자 여사는 뜬눈으로 날을 새운 후

(광천신협조합을 창립한 김영철 이사장을 대신해) 광천신협 ○○○ 상무의 자전거를 타고 전남도청으로 갔다. 여기저기 핏자국이 선연했다. 상무관에서 김영철의 시신을 찾았다.

시신의 가슴에 오매불망 그리던 남편의 이름이 적혀있었다. 망연자실한 채 관 앞으로 갔다. 김영철은 맞는데 학동 출신의 동명이인이었다. 그래서 상무관을 나왔는데 못 볼 것을 보고 말았다. 고아인 박용준의 시신이 YWCA에서 나온 것이다. 대성통곡하며 남편을 찾아다녔다. 9시 20분부터 미화요원들이 청소차 3대에 시신들을 상무대로 옮겼다. 그때까지도 남편은 보이지 않았다. 오후 두 시가 지나서야 남편이 상무대에 끌려갔다는 소식을 듣고 집으로 향했다. 뱃속에서 태아가 꿈틀거렸다. 광천동 아파트에 도착하니 바리게이트를 쳐놓고 계엄군들이 수색을 하고 있었다. 박용준의 방에서 모택동 서적과 유인물이 나왔다. 억울하게 산화한 박용준은 간첩으로 몰렸다. 김영철의 가족도 간첩 누명을 썼다. 5월 30일자 신문에는 '기획실장 김영철 사형'이란 기사가 떴다. 형사들이 적을 땐 대여섯 번, 많을 때는 십여 차례 방문하여 윽박지르기 일쑤였다. 그런 와중에 반갑고도 슬픈 일이 생겼다. 출산 예정일이 지나도 소식이 없던 막내가 7월 3일에 태어났다. 그러나 영양실조에 걸려서 인큐베이터 신세를 져야 했다. 하지만 끼니도 어려운 판에 그럴만한 돈이 없었다. 병원에선 집에 가면 죽는다고 했지만 다른 방법이 없었다.

김영철은 항쟁지도부로서 사명을 다했고, 부상 후 포로로 끌려가 상무대 영창에 버려졌다. 갖은 고문을 당했다. 내란수괴 및 간첩 혐의로 몰린 상황에서 스스로 거짓자백을 할까 봐 겁이 났다. 차라리 죽음으로 광주를 지키자며 콘크리트 벽에 머리를 찧으며 자살을 기도했다. 그때부터 뇌에 이상이 생겼고 서서히 '광인'으로 전락했다. 그래도 군사재판은 진행됐다. 1980년 10월 23일 1심에서 12년, 12월 8일 2심에서 7년형을 선고받았다. 1980년 12월 17일 최악의 건강상태라 최후의 진술마저 할 수가 없었다. 그래서 "자랑스러운 광주시민 만세"를 외쳤다. 그러던 어느 날 석방 소식이 들렸다. 81년 12월 25일 크리스마스특사로 출소한다는 소식에 설레었다.

그런데 교도관이 새벽 두시 반에 김영철을 광천동 파출소 앞에 내려놓고 가버렸다. 담요와 책을 들고 있는 거지 중의 상거지 모습이었다. 김영철은 그때부터 건강이 악화됐다. 1998년 1월 5일 조선대병원에 입원했다가 1998년 3월 초에 영광 기독병원으로 옮겼다. 그러던 중 7월 어느 날 간식을 먹다가 기도가 막혀 뇌사상태가 돼버렸다.

회생불능 상태라서 8월 5일 자택으로 옮겼고, 16일에 김영철의 '영원한 의형제 박용준' 곁으로 갔다. 가난하고 배우지 못한 노동자, 민초들의 삶을 대신한 김영철 선배, 순수하고 정의롭고 불의를 못 참고 베풀기를 좋아했던 김영철 선배의 그 때 나이는 인생을 알만한 50살이었다. 김영철 선배의 가족사는 극단 토박이에 의해서 <청실홍실>이라는 연극으로 시민들의 심금을 울렸다.

김영철의 아내 김순자 여사는 행상, 우유배달, 포장마차, 여화점, 과일가게, 빵장사, 식당 운영 등 온갖 고생을 숙명으로 감수하며 1남 2녀를 양육했다. 김영철의 아들 동명은 직장에 다니고 있고, 큰 딸 선형은 결혼하여 잘 살고 있으며, 막내 연우는 아직 미혼이다. 그리고 한평생을 눈물과 한숨으로 버텨온 김순자 여사는 뇌경색으로 투병중이다.

5·18 둥이 연우가 출연한 연극 <어느 봄날의 약속>을 연우의 어머니 김순자 여사가 관람했다.

나는 1982년에 전남대병원 7병동 정신병원에서 신영일 동지, 김영철 선배와 함께 셋이 입원 한 적이 있다. 그런데 "김일성이가 어쩐다"느니 정신이 이상했다. 함께 있으면 나도 광인이 될 것 같아 병동을 옮겼다. 그래서 지금도 공연 중에 연우가 소복을 입고 나타나기만 해도 눈물이 난다. 관객들도 혼신을 다해 영혼을 깨우는 진혼무를 보면서 흐느끼고 만다. 그래서 김순자 여사도 그 장면에서 눈물을 참지 못했을 것이라 생각했다.

"연우야, 나는 니가 나타나기만 하면 정신병원에서 함께 있었던 아빠 생각이 나서 눈물이 나는데 엄마는 뭐라고 하시던?"

"선생님, 우리 엄마는 시민군들이 모여서 주먹밥을 나눠먹는 모습이 감격스러웠대요. 그래서 1980년 5월 그날이 떠올라서 울었대요."

김영철 선배는 역사의 배를 타고 흘러가고 있다. 그러나 1980년 7월 3일에 태어난 김연우는, 해마다 진혼무로 5월영령을 보듬을 것이다. 그리고 엄마마저 숨어버린 날이 와도, 원통한 원혼들을 위한 씻김굿을 할 것이다.

1980년둥이 연우가 훌륭한 춤꾼으로 성장하길 빈다.

가을이면 더욱 그리워지는 5월의 연인

5·18 민중항쟁과 관련하여 빼놓을 수 없는 인물 중의 한 사람이 박관현 열사다. 영광군 불갑면에서 태어나, 광주고를 졸업 후 전남대에 입학하여 총학생회장에 당선되었다. 만약에 학생회장이 안 되었다면, 아니 전두환 집단을 안 만났으면 법관이 되었거나 평범한 삶을 살며 부모님 가슴에 상처를 남기진 않았을 것인데…….

그는 1980년 5월, 전남도청 앞에서 '민족민주화대성회' 횃불집회를 주도했다. '새벽 기관차'로 불리기도 한 그의 포효 같은 연설은 지금까지 광주시민들의 귀에 쟁쟁하다. 그 후 군부세력의 5·17 비상계엄 확대 조치가 있었으니 누군들 피할 수 있었겠는가. 피신 중 1982년 4월 8일 내란음모, 계엄법 위반 등 내란중요임무 종사혐의로 체포되었다. 현상금이 걸리고 지명수배 되어 방송에 나가자, 같은 공장에서 일하던 근로자의 신고로 체포되어 모진 고문을 당했다. 5월 4일 기소되어 구속되었다가 9월 7일에 5년 형을 선고받고 항소하였다. 그러던 중에 재소자들의 인권을 위해 50여 일 간의 기나긴 옥중 단식 투쟁을 하였다.

1982년 8월 1일 부상자회 창립 이후에 우리는 유족과 구속자 가족들과 연대를 시작했다. 그런데 박관현 동지가 광주교도소에서 단식투쟁을 하고 있다니 가만있을 수 없었다. 나는 곧장 광주교도소 앞으로 응원하러 갔다. 그때 들리는 얘기는 이랬다.

미국에서 수입한 콩 속에 나팔꽃 씨가 있는데, 그게 재소자들의 정력을 떨어뜨리고 건강을 해친다는 것. 그래서 박관현 동지가 단식을 하게 됐다는 것인데 당국에서는 유언비어로 규정했다. 진위 여부는 모르겠지만 분명한 게 있다. 옛날에 교도소에서는 재소자들에게 영양분 있는 밥을 제공한다는 명분 아래 콩밥을 줬다. 그래서 교도소에서 출소한 사람들에게 '콩밥 먹고 나왔다'고 했으며, 1986년 초까지는 콩밥이 나왔다. 직접 경험해서 안다.

광주항쟁에 가장 적극적으로 참여했거나 피해가 많은 곳은 가톨릭이다. 그럼에도 5·18 이후 교세가 확장되었다. 김성룡, 조비오, 정형달, 남재희 신부가 구속된 것을 계기로 남동성당에서는 매주 월요일에 추모미사가 열렸다. 그래서 나는 1982년 10월 11일 저녁에 광주 남동 성당의 미사에 참여했다. 가톨릭 신자뿐만이 아닌 5월 영령을 추모하며 정신을 계승코자 하는 모든 분들이 참여하는 열린 공간이었다. 신부님은 강론 중에 박관현 동지가 단식투쟁으로 인한 건강 악화로 전남대병원 중환자실에 입원했다고 했다. 나는 그 때만 해도 물불을 가리지 않던 미친(?)시절이라 미사가 끝나자 곧바로 전남대병원 3층으로 갔다.

꽤 많은 사람들이 쾌유를 기원하며 모여 있었다. 그런데 병원에서는 내가 전남대 출신도 학생운동권 출신도 아닌지라, 정보과 형사로 오해

했는지 길을 막았다.

"더 이상 들어오면 안 됩니다."

"왜 안 된다는 것이오?"

"중환자실 앞이고 또 신분을 모르는 분들은……."

"여보시오. 나도 한 맺힌 부상자요. 남동 성당에 갔더니 신부님께서 박관현 동지가 위독하다고 해서 왔소. 광주시민이 못 온다니 말이 돼오?"

"워낙 상황이 안 좋아서요."

마침 아는 의사가 중환자실에서 나왔다. 반갑기도 하고 중환자실에 들어가고파서 말을 걸었다.

"선생님, 고생하십니다. 지금 상황이 어떤가요?"

"속단할 수 없습니다만 아주 중태입니다. 어쩌면 오늘 밤을 못 넘길 수도……."

"저랑 잠깐 들어갔다 오면 안 되겠습니까?"

"네. 그럽시다."

빽(?)을 동원하여 의심을 면한 후 생면부지의 박관현 동지를 처음으로 만났다. 산소 호흡기를 끼고 있었는데 옆에 심장박동 측정기가 그래프를 그리고 있었다. 말 한 마디 건넬 수 없는 안타까운 분위기였다. 의사가 시간이 남지 않았다고 귀띔을 해줬다. 그래서 고향에 가는 막차도 안 타고 중환자실 복도에서 대기하고 있었다. 이윽고 자정을 지나 12일 새벽 두 시 쯤 되었을까, 의사들의 발걸음이 빨라졌다. 얼마 후 한숨소리와 통곡이 중환자실 복도에 가득했다.

광주 민중항쟁의 상징적인 인물인 박관현 열사는 그렇게 생을 마감했다. 곧바로 영안실로 운구했다. 그때 약 10명 정도가 함께했다. 알만한 분은 이명자(전 5월 어머니집 관장) 씨와 박행순 여사(박관현 열사 누나) 김상집(광주·전남 6월항쟁 이사장) 등이었다. 중환자실 침대에서 영안실 침대로 옮기는 과정에 참여했다. 박관현 열사의 시신은 운명한 후 꽤 시간이 흘렀지만 온기가 남아 있었다.

박 열사는 죽어서도 자유롭지 못했다. 박 열사의 타계 소식이 알려지자 시민들이 운집했다. 두려움을 느낀 전두환 정권은 시신을 탈취했다. 우리는 삼엄한 경비망을 뚫고 영광군 불갑면 박관현 열사의 선산까지 갔다.

5년이 흘러 1987년, 전남대생을 비롯한 민주시민들에 의해서 다시 5·18 구 묘지로 이장됐고, 지금은 신 묘역에 안장돼 있다. 언제나 약소국가 국민들은 삶과 죽음조차 자유로울 수 없다. 그렇다. 박관현 열사도 세 번이나 옮겨다니는 우여곡절 끝에 국립묘지에 안장됐다.

42년이 지났어도 박 열사의 누나 박행순 여사가 열사의 시신 앞에서 울부짖던 소리가 들려온다.

"관현아……. 꿈이어라. 꿈이어라."

언제쯤 꿈을 털고 대한민국이 바라는 꿈을 품고 하늘을 날 수 있을까? 박관현 열사를 비롯한 원혼들이 영면할 수 있는 세상, 살아있는 사람들이 웃을 수 있는 세상이 오기는 할까?

‘5·18 화순동지회’ 창립과 화순 사람들

크게 부각된 것은 아니었지만 1983년 5월에 내가 주도하여 결성한 모임의 정식 명칭은 ‘5·18민중봉기화순동지회’였다. 지금은 민중항쟁이라고 5·18에 대한 개념 정리가 되었지만, 명칭을 두고도 여러 곳이 난립했다. 1980년에 발족한 유족회는 ‘5·18유족회’, 1982년에 출범한 ‘5·18광주의거 부상자회’, 1984년도의 ‘5·18구속자협의회’, 제12대 국회의원 선거를 앞두고 1987년에 설립된 ‘5·18민중항쟁동지회’ 등이 있었다. 공법단체로 출발할 3개의 단체도 명칭이 제 각각이다. ‘5·18민주유공자회’, ‘5·18민주화운동부상자회’, ‘5·18구속부상자회’로 불렸다. 참고로 구속자들이 구속부상자회로 개칭을 한 것은, 구속자와 부상자까지 확장하기 위해서, 특히 부상자만이 수익사업을 하게 된 이유 때문이다. 3개 단체 중에서 항상 말썽의 대상이 된 단체가 있다. 이유는 학력과 경제력과 의식수준이 천차만별이고 올바른 지도자가 없어서가 아닐까 한다. 아무튼 운동권 출신도 역사학자도 아닌 나는, 5·18을 민중봉기라고 판단하여 ‘5·18민중봉기화순동지회’라고 명명했다.

화순이란 곳은 한국 근현대사가 관통하는 곳이다. 논개의 남편이라고 말해야 쉽게 이해가 되는 임진왜란 때의 최경회 장군—나중에 경운, 경장 형제뿐만 아니라 조카들까지 의병활동을 하다가 전사하였다.—의 고향이며 유성 연출가가 제작한 뮤지컬 <1946 화순>의 배경이 된 화순은 미군에 의한 '너릿재 학살사건'이 있었다. 이 사건은 1946년 8월 15일 광주에서 예정된, 소위 광복 1주년 기념행사에 참여하기 위해 광주로 향하던 화순 탄광 노조원들과 능주청년대원들이 너릿재에서 참살되었다. 더불어 6·25한국전쟁 때 백아산, 모후산, 화학산에서도 이러한 사건이 있었다. 역사적 애환을 간직한 화순은 야성이 강했다. 그래서 '박정희와 윤보선이 맞붙은 대통령선거'에서 윤보선의 표가 제일 많이 나온 곳이 화순이다. 그런 역사적 맥락이 흐르는 화순을 5·18 때도 평화롭게 놔두지 않았다. 화순 동면에 위치한 화순탄광은 광주 민중항쟁의 무기 보급에 결정적인 역할을 했다. 화순에 살던 시골사람들도 공수부대의 만행에 가만있을 수 없었다.

화순 출신 홍남순 변호사, 민족시인 문병란 교수, 우리겨레하나되기운동본부 공동대표 장두석 선생 등의 지식인이 있다. 또한 광주 민중항쟁 당시 학생 운동권과 기층 민중의 가교 역할을 했던, 5·18구속자동지회 회장을 역임한 박남선 상황실장. 1980년 당시 군인의 신분으로 '아름다운 반역'을 했던 이재춘, 신만식 씨. 그리고 고영자, 민병렬 등 수많은 희생자가 있다. 관련자 중에는 당시 위안부로 끌려갔고 항쟁에 참여한 역사의 산증인도 있다.

화순은 5·18항쟁 당시에 광주에 인접해 있고 탄광이 있었던 관계로 피해자가 많았다. 5·18 이후 화순군청 간부에 의하면 98명이 화순 출신이었다고 한다. 유족, 부상자, 구속자, 행불자 등이 분포되어 있으며, 청풍 출신은 화순군청 기획실장을 지낸 양정열 씨 동생 양태열이 있고, 사망자로는 구 묘지번호 114번 민병대 씨, 그리고 부상자는 광주 무등고시학원 강사 때 부상 후 광주를 떠나 전국적으로 유명한 서울의 조재필 수학학원 원장과 민옥태 씨와 내가 있다.

1983년 5월 20일에 창립한 5·18민중봉기화순동지회의 창립회원은 20명 정도였고, 기억나는 회원들은 아래와 같다.

장두석, 임태남, 김정곤, 박태조, 김영봉, 김창오, 김현채(이상 고인), 민병기, 홍순영, 김성진, 이성전, 차영철, 오동찬, 이선, 문관, 신만식, 이재춘, 유춘학 등이 있다.

총회가 끝난 후 홍남순 변호사 댁에 인사를 갔다. 홍 변호사는 한 사람 한 사람의 손목을 잡아주면서 말씀했다.

"우리 화순이 역사의 고향일세. 요즘 상황에 20명이면 엄청나게 많이 모였네. 화순이 텃자리가 좋다마시. 앞으로도 수많은 인재들이 양산될 것이네."

개인적으로 홍 변호사는 이기홍 변호사와 함께 나의 무료변론을 맡기도 했다. 또한 문병란 민족시인은 나를 시인으로 등단시킨 은사님이다.

당신들은 떠났지만 자랑스러운 후진들이 한국의 역사를 디자인하고 있다. 많은 분들이 계시지만 몇 사람만 거명한다. 진실 화해를 위한 과거사 정리위원회 안병욱 위원장, 6·15남측본부 김정길 공동대표, 초등학교 때 시민군의 화순 진출을 목격하며 광주를 학습한 안진걸 학생은 박근혜 탄핵 당시에 참여연대 사무처장으로서 핵심 역할을 했다. 또한 5·18 기록물을 유네스코에 등재시켰던 실무책임자 안종철 박사는 5·18 진상조사위원회 부위원장으로 활약 중이다. 정치인으로서는 한영애 전 의원, 청와대 최재성 정무수석과 양향자 의원, 오기형, 오병윤 전 의원 등이 화순이 연고지다.

경제인으로는 남화토건(주) 최재훈 대표이사, ㈜리젠시빌 이영웅 회장, 조영훈 (주)대광건영 부회장, 구제길 라이온스 국제이사, 언론인으로는 전 호남방송 이영팔 회장, 정영팔 KBC 플러스본부장, 구길용 뉴시스 광주전남 본부장, 조덕진 무등일보 논설실장, 광주 MBC 한신구 기자 등이 있다. 오지호, 오승윤 화백, 박현채 경제학자도 화순 출신이다.

특히 국악인들이 많다. 지난 날에 천대받아서 고향을 숨겨서 알려지지 않았지만 수많은 분들이 화순과 연관돼 있다. 김재만, 박초선, 공창식, 조도화, 조상현, 서우향, 성창순, 오갑순, 한주환, 박정려 등(강동원 저서 『화순의 예보』 참고).

벌써 42년이 지났다. 세월 따라 부모님들은 돌아가시고 초가집은 사라졌다. 그러나 내 가슴 속에 한과 흥을 새겨준 고향 화순 청풍을 어찌 잊을 수 있으랴!

5·18 묘지 이장 음모 사건

1983년에 5월 단체 특히 유족회는 엉뚱한 문제에 휘말려 소용돌이쳤다. 1986년 아시안게임과 1988년 서울올림픽을 유치한 신군부 세력에게는 광주로부터 멀리 벗어나고 싶었을 것이다. 그래서 기획한 것이 소위 '5·18 묘지 이장 음모' 획책 사건이었다.

당시 유족들은 자식과 남편이 그리우면 망월동 구 묘역에 가서 울면서 한을 달랬다. 80년대 망월동 묘역은 위안과 투쟁을 준비하는 희망의 공간이었다. 전두환 입장에서는 향후 국제행사가 열리게 되면, 자신의 치부가 드러나는 추악한 현장이 될 게 명약관화하기 때문에, 투쟁을 약화시키고, 국제적 망신을 당하지 않는 최선책으로 묘지를 이장하려고 했다. 신군부세력이 묘지이장에 사활을 건 이유다. 그래서 유족들과 친분이 있는 공무원들을 동원했다. 그리고 찾아가서 회유를 하게 했다.

"아짐, 고생이 많지라? 나도 속이 상한데 아짐은 오죽하겄소."

"아따 위로해준께 고맙네. 근디 무슨 일이당가?"

"아니, 고향에 오면서 들렀구만이라. 그런디 동생이 누워있는 망월동은 땅에 물이 나서 썩지도 않는다고 합디다."

"근다고 탈골도 안됐는디 어떻게 하겄는가?"

"아짐, 제가 아짐 눈물도 닦아 주고 그럴랑께 내 말을 들을라요?"

"좋은 방법이 있겠는가?"

"있다마다요. 묘를 선산으로 옮기면 망월동까지 안 가도 되고 또 보고싶으면 가까이 있으니 자주 가서 맘껏 울기도 하고."

"오메, 아무리 그래도 어떻게 양심상 그럴 수 있어?"

"아짐, 다른 사람들은 진즉 옮겼단 말이오."

"뭣이여?"

"아짐도 이제 동생 생각 잊어불고 내 말대로 허이시오. 그러면 이장비로 30만원, 위로금으로 1,000만 원이 나온께 촌에다 논이나 사놓으면 좋지 않겠소?"

1983년에 1,000만원이면 광주에서 쓸만한 기와집 두 채를 살 수 있고 시골의 논을 꽤 장만할 수 있는 거액이었다. 당시 강경파 회장은 고 3때 산화한 전영진 열사의 부친인 전계량 5·18유족회 회장이었고 온건파는 박 모 회장이었다. 묘지 이장 문제로 유족들은 또 한 번 상처를 입었으며 회원 간의 갈등과 반목은 극에 달했다. 2008년 모 단체가 앞장서서 구 도청을 철거하자는 주장이 있었듯, 1983년에는 묘지를 이장하려는 음모가 진행됐던 것이다. 결과적으로 회유와 협박에 의해서 26기가 구 묘역을 떠났다. 전두환을 바늘로 찔러 죽이고 부관참시를 해야 된다는 말이 떠돈 이유다. 전두환 정권은 광주상공회의소(회장 신태호)를 회유하여 전남지역개발협의회(회장 고광표)라는 유령단체를 만들었다. 표면적으로는 그 단체가 묘지를 이장시키고 위로금을 지급하는 모양새를 갖추었다. 악랄하고 교묘하고 치사한 만행으로 광주를 두 번 죽인 셈이다. 그래서 고광표 회장 집 앞에서 항의를 했지만 소용이 없었다.

그때 묘지이장에 앞장선 사람들은 광주일보의 김○○, 전남일보의 이○○ 회장 등이 주축이었고, 사무총장은 김○○이 맡았다. 전계량 유족회 초대회장과 우리는 묘지이장 문제로 매번 그들과 충돌했다. 언론사 사주뿐만이 아니라, 유력한 상공인들이 당국의 하수인이 되어, 전남지역개발협의회를 발족시켰고, 그 배후에는 505보안대가 있었다. 언론사 사주 등 방귀 깨나 뀐 사람들이 있어서 쉬쉬 할 지도 모르지만, 한번쯤은 짚고 넘어가야 할 부끄러운 과거사다. 조사대상에 포함될지 모르나 향후 5·18진상조사위가 눈여겨 볼 사안이라고 생각한다.

그러기 전에 전남지역개발협의회에 참여했던 지역 상공인들은 과거의 잘못에 대해 반성과 사과를 하는 것이 도리이리라. 그래야 지역이 화합하고 단결하여 새롭고 희망찬 광주를 건설할 수 있지 않겠는가.

전남지역개발협의회는 그후 광주전남발전협의회로 명칭을 바꿨으며, 약 80여억 원이 있다. 그런데 환수나 소환운동도 없이 세월만 보내고 있으니…….

이제 어렵사리 진상조사위원회가 발족하여 활동 중이다. 진상조사의 대상을 발포명령자 색출뿐만이 아닌 암매장 장소 발굴과 그 동안의 연행, 구금, 강제, 납치 등 인권탄압과 묘지이장사건의 음모를 철저히 조사하여, 적폐를 청산하고 5월 가족들의 눈물을 닦아주길 촉구한다.

척추환자 김용대 씨와 김영삼 총재

척추환자 중 한 분인 김용대 씨는 서울 봉천동의 장주인, 광주의 이광영, 김요한, 김래향(5·18당시 5세)등과 함께 '휠체어 5자매'로 불렸다. 김용대 씨는 금호타이어 중대장을 하다가 총상을 입었다. 그래서 휠체어에 의지할 수밖에 없었다. 계속해서 누워있으니 욕창이 생겼다. 건강이 악화되어 서울대병원으로 입원키로 했다. 그러나 서울대병원으로 가는 게 쉽지 않았다. 당국에서는 5·18 관련자가 서울의 병원으로 옮기게 되면 광주학살의 치부가 폭로될까 봐 방해공작을 했다. 그러나 뚝심으로 밀어붙였고 예약을 했다. 부인은 미장원을 운영해야 하니 부상자회 회장이었던 내가 김용대씨 처제와 함께 앰블런스를 타고 서울로 향했다.

무사히 도착하고 나니 긴장이 풀렸다. 그래서 재경호남고교야구 응원단장 시절의 추억도 있곤 해서 동대문시장의 곱창집에 들렸다.

"오메, 지현이 아닌가?"

"예, 엄니 잘 계셨소? 창권이는 이라?"

"우리 새끼는 지 애비 닮아서 한량 아닌가?"

"그래도 창권이가 한 몫 헐것인께 기다려 보시오."

"그럴까? 근디 자네는 어쩌다 다쳐갖고……. 내가 면회도 못 가보고 미안허시."

"뭐시 미안해라. 제가 걱정을 끼쳐드려 죄송헙니다."

"어쩌다가 그 난리통에 뛰어들어 갖고……. 오메 그 찢어죽일 놈들."

"엄니, 괜찮해라. 나는 한 눈이라도 남았소 안. 어떤 양반은 양쪽 눈도 없는 사람도 있고, 또 시신도 못 찾는 사람도 있는디 그 양반들한테 비하면 행복하지라잉."

"그랑께 그놈들을 여그 불판에다……."

"엄니, 누가 들으면 어쩔라고 그라요?"

"들으면 어쨌단가? 자네 눈을 본께 내 속이 뒤집어져불라고 허네. 자네 엄니는 얼마나 복창 터질까잉. 옛날 인공 때도 고생했는디."

"오메, 엄니도 아시요?"

"알다마다. 자네 엄니한테 잘해드리소잉."

"예, 그나저나 곱창이나 좀 싸주시오."

"그래, 자네가 곱창귀신이지. 글고 요것은 공짜."

"엄니, 엄니 고생허신디 선물은 못 사갖고 와도 돈은 드려야지라. 안 그러면 벌 받아라."

"예끼 이 사람아, 정없이 그런가? 우리 청풍사람들이 인심 좋기로 소문났지 않은가?"

준다 안 받는다 싸우다시피 해도 결론이 안 났다. 그래서 할 수 없이 돈을 던지고 도망치듯 달렸다. 여관에 도착했더니 김용대 씨가 기분이

상해있었다.

"어이, 자네는 어디 갔다 인자 온가?"

"친구 엄니 좀 만나고 온다고 안 했는가?"

"그래도 심심헌께 빨리 와야제 뭘 잘했다고 큰소리친가?"

"어이 내가 잘못한 것이 뭐여?"

"자네가 데리고 왔으면 내 비위도 맞춰줘야지."

"회장이 뭔 죈가?"

"그래도 자네는 나보다 병신은 아니잖아?"

"뭐여? 우리 부모님한테 이렇게 했으면 효자상 받았을 것이네."

"자네만 믿고 서울까지 왔응께 자네가 책임져."

"허허 내가 자네 꼬붕인가? 입원을 안 시켜주면 내가 분신을 해버리겠다고 협박해서 겨우 입원시켜준다고 했는디 자네까지 그랑께 나는 갈라네."

"글지말고 우리 죽어버릴까?"

"자네 죽을 용기는 있는가?"

"내가 성생활을 할 수 있는가, 돈을 번가? 날마다 죽고잡네."

"그래……. 죽을 때 죽드라도 자 이거나 먹소."

친구 어머니에게서 사가지고 온 곱창을 내놨다. 김용대 씨는 얼굴이 펴지더니 맛있게 먹었다. 시장에서 먹을까 하다가 같이 먹으려고 싸갖고 왔건만, 냄새는 죽여주는데, 세상에 먹어보라는 소리도 없이 해치워버리는 것 아닌가! 흔한 호박나물로 의리상한다고 하는데, 속이 좁다고 할지 몰라서, 아니 기분상할까 봐 숨겼지만 그때는 화가 났다. 저렇게 이기적이라는 생각에 관심을 꺼버리려고 했다. 다음 날 입원시키자마자 광주로 내려왔다. 흔히 오줌 싸고 뒷도 돌아보고 싶지 않은 기분이었다.

1983년 5월이 왔다. 그때만 해도 제사도 맘대로 못 모시던 시절이었다. 1981년 추모제 때 정수만 전 유족회장이 사회를 보다 구속된 적이 있다. 정치인도 오지 않았다. 학생들은 산길과 논두렁을 거쳐서 겨우 구 묘지를 찾던 시절. 우여곡절 끝에 추모제의 사회를 보고, 고향으로 돌아가 농사일을 거들고 있는데 전화벨이 울렸다.

"여보세요."

"이형 잘 계셨소?"

"누구십니까?"

"와따 섭섭허네. 나, 김용대"

"……."

"그때 서운했제? 변명 같지만 몸이 안 좋은께 예민해지고 어린애처럼 돼버린단 말이네."

"그래서요? 전화 끊읍시다."

"아따 잘못된 것 있으면 사과할게. 전화는 끊지마소."

"촌놈이 어떻게 훌륭한 분과 전화 하겠습니까?"

"어이 이 회장, 아니 친구, 글지말고 진짜로 훌륭하신 분을 만나서 광주문제를 해결해봐야 할 것 아닌가?"

"……."

"아직도 화가 안 풀렸는가?"

"더 이상 5월 때문에 상처받고 싶지 않소."

"이 회장답지 않네. 대단한 정치인이 자네를 만나자고 연락이 왔다

마시. 5·18을 위해서 한 번만…….”

“촌에서 농사지으면서 효도할랑께 꼬시지 마시오.”

“이 회장……. 김영삼 총재님을 꼭 만나보소.”

김영삼? 당시 김대중 총재는 미국으로 반강제로 떠났고, 김종필 총재는 존재감이 없던 상황. 3김 중에서 오직 김영삼 총재만이 5·18 3주년을 맞아서 단식을 하며 정치적 재개를 꿈꿀 때였다.

당구를 처음 배울 때, 누워있어도 당구공이 아른거리듯, 그날 밤 한 사람의 얼굴이 떠올라 도저히 잠을 이룰 수 없었다. 김영삼 총재를 만나야 하나? 고민에 빠졌다.

김영삼 총재 면담 후 끌려간 ○○○

김영삼 총재가 나를 만나자고 했다는 것은 여러 가지 의미가 있었으나 별로 내키지 않았다. 김영삼 총재에 대해서는 25세 젊은 나이에 정계에 진출하여 파란만장한 정치 역경을 이겨낸 불굴의 정치인이란 것 정도는 알지만, 내가 자칫 정치권에 휘말리지 않을까 우려도 되었다. 그보다 중증부상자 김용대 씨에 대한 감정 때문에 망설일 수밖에 없었다.

"이 회장, 진짜 내가 잘못했소."

"뭘 잘못해라? 당신은 왕이고 나는 신하잖아요?"

"아따 나는 통증이 심할 때는 미친놈처럼 돼버린당께."

"근디 왜 화풀이를 나한테 하냐구."

"그랑께 이렇게 빌고 있지 않는가?"

"그럼 김영삼 씨를 자네랑 같이 만나?"

"그것은 자네 맘대로 해."

"……."

"나는 안 만나도 돼."

"알았네. 그럼 환자복 큰 것 하나 준비해놓소."

"아니 웬 환자복을?"

"감시가 심할 것 아닌가? 그래서 환자로 위장을 해야제."

"아따 이 회장 머리가 비상허네잉."

"비행기 태웠다가 떨어뜨리지 말고."

"자네 기분이 풀려서 진짜 고맙고 미안하네."

광주가 고립돼 있으니 정치권에 기대해보자. 어머님께 좋은 세상 오면 갚겠다며 돈을 빌렸다. 좋은 표현으로 빌린 거지 갈취였다. 그리고 만나기로 한 5월 26일 서울대병원으로 갔다. 옷을 갈아입었다. 눈에 안대까지 썼으니 틀림없는 환자처럼 보였다.

"김형, 가세."

"아니 이형만 가기로 했잖아?"

"생각해보니 김형 휠체어를 내가 밀고 가야 기관원이 봐도 이상하게 생각 않고, 또 김형과의 불편한 관계도 해소될 것 같아서 그라네."

"아따 자네가 진정한 친구네."

휠체어를 밀면서 고개를 숙이니 키도 작아 보였다, 누가 보면 가까운 친구들이 병원에서 만나 우정을 나누며 운동하는 모습처럼 보였다.

"똑 똑 똑"

"네, 들어오십시오. 오시느라고 수고하셨습니다."

"광주에서 왔습니다."

"저는 총재님 아들 김현철입니다. 아버님께서 이 회장님을 만나고 싶어했습니다."

"인사드리겠습니다. 저는 이지현이라고 합니다."

“김영삼입니다. 김용대 동지한테 말씀 들었습니다.”

“한 쪽 눈을 실명당했습니다. 저 말고도 수많은 동지들이 죽고 부상당하고 구속당했습니다.”

“참혹한 상황은 비디오를 통해서, 또 지인들을 통해서 들었습니다.”

“이제 정치인들이 좀 나서주십시오.”

“그래야죠. 그래서 제가 광주시민의 아픔과 함께하기 위해서 단식투쟁을 시작한 것 아닙니까?”

“망월동의 영령들까지 이장하고 있습니다. 살인마놈들이 우리를 두 번 죽이고 있습니다.”

“나쁜 사람들이죠. 저도 광주를 생각하며 많이 울었습니다.”

“저희는 틈만 나면 묘지에 가서 5월영령과 대화하며 웁니다.”

“그 심정 충분히 이해가 됩니다.”

“총재님, 단식이라는 방법보다는 장외투쟁을 하면 어떨까 합니다만.”

“저도 그러고 싶지만 여기에서 나가면 연금당할 것입니다.”

“아무튼 총재님, 광주의 원혼들을 절대 잊지말아 주시기 바랍니다.”

“저도 목숨을 걸고 투쟁하겠습니다.”

“고맙습니다. 총재님의 단식 관련 성명서를 광주에 유포시키겠습니다.”

“네, 조심히 내려가십시오.”

김용대 씨 병실에서 옷을 갈아입은 후 유인물을 갖고 광주로 내려왔다. 이틀 후였다. 최○○ 회원이 입원해있는 전남대병원으로 가고 있는데, 검은 복장을 한 신사 네 명이 나타났다. 한 사람은 자주 만나는 기관원 김○○이었다.

"우리 사장님이 좀 보자고 합니다."

"내가 왜 당신 사장을 만납니까?"

"이지현, 까불지 말고 따라 와."

"야, 전두환이 따까리 새끼들아 이 손 놔."

한 사람이 혁띠를 잡았다. 두 사람은 양쪽 어깨를 비틀고 한 사람은 뒤를 밀었다. 이대로 끌려가다가는 송장이 되어도 못 찾을 것 같았다. 그래서 소리 질렀다.

"시민 여러분 부상자 회장입니다. 이놈들은 안기부 직원들입니다."

한 사람이 입을 막았다. 그리고 떠밀려서 승용차에 태워졌다. 뒷자리 가운데에 박혀 샌드위치가 됐다. 어디로 가는 줄 모르도록, 아니 기를 죽이려고 목을 눌렀다. 숨이 막혔다. 곰곰이 생각해봤다. 도대체 누가 고자질을 했을까, 무엇이 문제였나? 하필이면 김영삼 총재를 만난 후 나를 끌고 갈까? 승용차가 도착한 곳은 소위 간첩들을 취조하는 악명 높은 안기부 지하실. 계단을 내려가는 동안 부모님 얼굴이 떠올랐다.

안기부 지하실과 수사과장의 명언

"이지현 선생을 열렬히 환영합니다."

"……."

첫 마디부터 짭새들과는 격이 달랐다, 마치 굶주리던 야수들이 먹이가 나타나자 환호하는 모습이랄까? 나는 나름대로 각오는 했지만 섬뜩했다.

"왜 반응이 없어?"

"……."

"벌써 겁 먹었어? 천하의 이지현이가 X도 아니구먼. 실망했어."

"각오는 됐으니 본론부터 얘기합시다."

"듣던 대로 간덩어리가 없나보구만."

"누가 나를 이렇게 만든 줄 아시요?"

"미리 얘기하는데 이 시간부터 당신의 태도에 따라서 당신의 신변이 결정되니 알아서 해."

"나는 운동권 출신도 아니고 폭도도 아니요. 화순 촌놈이요. 그런데 왜 여기까지 와야 돼요?"

"그런 놈이 청와대까지 쳐들어가자고 했나?"

"청와대요? 생사람 잡지 마시오."

"이 사람 안 되겠구만, 혼나고 싶어?"

"예? 전두환을 때려죽여 갈아마시자고는 했소."

"잘 생각해 봐. 광주상고가 고교야구 우승했을 때, 서울역 근처까지 거리행진을 하면서 호남 야구팬들과 청와대로 가자고 했잖아?"

나도 까마득히 잊어버린 이야기를 어떻게 알았는지 꺼냈다. 모든 것을 실토하라는 고도의 작전 같았다.

"아 네, 호남향우님들 중에 그렇게 선동한 사람이 있었지만 제가 만류했습니다."

"그것은 그렇다 치고 지금부터는 말을 잘 들어야지, 알았나?"

"……."

"당국에서 당신을 뭐라고 한 줄 알아?"

"글쎄요……. 강경파, 독종 그렇겠죠."

"알기는 아네. 당신은 2대 독종이야."

"나는 순진한 사람. 책을 읽다가도 우는 사람이 바로 나였소. 그런데 전두환이가, 아니 당신들 쫄따구 짭새들이 그렇게 만들어놓고 독종이라고 하면 되겠소?"

"그러니까 법을 지키고 고분고분 해야지."

"그나저나……. 왜 2대 독종이라고 한다요?"

"당신은 하루에 담배를 네 갑을 피우다 끊었어. 그것도 담배를 씹어 먹으며 끊었다더군."

"두환이, 아니 나와의 싸움에서 이기기 위해 내린 결단이오."

"그것만이 아니여. 담배를 피운 후 꽁초를 단 한 번도 길거리에 안 버리고 꼭 쓰레기통에 착실히 버렸거든."

"당신들이 미행하기 때문에 약점을 안 잡히려고, 특히 5월 관련자라 모범을 보이기 위해서 그랬소."

"그렇게 독심을 품고 네 갑을 피우던 담배를 끊었으니 우리 회사에서는 당신을 2대 독종이라고……."

그 소리를 들으니 싫지 않았으나 궁금했다.

"그렇다 칩시다. 그럼 1대 독종은 누구다요?"

"독학으로만 고시에 합격한 사람이 1대 독종이오. 하하하."

"영광이요. 두환이 그놈 때문에 그렇게 됐소."

"대통령각하한테 뭐 두환이? 이 자식이 혼이 덜 났구먼."

"살인마한테 뭐라고요?"

"이 자식! 여기가 어딘 줄 알고?"

"사람 잡는 안기부 지하실인 줄 아요. 차라리 죽여부시오."

"그래 죽고 싶다는데 소원을 들어줘야지. 무릎 꿇어."

"못 꿇겠소."

눈빛을 교환하더니 안기부 수사관은 고문을 시작했다.

"예 ○형, 요놈도 예전 방식대로 합시다."

"뭐 X 까는 소리 하지 마. 당신들이 안 죽이면 내가 죽을께."

살아도 고통뿐인 세상, 믿을만한 사람도 없고, 모욕을 당하느니 차라리 죽는 게 낫겠다는 생각이 들었다. 오직 나를 지켜주는 것은 천장에 외롭게 달려 있는 전등 하나. 공포가 밀려왔다. 분노도 이글거렸다. 그래서 벽에다 머리를 찧었다.

“지미. 병신 된 것도 분통이 터진데, 가정 파탄까지 나고, 잠 못 이루고. 차라리 여기서 죽을거야.”

독이 올라서 또 찧었다. 피가 났다. 그런데 상상 밖의 일이 일어났다.

“아니 여기에서 죽으면 안 돼. 잠깐만 흥분하지 말고.”

수사관이 말리니 더 신이 났다. 옳다. 세상에 악명 높은 작자들에게 저런 모습도 있구나. 더 강렬하게 쏘아부쳤다.

“비켜, 놔라고. 왜 죽지도 못하게 해. 씨발.”

약자에게 강하고 강자에게 약한 게 권력자들의 생리일까, 두 사람이 자살기도를 막았다.

“회장님, 사실은 평소의 당당한 모습에 존경했습니다.”

“존경 안 해도 좋으니 죽게 놔두라고.”

“우리도 양심은 있소. 좋게 얘기합시다.”

“당신 같으면 가만있겠소?”

“우리 체면도 있으니 얼른 앉읍시다.”

“알았소. 앞으로 내 몸에 손대거나 모욕을 주면 진짜로 죽어버릴 것이오.”

그 후 의례적인 질문과 답변이 있었다. 그리고 각서를 썼다. 그곳에서 있었던 일에 대해서는 함구하겠다고 사인까지 엉겁결에 하고 나니 자존심이 상했다.

“그 각서를 주시오.”

“그것만은 안 돼요. 우리 회사의 규칙이오.”

“좋소. 나를 데려온 이유가 뭐요?”

“우리는 잘 모르오. 당신이 생각해보시면 알 것 아니오.”

"그럼 어떤 놈이 밀고를 했소? 그거나 압시다."

"참 순진하요. 가르쳐줄 수 없고 우리는 시키는 대로 일만 하오."

"그래서 음지에서 일하고 양지를 지향한다고 써놨소?"

"이 회장, 당신 선조들이 일제시대와 6·25때 고생은 했지만, 사상적으로 큰 문제는 없던데 왜 당신만 그러요? 순리대로 사시오."

"당신들도 내 신세 돼보시오. 우리 5·18 관련자들을 모두 이런 식으로 대접했소?"

"여기는 아무나 오는 곳이 아니오. 수천 명 되는 사람들 중에 딱 한 사람만 다녀갔소. 당신은 특혜 받았소."

"하하, 특혜라니 영광이오. 한 사람은 누구요?"

"궁금하면 정용화(전 5·18기록관장)한테 물어보시오."

"무엇 때문이었소?"

"당신은 진짜 겁이 너무 없소. 지하실 생활 10년인데 당신 같은 사람은 처음이오."

"……."

"이 회장, 가족들도 생각하며 사시오. 이 정권이 쉽게 무너질 정권이 아니오. 당신이 협조하면 최대한 도와주리다."

"나도 부모님께 효도하며 살고 싶소. 그런디 어떻게 나만 편히 살겠소? 당신들도 생각해 보시오."

"나도 양심은 있소. 이만 나갑시다."

지하실에서 빠져나오면서 생각했다. 아까 자살기도를 하지 않았다면 얼마나 고초를 겪었을까? 얼마나 많은 사람들이 고문을 당했으며 송장이 되어나갔을까를 생각하니 소름이 끼쳤다. 나를 데리고 간 곳은

2층이었다. 수사과장이 입을 열었다.

"이 선생, 오늘 뵙게 되어 인연이오."

"저는 악연으로 생각합니다."

"역시 듣던 대로 독종이라는 별명을 들을만 하오."

"……."

"독종 양반, 고개를 드시오."

"할 말 있으면 얼른 하시오. 보내주던지."

"여기는 맘대로 들어왔다 나가는 곳이 아니오."

"그래서 말씀드렸습니다. 영광이라고."

"인생은 딱 한 번뿐 아니오? 우리랑 손 잡읍시다."

"그만 놀리시오."

"그럼 처음이자 마지막 말이니 잘 들으세요."

나는 어떤 말일까 궁금했다.

'당신 명대로 살려면 잘해.', '까불면 토막이여.', '송장이라도 찾으려면 까불지 마.' 이렇게 얘기했으면 콧방귀를 뀌었을지 모른다. 그런데 실로 예상 밖의 말이 튀어나왔으니.

"이 선생, 이제 고개를 들라니깐."

"들을테니 얘기하시오."

"…… 오늘 이 선생께서 방문하신 방은 우리 회사에서는 아무 것도 아닙니다. 나중에 오시면 …… 더욱 훌륭한 방으로 안내해드리겠습니다."

나는 그때서야 명패를 자세히 봤다. 역대 대통령과 같은 이름…….

"수사과장 박○○."

3년이 지났지만 박○○ 수사과장이 쏜 독화살이 가슴에 박혀있다.

고향에 나타난 고급 지프

지금은 추억으로 남아있는 광주시 화정동 안기부. 2층에서 내려와 밖으로 나오니 나를 담당하던 김○○ 조정관이 웃으며 손을 내밀었다. 거절했다. 안면몰수하고 끌고 갈 때는 언제고 친한 척 하는 꼴이 역겨웠다. 어떻게 알았는지 회원 몇 사람이 마중 나왔다. 고맙기도 했지만 안기부에 끌려간 원인이 회원 내부에 있을 수도 있다는 생각에 씁쓸했다. 내가 묘지 이장 반대 운동을 결사적으로 펼치면서, 전남지역개발협의회의 김종태, 이훈동 회장에게 망신을 준 것이 눈밖에 난걸까? 아니면 우리 집 전화가 도청이 되고 있었을까? 서울대병원 10층 김영삼 총재의 방 앞에 CCTV가 설치돼 있었을까? 정말 생각하고 싶지 않은 시나리오지만 회원 내에 프락치가 있었던 것일까? 여우 같은 녀석들이라 복합적이었을까? 그때도 그랬지만 지금까지도 풀지 못한 수수께끼로 남아있다. 심증은 있으나 물증이 없는 회원도 있었지만 속내를 감추고 인사를 했다.

"나와 주셔서 고맙습니다."

"아니, 얼마나 고생이 많았는가?"

"덕분에 좋은 경험을 했습니다."

"오늘은 사장님 면회도 안 되던데 어찌 된건가?"

"평소에는 지부장을 만났잖습니까? 그런데 오늘은 직원들의 대접을 받았습니다. 더 이상 얘기하지……."

"고문이나 인권 탄압은 없었냐구?"

"○ 선생님, 그런 특급비밀을 맨입으로 알려고 합니까?"

"맞아, 생각해본께 그러네잉. 우리 식사나 하러 가지, 이 회장도 가세."

안기부 조정관이었던 김○○은 우리가 좋아서라기보다는 당신의 직업 때문에 우리와 협조를 할 때가 많았다. 그러나 그날의 사건을 겪고 나서는 전두환보다 증오스러웠다. 그런 분위기를 감지했는지 상부의 지시에 의해서 움직였을 뿐, 아무런 감정이 없다며 옆자리에 앉아서 화해를 요청했다. 회원들도 큰일을 안 당하고 풀려났으니, 김 선생을 이해해라고 설득하려 했지만 분이 안 풀렸다. 회원 중의 누군가가 불행 중 다행이라며 생환기념(?)으로 건배를 하자고 했다. 내가 김대중 대통령 똥고도 못 빨 주제에 그런 자리를 만들자니 참으로 어처구니가 없었다. 또한 당국의 미인계 유혹에 벗어나기 위해 이미 술을 끊은 상태라 내키지 않았지만 밥만 먹었다. 기관원, 아니 적이나 다름없는 안기부 직원이랑 한 자리에 있다는 것도 꺼림직하고 부끄러웠다.

"저……, 미안하지만 먼저 갈랍니다."

"조금만 기다려, 같이 가게."

"속이 안 좋습니다. 뭣이 좋다고 오래 앉아있겠습니까?"

"아따 그러면 우리가 미안하지."

"어떤 놈이 배반을 했는지, 어떤 놈이 전두환의 따까리 역할을 하고 있는지 역사는 기억할 겁니다."

"암, 이 회장 말이 맞네. 분위기도 거시기헌께 오늘은 이만 헤어집시다."

돈이 있었으면 내가 냈을 것인데 결국 김○○의 몫이었다. 전두환이가 부하들에게 격려금을 주는 것처럼 지갑을 열었다. 손이 베일 정도로 빳빳한 만 원짜리 신권이 지갑에 있었다. 보이는 현찰만 100만 원은 될 듯했다. 그 돈으로 선심을 쓰며 공작을 한다고 생각하니 먹었던 밥이 넘어올 것 같았다. 내 자신이 비참했다. 그런데 김○○이 웃으며 다가왔다.

"이 회장, 부모님께 뭐라도 사갖고 들어가시오."

봉투 하나를 건넸다. 침을 뱉어버렸어야 했지만 그럴 용기가 없었다. 정중히 거절하고 나서 화순 청풍으로 가는 마지막 버스를 탔다. 부모님은 그런 사정을 모르는 것 같았다. 안기부 광주·전남 분소 앞에서 분신이라도 하고 싶은 심정을 누르고 농삿일을 도왔다. 어떻게 하면 복수를 해서 한을 풀까 고민하고 있던 중에 귀빈들이 찾아왔다. 안기부 탐방(?) 며칠 후인 6월 초. 부모님의 일손을 조금이라도 덜어주려고 논에서 일하고 있는데, 세인들이 깜짝 놀랄, 아니 도저히 믿어지지 않는 사람들이 찾아왔다.

"화순 보안대장이오."

"네? 그런데요?"

"잠시 다녀와야겠습니다."

"왜? 어디로요?"

"아버지도 계시니 가면서 얘기합시다."

지금 생각하면 참 이해가 안됐다. 아버님께 인사만 하고 지프차에 탔다. 이번에도 귀빈이 되어 가운데에 박혔다. 암소도 새끼가 팔려나갈 때면 우는 소리가 가슴을 저미는데, 하물며 부모 입장에서야 오죽했겠는가. 천하의 불효자식이지만 걱정이 돼서 뒤를 돌아봤다. 아버지는 차가 완전히 사라질 때까지 나의 뒷모습을 보고 있었다. 이런 쳐죽일 놈들 같으니. 아무리 급해도 나를 조용히 불러내서 데려가던지 해야지 아버지 앞에서 이게 뭐람. 이글거리는 분노 속에 눈물이 왈칵 쏟아지려고 했다. 아니 전두환 졸따구들 앞에서 약한 모습을 보이면 안되지. 마음속으로 아버지께 속죄하는 심정으로 있는데 보안대장이란 사람이 침묵을 깼다.

"이 선생, 왜 우리들까지 오게 합니까?"

"아니 누가 오라고 했소?"

"오고 싶어 올 사람이 있겠소. 우리도 사람이오."

"며칠 전에 좋은 곳에 들렀으면 됐지, 또 구경할 곳이 더 있단 말입니까?"

"그 자식들이 우리의 허락도 없이 참."

그 당시 안기부와 보안대가 최고의 권력기관인 줄 알았지만 누가 위아래인 줄은 몰랐다. 그런데 보안대장의 말투에서 안기부를 아래로 취급하는 인상을 받았다. 그래서 자신들의 먹잇감을 마치 안기부가 낚아채서 불쾌하다는 느낌이었다고나 할까?

"이 선생, 이것도 인연인데 인사나 하시죠."

"인사할 기분이 아니오. 진짜 자살하는 꼴 보고 싶소?"

"아닙니다. 안기부에서는 부하들을 시켜서 끌고 갔다는데 그렇게 예의가 없어서야 되겠습니까?"

"아버님 앞에서 납치한 것은 예의이구요? 참……."

"아직도 기가 살아있군요."

"그럼 모두 뺏겼는데 기까지 디져서야 되겠습니까."

"그렇군요. 이 선생은 광주의 스타 아닙니까? 그래서 진짜 스타들을 모셨습니다."

스타? 악질 높은 수사관들? 김형욱을 가루로 만들었던 그때 그 사람들처럼 잔인해지지 않을까? 당국에 밉보인 것을 후회한 적은 없다. 그러나 퍼뜩 떠오르는 불길한 생각.

염라대왕이 드디어 1983년 6월 1일에 방문한 걸까?

2

어느 봄날의 약속

아버지의 역사와 505 부안부대

나는 경찰서를 처갓집보다 많이 들락거렸다. 그러나 짭새들 수준은 거의 비슷했다. 그런데 1983년 5월 28일에 탐방(?)한 안기부의 분위기와는 엄청 달랐다. 이번에는 또 다른 군사독재의 최첨병인 보안대를 처음으로 접했다. 나중에는 어떻게 돌변할지 모르나, 최대한 예우를 갖추려는 듯 보였다. 고단위 공작의 일환일까 아니면 무슨 뚱딴지일까? 짧은 시간에 생각을 굴려봐도 답이 나오지 않았다.

"이 선생. 인생을 너무 복잡하게 살지 맙시다."

"저도 그렇게 살려고 했습니다."

"사람이 마음먹기에 달렸지 않소?"

"저도 평범한 사람이고 그렇게 살고 싶소."

"그러니까 지금부터라도 우리와 협조합시다."

"그 얘기할려고 아버지 앞에서 납치했소? 나 내릴라요."

"옆에 계신 분들이 누군 줄 아시요?"

"관심 없소."

"이 선생만 스타가 아니오. 두 분은 진짜 스타요. 투 스타입니다. 한 분은 31사단, 또 한 분은 상무대."

"……."

"오죽했으면 두 분들이 뜨셨겠소? 이 선생이 거물이라 예의를 갖추려는 것이오."

말문이 막혔다. 일개 방위 출신한테 투 스타 두 사람이 출동했으면, 고스톱으로 비유하면 피박 광박에 쓰리고에 흔들고 멍텅구리까지 당한 꼴 아닌가? 말만 스타로서 예우이지 바로 해골바가지 수순 밟긴데 어쩔 것인가? 그런데 스타라고 하는 두 사람은 촌놈 출신 투사인 나에게 아무 말도 하지 않았다. 위엄을 보이려고 해서일까, 말을 잘못 꺼냈다가 망신당할까여서일까, 불쌍해보여서였을까, 아니면 가짜였을까, 차마 물을 수도 없었다. 그 순간 자식새끼를 뺏겨버리고 가슴을 쥐어 파고 계실 아버지 생각이 났다.

아버지는 일제 강점기인 1943년에 징용을 갔다. 일본이 패망한 후 1945년 10월에 부상을 당한 채 귀국해서 농사를 짓다 6·25를 맞았다. 지리산에서 퇴각한 빨치산은 은신하기 좋고 높은 산이 많은 화순에 은거했다. 백아산, 모후산, 화학산 등 600고지가 넘은 산은 그들에겐 훌륭한 은신처였다. 전남도당이 위치한 곳이 장흥군 유치면에 있는 가지산과 바로 연결된 곳이었으니, 푸를 청(淸)에 풍년들 풍(豐)자를 써서 '청풍'이라고 했지만, 억세게 재수 없는 곳이 내 고향 청풍이라고나 할까? 아무튼 아버지께서는 화순 청풍에서 의용소방대원으로 활동했고 이장으로 마을 일을 거들었다. 빨치산들이 앞산 고지를 침투할 때는 전투를 했다. 어느 날인가는 워낙 전투가 치열해 전사자가 많았다. 살기 위해 시체 밑으로 들어갔다. 다행스러운 것은 1980년 5

월 27일 도청을 함락시킨 계엄군처럼 확인 사살을 하지 않고 빨치산들이 철수해버린 것이다. 그래서 한 골목에 사는 '초방 아재'라는 분과 함께 달밤에 벌거벗은 몸으로 내려와 목숨을 구했다. 그 이후에도 간간이 전투가 벌어졌고 산사람(빨치산)들은 면소재지인 청풍면 차리 마을까지 내려와 보급투쟁을 해갔다. 약탈이나 다름없었다. 그러던 중 우리 일가 중의 한 분이 고문에 못이겨 이장인 아버지에게 책임을 전가시켰다. 농가의 큰 소득원인 소를 산사람들에게 바쳤다고 했으니 독이 오를 대로 오른 경찰과 군인들이 가만둘 리 없었다. 얼마 전에 전투에서 살아남은 것도 오해의 소지가 되었다. 그래서 웃평지 냇가로 끌려가서 '몽둥이 세례'를 받았다. 군경이 물러간 후 문중 청년들이 퉁퉁 부은 송장 같은 아버지를 집으로 모셔왔다.

"오메, 내 새끼가 뭔 일이다냐?"

"엄니, 마누라인 내가 복이 없는갑소."

"아니 이런 찢어죽일 놈들이 내 새끼, 아니 2대독자를 이렇게 해부렀다냐."

"힘 없는 백성들이 어짜겄소."

"때린 놈들도 글지만 고년이 뒤집어씌웠응께 고년부터 갈아마셔 부러야헌다마다."

"엄니, 고것은 나중 일이고 얼른 초상 준비나 합시다."

"너 시방 머시라고 했냐! 나는 우리 아들 없으면 하루도 못 산다."

"엄니, 송장이나 다름없는디 어찌고 살것소?"

"그래도 숨이 끊어질 때까지는 해봐야 쓸 것 아니냐?"

"근디 뭔 방법이 있어야지라."

"옛날에 부기가 있으면 똥물이 약이라드라."

"오메, 그러면 그렇게라도 해봐야지라."

그래서 할머니와 어머니는 일주일간 똥물요법으로 정성을 다해 아버지의 목숨을 구했다. 덕분에 아버지의 운명을 빼닮은 한 많은 인생 '애꾸눈 광대'가 태어났는지도 모른다.

보안대 사람들은 화순 청풍에서 광주까지 올 때 안기부 직원들처럼 목을 누르거나 눈을 감기거나 다른 협박은 없었다. 다른 시시콜콜한 말도 없었다. 그것이 오히려 공포스러웠다. 그러나 안기부에서의 경험이 있어서 최악의 경우에는 카드를 쓰려고 하니 마음이 안정됐다. 그렇지 나에게는 유일한 무기 '자살'이 있지 않는가.

한 시간을 달려서 도착한 곳은 505보안부대였다. 말로만 듣던 보안부대. 반납치에 성공한 군인들은, 시골장에서 거간쟁이한테 물건을 넘기듯 보안대로 넘겨버렸다. 나는 이미 사람이 아니었다. 도살장으로 끌려간 짐승, 곧 요리 될 생선이었다. 그런데 안기부보다 더 훌륭한 지하실에 버려질 것이라는 기대(?)는 완전히 빗나갔다. 차원이 다른 세계에 익숙지 못해 당황스럽기까지 했다. 무슨 생각인지 혼자 놔둬버린 게 아닌가? 그렇다고 선비처럼 책을 보려고 책을 달라고 할 수도 없고, 운세를 알아보기 위해 패를 떼어보자며 화투를 달라고 할 수는 더욱 없고, 예상도 틀렸지만 혼자 있으니 고독과 두려움이 덮쳤다. 어쩜 그들은 이것을 노린 것 아닐까? 그래서 피 흘리지 않고 항복을 받거나 포섭하기 위해서?

시간이 얼마나 지났을까. 군인답지 않은 중년신사가 들어왔다. 계급장도 없었고 군복도 입지 않은, 친근감이 느껴지는…….

"예, 오시느라 참으로 수고하셨습니다."

"촌놈한테 그냥 오라고 해도 왔을 것인데 왜 시골에 까지 와서 아버지 앞에서 잡아왔습니까?"

"이 회장님은 이미 스타가 되셨습니다. 그러니 격에 어울리는 대접을 해드려야 당연한 것 아닙니까? 기분 나빴다면 사과드릴까요?"

"됐습니다. 죽일려면 빨리 죽이시오."

"이 선생, 여기는 그런 곳이 아닙니다. 왜 우리한테까지 오신 줄 압니까?"

"제가 오고 싶어서 왔소? 끌려왔지."

"어쨌든 우리 회사에 왔으니 이것도 인연 아니오? 나는 유○○ 계장이라고 합니다."

"하던 대로 하시오. 뜸들이지 말고."

"나는 아무것도 결정할 수 있는 사람이 아니요. 이 회장 문제로 '관계기관 대책회의'가 열리고 있소. 이 회장이 스타는 스타인가 봅니다. 하하하하."

웃음소리가 마치 시신을 찾아가는 까마귀소리 같았다. 거기에 공안당국의 최고 협의기구인 '관계기관 대책회의'라는 말도 난생처음이었다. 어쩌다 순진한 놈이 폭도가 되고 독종이 되어 내 맘대로 하지 못하는 비운의 주인공이 되었을까?

만 원 짜리 한 장과 우리 어머니

유○○ 계장은 나만 홀로 놔두고 가버렸다. 어린 시절, 매를 맞을 때도 먼저 맞는 게 나았다. 기다리는 사람의 심정은 애가 탄다. 마찬가지로 기왕에 끌려왔으니, 물고문이든 전기고문이든 통닭구이든 종합고문세트이든 빨리 받고 집에 가고 싶었다.

아버지는 분명히 일손이 안 잡혀서 가게에서 술을 마시고 계실 것인데, 전화를 할 수도 없고 나갈 수도 없고 참으로 미치고 팔딱 뛸 노릇 아닌가? 아무리 태연하려고 해도 속이 탔다. 그런데 흔하디흔한 커피는 커녕 물도 마시지 않았다. 그 어떤 것도 믿을 수 없는 불신 때문이었다.

"식사라도 드시죠."

"밥이 목구멍에 넘어가겠습니까?"

"아니 투쟁을 하려면 건강해야 할 것 아니요?"

"밥을 굶어도 지하실에서 버틸 힘은 있습니다."

"아니 지하실이라뇨? 여기는 그런 곳이 아닙니다."

"네? 그럼 우리 동지들을 고문한 곳은 어딥니까?"

"저는 모릅니다. 요즘 군대도 많이 달라졌습니다."

"목이 마르니 밖에 나가서 물 좀……."

"여기 물은 안전합니다."

"안전을 떠나서 신세를 지고 싶지 않습니다."

"이 선생, 고생하시는 부모님을 생각해서, 또 갓난이도 있던데 달리 생각을 해보십시오."

"당신들이 하는 짓을 생각해봐요. 그런 말이 나오는가."

"우리가 무얼 잘못했다는거요?"

"아니 그럼 5월영령은 당신들 스스로 묏등을 옮겼습니까?"

"무슨 소린 줄 잘 모르겠는데."

"지금 묘지이장을 505보안부대가 하고 있잖소?"

"그건 전남지역개발협의회가 주도한 것입니다."

"총연출 청와대, 각본 505보안부대, 행동대장 전남지역개발협의회가 맞잖아요?"

"그런 유언비어를 날조하면 안됩니다."

"여보시오. 어떻게 사람의 탈을 쓰고 그럴 수가 있습니까? 만약에 당신 새끼들이라면 썩지도 않는 시신들을 옮기겠느냐고요, 네?"

"말 조심해. 우린 그런 적 없어"

"에라. 지미."

"뭐야? 여기는 안기부와 다른데 왜 그러실까?"

화를 냈으면 한바탕 엉키든 머리를 찧던지 행동으로 옮겼을 것인데, 감정을 자제하고 신사적으로 대하는데 묘책이 떠오르지 않았다. 유 계장은 또 나가버렸다. 때리지도 않고 협박을 하는 것도 아니고 죽이려고 작정하지도 않는 것 같고 무작정 기다리게 하는 것, 그것이 진짜 고역이었다. 언제 어떤 사람이 나타나 어떤 행동을 할 줄 모르는 긴장은 최고의 악랄한 고문이었다. 유○○ 계장의 말대로 분명히 '관계기관 대책회의'가 열리고 있으면 언제 어떤 결론으로 끝날 것인지 막막했다. 세금 같으면 미리 선납이라도 할 것이지만, 나는 그럴 수도 없었다. 안기부에서는 시비를 걸어와서 '자살소동'을 벌였지만, 보안대에서는 가끔씩 나타나 회유를 해보려고 툭툭 건드리는 상황이었다. 그런데 돌출 행동을 하면 '또라이'라고 할 것이다. 그래서 유사시에 쓰려고 몰래 갖고 다니던 면도칼이 있는지 확인했다. 다행히 은밀한 곳에 숨겨져 있어서 안도했다.

시간이 꽤 흘러갔다. 거의 퇴근시간이 임박했다. 이 양반들이 퇴근할 것인데 야간조가 올지 궁금했다. 그러나 나는 잠 안 재우는 고문이 고통스럽다는데 무섭지 않았다. 80년 이후 수면제와 술의 힘을 빌어 잠을 청해도 오지 않는 잠이니 견딜만할 것 아닌가? 어차피 받아놓은 밥상. 그래 죽기밖에 더하겠느냐고 생각하니 마음이 편했다.

"이 선생, 오랫동안 힘드셨죠?"

"아니 견딜만 했습니다."

"오늘 운이 참 좋소."

"예?"

"회의가 끝났는데 귀가 조치를 하라고 연락이 왔습니다."

"아니 그럼 7시간을 왜 잡아놨소?"

"저도 스타들이 떠서 대단한 일이 있을 줄 알았는데 이렇게 싱겁게 끝날 줄은 몰랐습니다."

"도대체 겁을 주려는 것이었소? 회유하려는 것이었소?"

"일개 계장이 높은 분들의 뜻을 어찌 알겠소?"
"이유를 알기 전에 나는 안 갈라요."
"다른 사람들은 얼씨구 좋다고 할 것인데, 소문대로 독종은 맞는 것 같소."
"이렇게 우습게 끝나니 어처구니가 없소."
"이 선생, 우리와 손잡고 좋은 세상 한 번 만들어보면 좋지 않겠소?"
"뭐시라고라?"
"잘 생각해보시오. 그래서 종손 노릇도 하고 효도도 하고. 안 그렇소?"
"고작 그 말을 하려고 데려왔소? 참 실망했소."
"여러가지 시나리오가 있었지 않았겠소?"
"그럼 그렇게 해보시지 왜?"
"나도 퇴근해야 하니 나갑시다. 자, 차비도 안 갖고 왔을 테니 받으시오."
양심이 베어질 듯한 신권. 안기부의 김○○가 밥값을 낼 때와 똑 같은 빳빳한 만 원짜리 한 장을 엉겁결에 받아버렸다. 진짜 자존심이 상한 돈. 39년의 세월이 흘렀지만 왜 뿌리치지 못했을까 후회가 된다. 아무튼 그 돈으로 남광주에서 버스를 탔다. 화순 청풍에서 내렸더니 반가이 맞은 사람은 아버지가 아니라 청풍파출소의 순경이었다.
"회장님, 파출소에 좀 가보셔야겠습니다."
"지미 당신들 생각하면 치가 떨린디 파출소로 가자구라."
"어머니께서 우리 파출소에 계신단 말이오."
"야 새끼들아, 울 엄니가 뭔 죄가 있다고 파출소로 데리고 가."
"아따 회장님, 그게 아니고 우리 파출소장님이 보안대 사람들 데리고 와서 자식을 뺏어갔응께, 자식 올 때까지 안 간다고 버티고 있단 말이오. 그랑께 회장님이 모시고 가주시오."

그게 어머니의 마음이구나. 그런데 이 불효자식은 뭘 했단 말이냐. 에라 죽일 놈. 어머니를 너무 속 썩혔다고 생각하니 미안했다. 기관원들에게 독종이라고 불렸던 나. 그러나 총보다 강한 모성애 앞에서는 어찌 눈물이 나지 않겠는가.

"엄니, 가입시다."

"오메 우리 새끼 다친 디는 없냐?"

어머니는 내 손을 꼭 잡아주셨다. 나는 분통터지고 죄송해서 우는데 어머니는 마냥 환하게 웃으셨다.

누이동생 이인숙

우리 어머니는 가끔 10리 길 이양장에 나갔다. 문중사람들도 차마 말을 건네지 못한 상황에 반갑게 손을 내민 사람을 만났으니 얼마나 반가웠을까.

"오메, 고맙소예."

"뭐시 고마워라. 피차 일반이지라."

"집이 아들도 많이 다쳤담시로 괜찮허요?"

"예, 눈에 안대 허고 데모허러 댕깁디다."

"그래도 살았응께 다행이지라."

"아짐보다야 낫지라."

"집이는 몇 남매 뒀소?"

"우리는 삼형제에 딸 하나인디요. 아짐은이라?"

"우리는 칠남매여라. 아직 결혼 안 시킨 새끼들이 많은디 어째야 쓸랑가 모르겄당께라."

서울 성심병원에 있다가 집에 들렀더니 어머니가 기쁜 얼굴로 나를 쳐다봤다.

“큰 아그야.”

“왜라?”

“머시냐, 인숙이를 시집보내불자.”

“아니 인숙이는 결혼 안 헌다고 했잖아라?”

“내가 설득했다. 너라도 시집보내부러야 내가 눈을 감겠다고 했더니 생각해보겠다고 허드라.”

“좋은 신랑감 있습디여?”

“너, 청룡굴 사는 병남이라고 아냐?”

“내 동창 아니요? 근디라.”

“그쪽으로 혼사를 시킬라고 약속을 했다.”

“엄니,병남이는 쬐금 거시기허요.”

“너도 그렇게 돼불고 폭도라고 헌디 우리 처지에 좋은 곳 바래겄냐.”

“다른 사람은 몰라도 병남이는…….”

“과부가 홀애비 심정 알아주지 않으면 누가 달래주겄냐잉.”

내가 부상을 당하고 남동생마저 연행당한 후 어머니는 반미치광이가 돼버렸다. 여동생 혼사 문제는 부모님끼리는 이미 얘기가 되었고 나도 더 이상 고집을 부릴 수 없어서 조촐한 결혼식을 치렀다. 친구지만 매제가 된 병남이는 술을 좋아하지만 사나이다웠다. 병남이가 내게 형님이라고 예의를 갖춰서 부르니 어색하기도 했지만, 남편 노릇은 잘하는 듯 싶었다. 인숙이는 이양장에 올 때마다 들렀고 어머니도 그런 딸이 좋아서 만족스러워했다. 동병상련이라는 말처럼 5·18유가족과 부상자 가족과의 만남이었다. 모두가 행복하길 기원했다. 그런데 어머니께서 다급히 말씀하셨다.

"지현아, 얼른 청룡굴에 갔다오자."

"네? 엄니 뭔 일 났다요?"

"니 동생 인숙이가 큰 일 났다마다."

"아니 왜라? ……."

1983년 5·18 구 묘역 이장문제로 광주는 분열했고 분노했다. 광주에서 최고로 좋다는 동명동 기와집이 500여만 원 하는데 1,000만 원으로 유혹을 하니 유족회가 분열됐고, 가족끼리도 싸웠다. 그런 와중에 여동생 내외는 부부싸움을 했고 여동생은 자살을 시도했다나? 여동생을 광주의 일가가 경영하는 '민내과'로 옮겼다. 오줌똥을 가릴 수 없는 상황에서 병원에서 수발을 들고 있자니 화가 났다.

"야, 엄니 생각해서 잘 살아야지 이게 뭐냐."

"오빠 때문에 부천에서 내려와서 억지로 결혼해서 그랬는데 왜 오빠가 화를 내?"

"야, 뭐가 잘못했다고 큰소리치냐. 디질라면 좋게 디져야지……. 에라 나쁜 년."

"오빠, 아퍼죽겠는데 그게 할 말이요?"

"왜 내가 못할 말 했냐, 에라 불효막심한 년."

약을 먹어서 이미 내장은 썩어가고 있었을 것인데, 죽을 줄 알았으면 여동생에게 욕을 했겠는가? 오랫동안 고통을 버티던 사랑하던 여동생 인숙이는 사흘 후, 1983년 9월 19일 추석 무렵에 하늘나라로 떠났다. 따뜻하게는 커녕 마지막 가는 길에 독설을 퍼부었다는 생각에 미쳐버릴 것 같았다. 누이를 묻고 2㎞ 길을 걸어오는 동안 어머니와 나는 한 마디 말도 없었다. 집에 오니 외동딸을 곱게 보내고 싶었을까, 아버지는 고운 한복을 입고 계셨다. 와락 눈물이 났다. 차마 부모님 앞에서 슬픈 모습을 보일 수 없었다. 내 방으로 들어가 문을 잠그고 밤새 흐느꼈다.

최근 5·18 공법단체 설립에 관한 법이 국회를 통과하자, 초창기 때부터 죽자살자 싸웠던 5월가족이 생각나서 묘지에 들렀다. 그리고 억울하게 세상을 떠난 누이 인숙이, 인숙이가 죽은 뒤 홧병으로 떠난 친구이자 매제인 병남이한테 무릎을 꿇었다.

"인숙아, 진짜 미안하다. 못난 오빠……. 병원에서 니 가슴에 독설을 쏟은 몹쓸 오빠가 왔다. 용서해주라. 그리고 병남이 친구 죄송하시……."

요즘도 이름 없는 시민군들이 세상을 떠나고 있다. 언제까지 슬픔의 곡조에 가슴을 적셔야 하나?

강제 퇴원과 자살 기도

1980년 5월, 전남대병원 안과에 입원했을 때 안과 과장은 박병일이었고, 레지던트 이연, 주치의 김승호, 수간호사 최영자 선생이었다. 의사 선생님과 간호사님들은 가족처럼 잘해주었다. 그런데 정부 당국이 문제였다. 치료비와 병실 부족을 핑계로 강제퇴원을 감행했다. 나는 화가 치밀었다.

나는 환자복을 입은 채 전남도청 별관 4층에 있는 보건과에 가서 항의를 했다. 분이 안 풀려 멱살까지 잡았지만 차마 뺨을 때리지는 못했다. 부상자들은 대부분 1980년 말에서 1981년 초에 쫓겨났다. 나는 할 수 없이 서울 중구 필동의 성심병원에 입원했다.

공교롭다고 할까, 우연이라고 할까? 입원실 호수가 625호였다. 담당 선생님은 무척 친절했다. 고마운 마음에 포수에게 주문해서 고라니 한 마리를 선물했다. 전라도 특히 5·18 관련자에 대한 이미지가 작용했다. 몇 개월 후 다시 전남대병원에 입원하기 위해 전남도청에 들렀더니 악착같이 퇴원을 주도했던 담당자는 승진해 있었다. 그분은 5·18 부상자들의 치료를 위해 백방으로 고생했고, 약대 출신이어서 나중에 보건환경연구원장까지 승진을 했다. 능력이 출중했지만 그 당시에는 민주세력 탄압을 기획한 공로로 승진했다는 의혹이 있었다.

나는 성형외과는 물론 정신병동까지 입원했는데, 2년 동안 병원 생활을 했다. 지긋지긋하게 주사와 약을 복용했으며 지금도 약을 친구처럼 여기며 살고 있다. 열 번을 수술대에 올라가서 아홉 번의 수술을 받았다. 고마움의 표시로 2010년 이후 전남대병원에서 몇 번의 자선공연을 해드렸다.

5월가족들은 많은 은혜를 입었다. 전남대병원 및 조대병원, 기독병원, 적십자병원, 통합병원 및 의원들과 의사 선생님과 간호사 선생님과 광주시민의 헌신적인 사랑을 잊지 못할 것이다.

나는 여러 번 자살을 시도했다. 그 중에서 세 번의 기억은 생생하다. 첫 번째는 1983년 5월 안기부(국정원) 지하실이었고, 두 번째는 1985년도 9월의 고향집, 세 번째는 1986년 12월 춘천교도소 먹방(간첩 전용 방)이었다. 첫 번째와 세 번째는 공안당국의 탄압에 죽음으로써 항거하고 싶어서였다. 두 번째는 5·18로 풍비박산 난 집안 상황에서 5·18 유가족과 결혼한 여동생의 죽음으로 불면증에 시달려 우울증을 겪었다. 약을 먹거나 술을 마셔도 잠이 오지 않았다. 어쩌다 운좋게 잠이 들어도 악몽에 시달려야 했다. 꿈속에서 크게 악을 쓰다가 잠을 깨기가 일쑤였다. 잠을 못 자는 일이 최고의 고문이었다. 식욕도 생의 의욕도 떨어졌다. 가까운 사람들에게 "불면증과 우울증이 겹쳐서 죽고싶다."고 심경을 토로할 정도였다. 그러나 항상 힘들어도 남을 즐겁게 해주려는 나의 낙천적인 성격 때문에 "야 임마 그만 웃겨라."라는 핀잔만 들었다. 나는 심각한데 그걸 아픔으로 받아주지 않아서 매우 서운했고, 의지할 곳이 없다는 외로움이 엄습했다. 미치고 환장할 일이 아니고 무엇이랴. 그래도 악과 깡으로 버티고 있는데 당국은 가짜뉴스를 통해 나를 제거하려 했다. "때리는 서방보다 말리는 시어머니가 더 밉다"는 말이 있듯이 "전두환을 몰아내자"고 한 나에게 힘을 보태기는 커녕, 사리사욕을 앞세우던 내부인사들의 비열하고 파렴치한 행동은 전두환보다 징글징글했다. 인생을 마감하기 위해 약을 구하러 다녔다. 그 당시에 '새코날'이라는 수면제는 최상의 제품이었다. 그러나 함부로 수면제를 판매하면 책임을 추궁당하기 때문에, 대단한 빽이 있다 해도 약국에서 두 정밖에 주지 않았다. 치사량이 25정이었기에 완벽한 죽음을 위해서 30곳의 약국을 돌아다녔다. 며칠간에 걸쳐서 60정을 구하는데 성공했다.

그리고 죽을 곳을 찾았다. 제일 먼저 떠오른 곳은, 힘들 때마다 찾아가서 영령들과 대화를 하며 의지를 불태우던 5·18 구 묘지였다. 그런데 1980년 5월 27일 새벽을 함께하지 못한 죄인이 자살을 해서 함께 한다는 것이 양심에 걸렸다. 두 번째 떠오른 곳은 나를 고통스럽게 만든 그 사람의 집 앞이었다. 그런데 시신마저 천덕꾸러기가 될 듯 싶고 또 자존심이 허락하지 않았다. 세 번째가 선영들이 묻힌 선산, 그런데 이곳도 아니었다. 문중의 종손이란 놈이 못난 모습으로 선조들을 찾는 것은 가문의 수치여서 포기했다. 네 번째는 내가 태어났고 김구 선생께서 은거했던 보성군 득량면 삼정리 쇠실 부락이었다. 죽으려고 하니 문득 철이 든 걸까? 시집 와서 11년 만에 자식을 얻어서 기뻐했을 어머님한테 끝까지 불효를 해야하나 하는 생각이 들었다. 그래서 마지막으로 택한 곳이 고향집이었다. 학교 다닐 때 밥을 해주던 할머니는 그래도 못난 손주의 시신을 받아줄 것이라는 생각이 들었다. 가족들에겐 피곤해서 잠을 잘테니 절대 깨우지 말라고 부탁했다. 이윽고 수면제 60알을 입 안에 털어넣고 물을 마셨다. 그러자 병이 깊어 수레에 타고 다니시던 아버지의 모습, 어머님과 함께 외갓집을 가기 위해 넘었던 개성골재, 그리고 서울의 상계동 골목 등이 주마등처럼 스쳐갔다. 동생 인현이한테 잘못했던 것과 아쉬웠던 과거사, 전두환보다 미웠고 갈기갈기 찢어 죽여 버리고 싶은 그 사람이 떠올랐다.

그런데 참으로 신기한 일이었다. 그렇게 증오했던 그 사람한테 욕이 터져나오는 게 아니었다. 마치 달관한 사람처럼 모든 것이 용서가 되고 이해가 되는 것 아닌가? 죽음을 눈앞에 두면 성자처럼 포용력이 생기는 걸까. 그런 생각을 하다가 서서히 평화스러운 기분에 젖어 눈이 감겼다. 얼마나 잤을까?

할머니의 소름끼치는 말씀에 눈을 떴다.

"우리 종손, 아무리 피곤하다고 이틀이나 잤냐? 배 고프겠다. 밥 차려줄까?"

자살마저 실패했다는 실망감이 아니라 '할머님의 지고지순한 사랑'에 엉엉 울었다. 계속해서 울다 보니 눈물이 말랐다. 그때부터는 호곡이었다. 그리고 소리 없이 노래를 불렀다.

낳으실 제 괴로움 다 잊으시고
기르실 때 밤낮으로 애 쓰는 마음
진자리 마른자리 갈아 뉘시며
손발이 다 닳도록 고생하시네

하늘 아래 그 무엇이 높다 하리오
어머님의 은혜는 가히 없어라

자살 미수 소동을 알고도 어르신들은 단 한 마디 꾸중도 없었다. '야 이 호로자식아. 뭣을 잘 했다고 부모 앞에서 디질려고 했느냐'고 호통이라도 쳤으면 덜 미안했을 것인데, 우리 할머님과 부모님은 세상을 떠나실 때까지 묵묵히 응원해 주셨다. 그래서 더 송구스럽다. 나 같은 불효자식은 눈물도 사치다. 가난과 고통 속에서도 우리들을 위해 '쎄빠지게' 고생하다 세상을 떠난 이 땅의 어머님들, 지금은 할머님도 어머님도 하늘에 계신다. 불쌍한 우리 어머님 '선동댁'은 하늘나라에서도 애꾸눈광대가 성공하길 기도하고 있을 것이다.

가톨릭센터 농성과 안기부(국정원)의 폭거

1982년 8월 1일, 5·18 유족회와는 달리 부상자회의 창립은 늦었다. 첫째는 폭도로 몰려 운신이 어려웠고 둘째는 연락망이 없었다. 그때 우연히 만난 사람이 80년 당시엔 스님이었고, 헬기 기총소사를 증언한 바 있는 이광영 씨였다. 때문에 기독병원은 이광영 씨가, 전남대병원은 내가 맡았다. 당시 발기인은 18명이었고 전남대병원 쪽에서 참석한 사람들은 당시 가톨릭화원을 경영했던 임정하 선배와 조재필(당시 무등고시학원 강사였고, 서울의 조재필 수학학원장) 그리고 김태헌(당시 재수생이었고 현재 광주시청 근무), 정현택(자영업) 씨 등이었다.

부상자들의 대부분은 형편이 어려웠다. 조그만 사무실을 제공하거나 도움을 줄 수 있는 사람이 없었다. 그래서 1980년 5월 광주의 애환을 뜨겁게 보듬어줬던 가톨릭을 찾아갔고, 덕분에 가톨릭 정의평화위원회로부터 지하에서 회의를 할 수 있도록 허락을 받았다. 당시 간사였던 김양래 선생의 도움이 컸다. 초창기에는 겁이 나서 항쟁이란 표현을 쓸 생각을 못했다. 그래서 4·19처럼 무난한 명칭을 사용하자고 해서 '5·18환우회'로 했다가 '5·18광주의거부상자회'로 바꿨다. 배운 것도 가진 것도 빽도 없고 갈 곳마저 없는 우리들에게 가톨릭센터는 사랑방이었고 안식처여서 하늘처럼 느껴졌다.

모든 행사를 가톨릭센터(현 5·18기록관) 내에서 무료로 사용했으니 대단한 특혜를 누린 셈이다. 특히 세계인의 추앙을 받는 가톨릭이 보호를 해준다고 생각하니 든든하고 뿌듯했다. 가톨릭센터에는 윤공희 대주교가 기거하였기에 공권력이 침범해선 안 될 신성한 곳이었다. 그런데 그게 처참히 무너진 일이 전두환 때문에 발생했다.

갖은 인권탄압과 폭력에 시달려 온 5·18광주의거 부상자 회원들은 강경파들이 주축이 되어 507호 가톨릭농민회의 묵인 속에 점거농성을 시작했다. 그리고 가두방송을 통해 당국의 만행을 규탄하며 당위성을 홍보했다. 시민들의 호응이 대단했다.

1985년 11월 15일 낮 12시 45분경에 들어가서 한 시간 정도 몸을 풀고 있는데 누군가 노크를 했다. 안기부의 명을 받은 경찰청에서 오함마(대형 망치)를 들고 문을 부수기 시작했다. 밖을 내려다보니 뛰어내리면 잡으려고 그물을 쳐놨다. 어차피 뛰어내려 봤자 죽지도 못할 신세여서 할 수 없이 책상과 의자로 바리게이트를 쳤다. 그러나 도저히 당할 수 없었다. 이윽고 50~60㎝ 정도 난 틈으로 경찰들이 쇄도했고 우리는 개돼지처럼 끌려갔다. 그때 과격하기로 소문난 김태찬, 정태영, 정길영, 이세영, 김태헌, 그리고 나를 포함한 오부동, 오청동 핵심이 대거 동참했다. 서울 미문화원 점거농성은 3일간이나 버텼는데 천주교 광주대교구가 있는 가톨릭센터의 농성은 네 시간도 못 버티고 싱겁게 끝나고 말았다. 어떤 사람은 끌려가면서 어찌나 맞았던지 '쌩똥'을 싸버렸다. 농성장 아래 있던 경찰들에게 침을 뱉은 김태찬 동지는 하필 경비과장에게 침 세례를 하여 엄청난 보복 폭행을 당했다. 우리들은 끌려갔지만 다행히 구속은 면했다.

그 당시 동아일보는 이렇게 보도했다.

'광주사태 부상자 8명 농성 뒤 해산'이라는 제목으로, "5·18광주사태 부상자 이지현씨(36) 등 8명은 15일 낮 12시 45분경, 광주시 동구 금남로3가 카톨릭 사무실에 들어가 창문밖으로 유인물을 뿌리며 농성을 벌이다. 이날 오후 4시 10분경에 해산했다."고 썼다.

나중에 천주교 측에서 공안당국의 사과를 받았다고 하지만 안기부(국정원)는 무소불위의 권력을 휘둘렀다. 이후 가톨릭농민회는 대로변에서 쫓겨나 구석진 곳으로 옮겼다. 설마 가톨릭센터에까지 강제진압 할 것이라고 예측치 못했던 점에 대해 책임자로서 뒤늦게나마 사과드린다.

안기부를 잘 모르고 민폐만 끼쳤고 성공하지 못한 투쟁사—벌써 37년이 흘렀다. 가톨릭센터는 5·18기록관으로, 안기부는 국정원으로 바뀌었다. 그러나 우리들의 통한은 그대로 광주에 남아있다.

김대중 총재의 귀국

1982년 김대중 씨는 신병 치료를 이유로 미국으로 건너갔다. 그러나 한국정부는 김대중 씨를 대사관을 통해서 감시하고 있었다. 그러던 중 김대중 씨의 귀국 움직임이 포착됐고 정부에서는 김대중 씨가 귀국하면 재수감하겠다고 엄포를 놨다. 그러나 김대중은 교포들을 향한 연설을 통해 2월 8일 귀국하겠다고 선포했다. 김대중의 귀국으로 한국정치의 파장을 우려한 미국은 김대중의 귀국을 말렸다. 그러나 김대중은 의지를 꺾지 않았고 비행기에 올랐다. 777일, 그러니까 2년 2개월 만에 귀국하게 된 것이다. 암살을 우려하여 미국의 정치 지도자 37명이 동승했다.

나는 그때까지 김대중 씨를 잘 몰랐다. 김영삼, 김종필 씨에게도 관심이 없었다. 그러나 5·18을 겪고 나서, 특히 83년 5월에 단식 중이던 김영삼 씨를 만난 후 김대중 씨가 귀국해서 민주화투쟁을 함께 한다면, 광주의 한도 풀고 민주화도 앞당길 수 있겠다는 생각을 하였다. 그때 퍼뜩 떠오른 얼굴이 있었다. 5·18때 동생이 죽자, 어머님과 동생들인 태영, 길영 등 온 가족이 투사로 변한 수만이 형님께 전화를 했다.

"수만이 형님. 잘 계시오?"

"응. 뭔 일인가?"

"김대중 씨가 귀국헌단디 한 번 안 가볼라요?"

"가먼 좋은디 짭새들이 안 막을란가 모르겠네잉."

"그랑께 우리가 일찍 어디에 숨었다가 가든가 해야지라잉."

"그러세. 같이 갈 사람 있는가?"

"네, 제가 한 번 알아볼께라."

"알았네. 그럼 7일 밤에 송정리역에서 보세."

그런데 여비가 없었다. 서울에서 며칠간 잡혀있을 것으로 예상하고 어머니께 나중에 꼭 갚겠다고 약속을 하고 돈을 빌렸다. 큰 아들한테 맨날 속았지만 어머니는 "몸 조심하고 건강해라잉"하며 아내 몰래 돈을 줬다. 원숭이도 낯짝이 있어 부끄러워한다는데, 나는 엄니한테는 내 돈 맡겨놓은 것처럼 했다. 어머님한테 죄송한 마음으로 부랴부랴 송정역에서 기차를 탔다. 일행은 홍남순 변호사 사무장인 정광진 형님까지 세 명이었다. 민심이 천심이었을까, 용산역에 내릴 때는 꽤 많은 지인들이 타고 있었는데 몰랐다. 용기를 얻은 우리들은 버스를 이용하여 김포공항 근처까지 갔다. 민주화에 굶주린 사람들이 어마마마하게 모여 있었다. 이름도 성도 모르는 사람들이 하나가 되어서 한참동안 시위를 했다.

광주에서 몰래 만든 전단이 김포에 뿌려졌다. 그 모습이 흡사 80년 5월의 도청 앞 광장 같았다. 육교 앞에서 시위하는 나의 모습이 <요미우리 신문>에 크게 보도되었다.

그런데 꽤 오랜 시간을 기다려도 김대중 씨는 나타나지 않았다. 본래는 미 대사관 직원이 동교동 자택으로 모시기로 했는데, 비행기에서 내리자마자 안기부 요원들이 납치하다 시피해서 동교동으로 끌고 갔다고 했다. 김포에 모인 군중들은 이심전심으로 동교동으로 향했다. 그리고 연금당한 김대중 씨 자택 부근에서 시위를 했다. 여지없이 짭새들이 덮쳤다. 닭장차 안에서 육박전이 벌어졌다.

경찰은 차 안에다 최루탄을 터뜨렸다. 시력이 살아있는 오른 쪽 눈이 쏟아지려고 했다. 그래서 나도 모르게 밖으로 나와서 경찰관의 거시기를 잡았다. 곤봉으로 어찌 맞았는지 모른다. 눈물 콧물 범벅이 된 1985년 2월 8일, 나는 김대중의 그림자도 못 보고 광주로 내려오고 말았다.

제 12대 국회의원 선거를 나흘 앞두고 귀국한 김대중 씨의 귀국 효과는 대단했다. 전국구 횡포만 없었다면 전두환의 민정당은 참패했으리라. 투표율이 무려 84.6%였다. 김대중, 김영삼 씨가 응원한 신한민주당은 관제야당인 민주한국당과 한국국민당에 압승하며 제1야당이 됐고, 6월항쟁의 기폭제 역할을 했다.

김대중 씨의 연금이 해제된 직후, 버스를 대절하여 동교동을 방문한 적이 있다. 홍남순 변호사를 비롯한 최운용, 윤강옥 동지 등과 동교동에서 아리랑을 함께 부르며 느꼈던 소름 돋는 감격을 경험했다. 12년 전에 광주 보훈 요양원에서 '빛고을 색소폰 동호회원'들과 함께 공연을 하고 있는데 환자 한 사람이 내 손을 잡았다.

"지현이 나네. 나란 마시."

"아니 광진이 성님이 왜 여그 계시오."

"우리 집사람이 이곳에다 넣어부렀다 마시."

“아니 그러면 나가불면 될 것 아니요?”

“내 맘대로 못 헌당께.”

정광진 선배와 가까이 지낸 최운용 선배도 모른 채 버려져 있었다. 나의 무료 변론의 실무를 맡으며 고생했던 홍남순 변호사의 사무장 정광진 선배는 정신병원을 전전하다 홍 변호사 곁으로 갔다. 또한 함께 상경했던 정수만 전 5·18유족회장은 방계라서 공법단체가 된다 해도 유족 혜택을 받을 수 없다. 37년 전 김대중이라는 정치인을 만나기 위해 광주 송정역에서 ‘희망열차’에 올랐던 세 명 중 한 분은 세상을 떠나고 한 분은 외롭게 지내고 있다. 참으로 안타깝다.

나는 국민 투쟁의 성과물로 5·18관련 3법이 통과된 이후, 새로운 문화에 시달리고 있다. 구류 하루도 안 살아보고 시위 한 번 안 해본 분들의 일부가 완장을 차고 활보하고 있는 광주에서, 희망의 찬가를 합창하는 시민들을 실망시키지 않기 위해 나는 ‘깡다구’로 버티고 있지만, 트라우마에 시달리고 있다. 매번 숙명으로 감수하며 즐겼지만, 이제 나도 과거로부터 자유로워지고 싶은데 ‘5월의 늪’에서 탈출할 수 없다.

5·18광주민중혁명 희생자위령탑 및 기념사업 범국민추진위원회

지금이야 70살이면 어른 축에도 못 끼지만 지난날에는 70이면 장수를 한 편이었다. 홍남순 변호사의 칠순기념행사에는 엄청난 분들이 모였다.

김영삼 총재를 비롯해 정치 지망생들과 김근태 선배 등 재야 인사들이 운집했다. 그때 박석무 선생이 사회를 봤는데, 김영삼 총재에게 축사를 배려하지 않았다. 그래서 "역시 광주답다"라는 의견과 "조금 인색했다"는 의견이 팽배했다.

1983년 12월 23일 홍남순 변호사의 고희 기념 논총 행사로 탄력을 받은 구속자들은 구속자협의회를 창립(회장 홍남순)하여 유족 부상자들의 행보를 응원했다. 유족 부상자들은 몸으로 때우고 구속자들이 이론을 뒷받침했다. 전국의 양심세력들도 광주에 빚진 마음이라 새로운 조직을 건설하게 된다. 5·18민중혁명 위령탑 건립 및 범국민위원회(5추위)가 바로 주인공이다.

전두환 군부세력은 5·18 민중항쟁을 '광주사태'라고 했다. 그러나 민주세력의 입장에서는 여러 의견이 있었다. 광주의거, 광주민중봉기 등으로 불리고, 역사학자들은 '5·18 광주민중항쟁'으로 인식하고 있다. 혁명이라고 하기에는 맞지 않다고 생각했다. 그러나 '광주민중혁명'이라고 하게 된 것은 '홍남순 변호사'의 주장이 강하게 작용했다.

5추위는 전국적인 조직망을 구축하고 모금활동에 돌입했다. 10억을 목표로 하고 전국의 시민 사회단체와 뜻 있는 분들에게 메달을 판매했다. 메달은 목포대 원동석 교수의 도움으로 서울 인사동에서 제작하여 광주로 극비리에 옮겼다. 세 가지 종류의 메달 운송은 정창영(2019년 작고), 최운용, 윤강옥 동지가 맡았다. 백여우 같은 당국의 레이더망에 걸리지 않을 수 있겠는가? 당연히 관계자들은 조사를 받았고 간사 역할을 한 윤강옥 씨는 수배되었다. 메달만 판 것이 아니었다. 유명화가들의 그림을 기증받았다. 글씨는 함평 출신 서예가인 세종대학교 서희환 교수로부터 많은 도움을 받았다. 아무튼 짭새들이 가장 주목한 곳은 5·18사적지가 된, 광주시 동구 궁동의 홍남순 변호사 댁이었다. 메달, 그림, 글씨 등 기념사업에 보탬이 될 만한 것은 모두 홍 변호사 댁을 거쳤다. 연락소 겸 사랑방이었으며 물류창고 역할을 했다. 어찌나 그곳으로 전화를 많이 했던지, 아둔한 내 머리가 홍 변호사 집 전화번호를 지금도 기억하고 있다. 22국의 1234다.

5·18광주민중혁명 희생자 위령탑 건립 및 기념사업 범국민 추진위원회는, 각계각층의 존경받는 분들로 구성되었고, 위원장 홍남순 변호사, 사무국장 김경식 목사였다. 창립선언문의 마지막 부분만 소개한다.

아! 항쟁 5주년의 그날이 다가온다. 그 분노, 그 함성, 그 싸움, 그 죽음의 금남로가 우리를 악몽에서 깨우쳐주고, 공포에서 용기 있는 행동으로 나아가게 해줄 것이다. 무차별 난사하던 총탄 앞에 맨 몸으로 달려들던 그날의 투쟁정신만이 우리의 사업을 성취시킬 것이고 위령탑이 세워지게 할 것임을 확신한다. 살아남은 자들의 부끄러움을 면하기 위해서라도, 그날에 못다한 역사적 한과 분노의 가슴을 식히기 위해서라도, 우리는 손에 손을 맞잡고 힘을 합하여 성취의 그날까지, 어떠한 어려움에도 굴하지 않고 끝까지 전진하겠다.

1985년 5월 10일

광주 5·18민중혁명 희생자 위령탑 건립 및 기념사업 범국민운동 추진위원회

5월 관계자 외에는 찾지 않던 구 묘역에 세월이 쌓였다. 김영삼 대통령은 5·18특별법을 제정토록 했고, 전두환 일당은 잠시나마 법의 심판을 받았다. 제사마저 못 지냈던 망월동 묘지는 새롭게 단장하여 국립묘지로 진화했다. 그리고 묘지에 들어서면 추념탑이 세워져 그날을 기리고 있다. 세월 따라 수많은 원로들이 떠났다. 엄혹한 시기에 위령탑 건립을 매개로 투쟁을 준비하던 열정은 후세에 길이 남을 것이다. 그러나 너무 안타깝고 애석한 게 있다. 초라한 위령탑, 아니 돌비석 하나 우리들의 피땀과 노력으로 세우지 못했으니, 5월 영령들께 송구스럽다.

서울대 증언과 미문화원 점거농성

1985년 5월 23일 대형사건이 터졌다. 서울의 5개 대학 학생들이 주축이 되어 미문화원 점거농성을 한 것이다. 호랑이 코털을 건드린 학생들은 26일 자진 해산했다. 그동안 미국을 우방으로 생각해온 나는, 성조기가 그려진 포대에서 우유와 밀가루를 얻어먹었던 전라도 촌놈 입장에서는 엄청난 충격이었다. 37년 만에 털어놓는 사연의 내막이다.

1985년 5월 8일 한 통의 전화를 받았다. 급히 광주로 올라오라는 것이었다. 1980년 5월 21일, 구 전남도청 앞에서 희생당한 광주 대동고 3학년 전영진 군의 아버지인 전계량 유족회장님의 호출이었다.

"이 회장, 서울에 얼른 다녀와야겠네."

"무슨 급한 일이 있는가요?"

"내일 서울에서 대학생들이 중요한 집회가 있다는데 자네가 좀 다녀와."

"아니, 회장님을 초청했는데 제가 가면 격이 떨어지지 않습니까?"

"며칠 있으면 제사를 모셔야 하는데 내가 만약에 붙잡히게 되면 어찌 되겠는가? 아무리 생각해도 자네가 적임자인 것 같아서 연락을 했네."

1983년에 안기부와 보안대의 맛을 본 나는 옥내가 아닌 옥외 집회, 그것도 서울대에 가서 증언을 한다고 하니 덜컥 겁이 났다. 자칫 학생들을 선동했다고 아버지처럼 빨갱이로 몰릴 수도 있다는 생각이 들었다. 그러나 광주의 비극을 알리고 진실을 밝히는 문제가 화급한 상황이라 학생들의 요구를 거절할 수 없었다. 그래서 김태헌 씨와 상경한 후 서울대 아크로폴리스 광장에서 증언을 했다. 광장이 생긴 이래 2,500여명의 최대 인파가 모였다고 하니, 대단히 의미 있는 집회였던 것 같았다. 집회가 끝나고 화염병과 지랄탄의 공방을 보다가 눈물투성이가 되어, 관악산을 빠져나오려는데 자존심이 상했다.

차라리 붙잡혀서 경찰서 신세를 진 게 낫지. 지랄탄에 눈물 콧물을 흘리니 신경질이 났다. 학생들은 70~80m 간격으로 배치되어 넘겨주는데 서로를 몰랐다. 미안하기도 해서 말했다.

"어이 학생들, 우리가 그냥 자수해버릴 게 돌아가."

"안 됩니다. 우리는 안전하게 모셔야 합니다. 이 코스는 세 시간 밖에 안 걸립니다. 우리 김민석 회장님은 여장을 하고서 여덟 시간을 지나 안양으로 피신했습니다."

그래서 게릴라식으로 빠져나온 추억이 있다.

알다시피 서울 미문화원 점거사건은 1985년 5월 23일부터 26일까지 서울대, 연세대, 고려대, 서강대, 성균관대 등 5개 대학 학생 73명이 미국을 규탄하며, 기습적으로 미국 문화원을 점거 농성한 사건이다. "광주학살의 진상을 규명하라" "광주학살 책임지고 미국은 사과하라" 등의 주장을 하며 미국을 압박했다.

그 사건으로 광주의 참상이 전 세계로 알려졌으며 반미자주화 투쟁과 6월항쟁의 기폭제가 되었다. 서울 미문화원 점거농성사건으로 인해, 군사작전권이 미국에 있으니 광주학살을 조종하지 않았느냐, 최소한 방조한 것 아니냐는 의혹이 제기된 것이다. 어찌됐든 서울 미문화원 점거농성 사건을 통해서 미국에 대한 재인식의 계기가 된 것은 확실하다.

또한 학생들의 결단과 희생은 6월항쟁의 기폭제가 되었던 역사의 디딤돌이 아니었을까?

요즘 학생들에겐 전설처럼 들릴 수 있는 그 사건은 37년이 흘렀지만, 아직도 '5월의 노래'를 부르고, "독재타도"를 외치며 호송 버스에 오르던 열혈청년들을 생각하면, 지금도 소름이 돋고 기쁨의 눈물이 솟는다.

1985년 미문화원 점거농성 관련자들은 대부분 한국사회의 중추세력으로 성장했다. 당시 학생회장이었던 김민석 농성관련자, 신정훈 씨 등 21대 국회의원 당선자와 허인회 전 고려대 학생회장과 서울대 삼민투위원장으로 서울 미문화원 농성의 주역 함운경 씨 등이 그들이다.

진상규명은 아직도 요원하지만 벌써 미문화원 점거농성 37주년을 앞두고 있다. 지금까지도 편한 날 없지만 1985년 5월 10일 서울대에서의 증언 때문에 수많은 학생들을 거리로 내몰고 영창으로 내몰지 않았느냐 하는 죄책감에 시달렸다. 그래서 군산에 갔다. 당시 시위를 주도했던 함운경 씨를 만나서 1985년도를 얘기하며 미안함을 전했다.

“운경이, 그때 아크로폴리스 광장 증언 이후에 미문화원 점거농성이 있었고 수많은 학생들을 구속되게 해서 미안하네.”

“선배님, 그때는 진상규명과 책임자 처벌은 국민들의 역사적 과제 아니었습니까? 민주화투쟁은 학생들의 본분이고 시대적 사명이었습니다. 미안해 하지 않아도 됩니다.”

그러면서 자기는 이름만 내세웠고 실질적인 기획과 작전은 공대 출신 홍성영 동지가 했다면서 겸손해했다.

“아무튼 그대들이 계셔서 광주 문제에 진전이 있었고 민주화가 돼서 고맙고 미안해.”

“선배님, 우리들은 광주시민들에게 빚을 지고 살고 있습니다. 저희가 더 고맙고 미안하죠.”

해마다 이맘때가 되면 5월 영령들이 떠오르고 살아남았다는 죄책감과 악몽에 시달린다. 책을 버리고 화염병으로 신군부세력에 항거했던 학생들, 지랄탄 냄새를 즐기며 관악산을 넘게 도와주던 수많은 양심들, 제주도 출신의 그 학생은 지금 어디에서 무엇을 하고 있는지 사무치게 그리워진다.

늙으면 추억을 떠올리며 사는 걸까? 비록 사람 노릇은 못하지만, 미문화원 점거농성을 주도했던 당시의 학생들에게 보리밥에 막걸리 한 사발 대접하며 고마움과 미안함을 전하고 싶다.

세월은 흘러가도 산천은 안다는데 벌써 5·18 42주년이지만 웃을 수가 없다. 언제 국민들에게 기쁨과 환희의 5월을 마음껏 숨쉬게 할까?

1985년 8·15에 분신한 노동열사 홍기일

알려지지 않은 무명노동열사, 시신마저 탈취당하여 강제 매장된 후 무덤을 두 번이나 옮긴 불운의 홍기일 열사 이야기를 하고자 한다.

홍기일 열사는 전남 화순군 도암면 출신이다. 최종 학력이 광주양동 초등학교 졸업. 생활전선에서 열심히 활동하다 1980년 5월을 맞는다. 의협심이 강한 그는 광주민중항쟁 당시에 시민군으로 참여했다가 총상을 입었다. 그 후 건축노동자로 일하면서 5·18의 의미를 되새기며 성실하고 모범적으로 살았다. 84년에는 중동의 사우디에 미장공으로 취업하였다. 1985년 8월 15일 오후 1시, 광주민중항쟁의 상징인 전남 도청 앞 YMCA 옆에서 홍기일은 온몸에 휘발유를 끼얹고 성냥을 그어 불길에 휩싸인 채 동구청 건너까지 돌진하였다. '8·15를 맞이하는 뜨거움의 무등산이여'라는 유인물을 뿌리고 쓰러져 전남대병원으로 후송됐다. 이 장면을 우연히 목격한 화순출신 박동기 선생은 곧바로 병원으로 갔다. 의식이 남아있던 홍 열사는 "나는 죽어야 돼!"하면서 고함을 지르며 괴로워했다며, 37년 전의 그날을 생생히 기억하고 있었다. 그는 전남대병원 1층의 응급실 한켠에서 사투를 벌였고 민주가족은 운집했다. 그러던 일주일만인 22일 새벽, 임종을 지켜보던 아버지에게 "절대 비굴해지지 마십시오. 저 사람들(경찰)과 타협해서는 안 됩니다"라는 유언을 남기고 산화했다. 경찰과 당국은 열사가 낮에 운명할 경우 시신을 탈취하기 힘들 것을 예측하여 강제로 산소호흡을 시켰다. 그리고 22일 새벽에 생명을 유지하고 있는 홍기일의 산소호흡기를 제거하였다. 당국은 병원을 지키던 시민들을 폭력으로 제압한 후, 아버지를 화순군 도암면 백지리 야산으로 강제 동행시켜, 가족장으로 매장시킨 척 하는 야만적 폭거를 자행하였다. 홍 열사는 그 후 5·18 구 묘역으로 이장됐다가 다시 이천민주묘지로 떠났는데 그럴만한 사연이 있었다.

나는 홍기일 열사를 전남대병원으로 옮긴 날부터 응급실 앞에서 보초를 섰다. 경찰들한테 독종이라고 알려졌고, 덩치가 크다는 것과 홍 열사와 동향이라며, 수문장 역할을 하라는데 거절할 수 있겠는가! 며칠 동안 지키고 있으니 피곤과 함께 졸음이 왔다. 그런데 우장창창 소리와 함께 새벽 한 시 무렵에 특공대가 덮쳤다. 불가항력이었다. 우리는 폭행을 당한 채 포로처럼 끌려나왔다. 그런 과정에서 김선우 (조선남로당 전남도당 인민 유격대 총사령관)의 친제인 김결 선생과 위성삼 등 시민들은 폭거에 맞섰다. '사수대'인 우리들은 집기와 링거 병을 던지며 저항했으나, 1980년 5월 그날의 새벽처럼 진압당할 수밖에 없었다. 홍 열사는 비록 국민학교 밖에 안 나왔지만, 성장 과정에서 사회주의 활동을 한 부친 홍병희 선생의 영향을 많이 받았고 효자로 알려졌다.

시신은 빼앗겼지만 5월항쟁 이후 어마마한 사건으로 확대돼 문익환 목사 등 전국의 민주인사들이 광주로 모였으며, 한빛교회(윤기석 목사)에서 추모집회가 열렸다. 경찰은 예상대로 최루탄을 쏘았고 우리 시위대는 전남대로 들어가 추모집회를 이어갔다.

당시 홍기일 열사의 나이 25세. 열정정적인 삶을 살던 열사는 뜨거운 화마에 휩싸인 채 금남로를 질주하다, 병원에 입원한지 일주일 만에 운명했다. 아무튼 시신마저 자유롭지 못한 홍기일 열사. 37년 전 그가 분신 당시 시민들에게 배포했던 자필 선언문은 아래와 같다.

"8·15를 맞이하는 뜨거움의 무등산이여!"

그토록 울부짖으며 부르짖던 민주가 자유가 뜨거움의 아픔으로 5년이 흐른 이 시점에서 아픔이 아픔으로 느껴지지 못하는 이 현실에 무등을 보기가 부끄러울 뿐입니다.

4강의 각축장에서 미국은 미국의 안보를 위한(한국의 핵기지화) 일본의 경제적 한계를 넘어 군사적, 문화적 침략에 우리 민족은 생사의 갈림길에 서 있습니다. 더욱 가증스러운 것은, 현 전두환 군사정권은 정권을 유지하기 위하여 일본의 대한 침략의 길을 더욱 개방함으로써 우리들의 사상과 주체성이 서서히 허물어짐으로서 8·15의 의미가 부끄러울 뿐입니다.

현 정권의 무책임한 정책으로 인하여 날로 가속화 되어가는 제국주의의 경제적 종속은 농촌과 도시산업의 파괴로서 서서히 말라죽고 있습니다. 우리는 깨어나야 합니다. 대오각성을 해야 합니다. 온갖 억압의 배고픔 보다 우리 스스로 참여하는 민주의식의 배고픔에 나아가야 합니다. 더욱 무서운 것은 우리들의 주체성이 아주 결여되어 있습니다. 민주의 아픔이 민족의 아픔이 민족통일의 아픔이 온갖 쾌락과 무지와 몽둥이의 두려움 속에 잠들고 있습니다.

저 사랑하는 동생과 어린 자식의 눈동자를 보십시오. 침묵에서 깨어나야 합니다. 마취에서 깨어나야 합니다. 대담해야 합니다. 뭉쳐야 합니다.

민주주의 만세! 민족주의 만세! 민족통일 만세!

무등을 사랑하는 홍기일.

원본대로 옮겼다. 필자보다 훨씬 민족의식과 역사관이 뚜렷하여 체게바라를 연상했다.

홍 열사의 부친은 아들을 그리워하다 20년 전에 아들 곁으로 갔다. 홍 열사의 조카는 로스쿨을 졸업하고 국영기업체에 근무하고 있다. 글을 쓰기 위해 홍 열사의 사촌 형님께 전화를 했더니 씁쓰레하게 받았다.

"오래돼서 잊어버렸습니다. 그리고 잊고 싶은 과거입니다."

우리 민족도 이제 그만 분단의 기억을 잊고 싶다. 언제 자주 독립국가가 되어 통일조국을 안을까? "흙 다시 만져보자 바닷물도 춤을 춘다." '광복절 노래'의 첫 소절이다. 바다가 춤을 춘 게 아니고 외세가 춤을 추는데, 홍 열사와 우리의 선열들이 어떻게 편히 잠들 수 있겠는가.

담당형사의 죽음과 전두환의 초도순시

1982년 8월 1일 광주 무진교회(담임 강신석 목사)에서 5·18 광주의거 부상자회가 창립했다. 5·18 이후 한동안 움츠렸던 사람들이 서서히 모여들었다. 당국은 신군부에 눈도장을 찍으려고 충성 경쟁을 했다. 경찰들은 소위 담당 제도를 두어 5월 관련자들을 감시하기 시작했다. 1985년 여름, 창립 기념 야유회가 있었던 때의 일이다. 많은 회원들이 나주시 남평읍 드들강 유원지에 모였다. 소위 '짭새'라고 일컫는 형사들도 동참(?)했다. 그래서 한 쪽에서는 부상자들이 옆에서는 형사들이 자리 잡았다. 형사들도 오랜만에 긴장이 풀렸는지 낮잠을 자다가 술을 마시다가 하면서 해방감에 젖었다. 그리고 큰 충돌 없이 헤어졌다. 회원들과 야유회 정리를 하고 있는데 전화가 왔다.

"어이 이 회장, 소식 들었는가?"

"무슨 소식이요?"

"아니 모르면 놔두소."

"뭔 일인데 궁금하게 그라요?"

"좋은 일도 아닌데……."

“좋은 일이든 나쁜 일이든 얘기는 해야 할 것 아니오?”

“참말로 거시기 한데.”

사연인즉 야유회에 미행을 왔던 한 형사가 경찰서로 돌아가다가 오토바이 바퀴가 자갈에 비끌려 넘어지는 바람에 뇌진탕으로 즉사했다는 것이다. 그것도 나의 분신처럼 붙어 다니던 서○○ 형사였다. 이 소식을 들은 나는 정신이 돌아버릴 것 같았다. 미운 정 고운 정이 들었고 때론 원수 같았던 그의 죽음은 큰 충격이었다. 먹고 살기 위해 경찰이라는 직업을 택했고, 하필이면 재수 없이 전두환을 만나서 나를 따라다니다 비명횡사 했다니 만감이 교차했다. 조선대병원 영안실에 들려 술을 따라 올렸다. 조문객들이 나한테 “저 놈 따라다니다 죽었다”고 하는 것 같아 고통스러워서 오래 있을 수 없었다. 그날 밤뿐만이 아니라 가끔 서○○ 형사가 떠올라 불면의 밤을 지새웠다. 젊은 나이에 처자식을 두고 떠나버린 서 형사는 억울한 희생자다. 죄 없는 나 같은 사람도 안절부절 당황하고 죄송스런 마음인데, 전두환 씨의 뻔뻔스러움이 이제는 존경심(?)마저 든다. 그렇다. 그는 존경받고 있다. 지만원과 일부 일베와 보수꼴통에게는 이순신 장군보다 영웅이고 추앙의 상징이다. 노벨악질상(?)이 제정되면 추천하고 싶을 정도이다.

그 사건이 있은 후부터 나의 운신은 더 제약을 받았다. 가톨릭센터 지하 다방도 영향이 있었다. 부상자회 창립 이후에 가톨릭센터에서 자주 모였다. 다방이 사무실 겸 사랑방이었다. 그런데 담당이 나의 동선을 놓쳐버렸다. 화순에서 올라온 담당형사(선배 처남)는 다방의 구조를 몰랐다. 그래서 나는 “옳다, 고생 좀 해봐라. 아니 엿 좀 먹어봐라.” 생각하고 도망쳐 버린 것. 그때는 얼마나 달콤했는지.

그런데…….

“야 이○○ 형사, 니가 형사여?”

“과장님, 왜 그러십니까?”

“이지현이랑 같이 다니라고 했는데 지금 뭐해!”

“과장님, 같이 있는데요. 화장실에 갔어요.”

“야 이 자식아, 도경에서 이지현이 안 붙들고 뭐 하고 있느냐고 연락와서 내가 ×빵이 쳤는데, 너 모가지 날아가고 싶어!”

“네?! 죄송합니다.”

지금은 5·18기록관으로 변해서 다방이 사라져버렸지만 그때 가톨릭다방은 문이 두 개였다. 그런데 이○○ 형사는 문이 하나인 줄 알았고 화장실 쪽만 바라보다가 나를 놓쳐버린 것이다. 그 일이 있는 후부터는 두 사람의 형사가 이삿집 개처럼 나를 졸졸 따라다녔다. 해남의 친구 최형종의 부친상에 김길호와 조문을 갔는데 그곳까지 따라왔다.

1986년 2월 16일, 전두환의 초도 순시 즈음, 또 다른 운명이 나를 기다리고 있었다.

광주에 가기 위해 위장을 했다. 다섯 살짜리 아들을 데리고 버스에 탔는데 경찰들이 아들을 뺏어가 버렸다. “그래, 너희들이 내 아들을 봐준다니 고맙지” 하고 버스를 타고 가는데 지프차가 막았다. 그리고 나는 버스에서 끌려나왔다. 아들은 놀라서 울었다. 총이 있었으면 쏴 죽이고 싶었다. 어쩔 수 없이 집으로 돌아갔다. 그런데 집에까지 침범했다. 한 사람은 고교 선배라는 최 모 파출소장이었고, 담당형사는 중학교 1년 선배로 기차 통학을 함께했던 정 모 씨였다.

“당신들 너무한 것 아니여?”

"아따 미안하시. 제발 나가지 말고 우리랑 같이 있세. 부탁이네."

"당신들 같으면 두환이 그 × ×놈이 오면 가만있겠어?"

"우리도 자네 맘 안께 우리 체면 좀 살려주소."

"당신들만 체면 살려주면 나는 사꾸라 되라고?"

"그라면 우리랑 유원지로 놀러가세."

"뭣이여!"

"우리도 승진해야 한께 체면 좀……."

"알았어. 당신들 체면 살려줄게 얼른 나가."

"아따 우리도 먹고 살랑게 그라제."

"그렇다고 주거 침입을 해도 되냐구요?"

"우리가 뭔 죄가 있는가? 우리도 위에서 시킨께 그라제. 우리도 죽을 맛이네."

"아무리 시킨다고 우리 새끼도 있는데. 이것이 민주경찰이 할 짓이오? 얼른 나가란 말이오."

"동생, 위에서 자네를 꼭 붙들라고 했다니까."

"우리 새끼가 부들부들 떨고 있는 모습이 안 보이요?"

"우리는 못 나가네. 자네가 제발 우리 좀 살려주소."

"열 번 셀 때까지 안 나가면 나도 더 이상 못참으요잉. 하나, 둘, 셋, ……"

열을 셀 때까지도 죽으려고 환장을 했는지 형사들은 꿈쩍도 않는데 아들은 울고. 이런 상황에서 눈이 뒤집히지 않을 사람이 몇이나 될까?

"그래 알았어."

하고 부엌으로 뛰어나갔다. 그때서야 죽기는 싫었는지 두 사람은 도망을 갔다. 젊은 정 형사는 칼 루이스처럼 무지무지하게 빨랐다. 그런데 나이 먹은 파출소장이 문제였다. 결국 잡혔다. 고려대 명예교수를 지낸 민용태 선배님 집과 민생경제연구소 안진걸 소장 외갓집 사이에서였다. 나는 혈압과 독이 오를 대로 올랐다.

"당신이 사람이여?"

"그럼 짐승인가? 그래도 선배 아닌가?"

"뭐? 선배? 두환이 꼬붕이지 무슨 선배요?"

"나도 속이 홍어 속이네."

"잔소리 말고 무릎 꿇어."

"자네는 선배도 몰라본가 엉?"

"무릎 꿇을 거여, 안 꿇을 거여!"

"위에서 시킨 것인데 뭐를 잘못했는가?"

"XX! 그랑께 진짜로 무릎 안 꿇을 것이여! 엉?!"

"……."

더 이상 참을 수 없었다. 멱살을 잡고 뺨을 후려갈겼다. 최 소장은 끝내 무릎은 꿇지 않고 나를 밀어 제쳤다. 뻔뻔스런 모습이 살인마 전두환이로 보였다. 그래서 부엌에서 들고 온 칼을 꺼냈다. 그러자 최 소장은 창피하고 두려웠던지 ×나게 도망쳤다. 다시 쫓아갔다.

전두환의 재판일에 1986년을 회상한다

도망치던 최 소장은 죽을 힘을 다해 뛰었고 나는 개선장군처럼 쫓았다. 그런데 운이 안 따랐는지 아니면 선영이 도왔는지 막다른 골목이 기다리고 있었다. 당황한 최 소장은 도둑처럼 담을 넘었다. 담이 와르르 무너졌다. 최 소장도 돌과 함께 미끄러졌다. 한숨을 푹 쉬고 자포자기해버렸다. 털푸덕 엉덩방아를 찧고서 패잔병처럼 처량한 신세가 됐다. 그리고 애원하듯 나를 쳐다봤다. 나는 다른 사람을 봤다. 어떤 할머니가 우리들을 보고 있었던 것. 최초로 '알박기 재판'의 승소를 이끈, 집안 동생인 이경현 변호사의 친할머니 덕분에 최 소장과의 2월의 혈투는 막을 내렸다. 만약 할머니가 아니었으면 어찌 되었을까?

서부영화 '황야의 무법자'에서 클린트 이스트우드는 총을 들었지만 내겐 총이 없었다. 총이 있었으면 쏴 죽였으리라.

마음을 진정시킨 후 집에 와서 전화를 했다. 부상자회는 전화를 안 받았다. 그때는 휴대폰도 삐삐도 없던 시절이었다. 마침 '전사연'에서 열심히 뛰던 이론가 김창중과 통화가 됐다.

"형님, 왜 오늘 안 나오셨소?"

"그놈들이 막아서 못 나갔네."

"그럼 내일 보면 되죠."

"아니 그러지도 못 할 것 같네."

"왜요? 아프시요?"

"아니 오늘……. 사고를 쳤네. 사실은……."

"오메, 어째야쓰께라. 회원들에게 알릴게요."

차 한 잔 마실 시간이 지나자 20여 명의 경찰이 우리집을 덮쳤다.

아는 과장이 "회장님, 어쩔까요? 저희랑 잠시 다녀오십시다." 점잖게 얘기하는데 그 사람들과 다툴 수도 없었다. 그들은 사건 현장인 화순이 아닌 보성으로 끌고갔다. 광주와 가까운 화순경찰서에 가둬놓으면 부상자회를 비롯한 5월가족들의 항의가 두려워서였으리라. 유치장에 있는데 고향 선배가 찾아왔다. 보성군 총무과장이었던 박해동 선배였다.

"지현아, 너를 본께 아버지 생각이 난다. 니 아버지께서 인공(한국전쟁)때 고생을 겁나게 했응께, 니네들은 잘 살아야 할 것인데 어쩔거나?"

"고맙습니다. 속을 썩혀드려 죄송합니다."

"배고플 것 같아서 빵과 음료를 사갖고 왔다."

"네, 고맙습니다. 저희 부모님께 잘해드릴라고 헌디 저놈들이……."

"그래, 건강관리 잘해라잉."

박 선배가 가고 나니 고향생각이 나고 5월 가족 동지들과 어머님, 그리고 아내가 떠올랐다. 엉엉 울어버리기라도 하면 복창이 터지지 않을 것 같은데, 경찰들 앞에서 약한 모습을 보일 수도 없었다. 1986년

2월 16일, 그날 밤이 길게 느껴졌다. 배가 출출했으나 선배가 사다준 빵을 먹지 않고 그날부터 단식으로 항거했다.

다음 날부터 조서를 받기 시작했다. 아무리 협박하고 회유해도 진술을 거부했다. 그래도 경찰은 기소를 했고 나는 광주교도소에 수감됐다. 그리고 매일 검사실에 불려갔다. 검사가 직접 나섰다. 그런데 반말을 하는 게 아닌가? 일반 잡범들 다루듯 하려고 하기에 인상을 쓰고 나무랐더니 존댓말로 예우를 해주며 말을 건넸다.

"여기는 검찰입니다. 경찰과는 다릅니다."

"그래서 어쨌다는 것이요?"

"경찰에서는 묵비권이 통했지만 여기서는……."

"맘대로 하시오. 그러나 자존심 건들면 가만있지 않겠소!"

"공안 당국에서 당신을 뭐라고 하는 줄 아세요?"

"'독종'이라고 한다고 들었소."

"알고는 있구만요. 그렇게 해서 당신한테 무슨 이익이 있소? 타협하며 살아야지."

"나는 본래 새소리만 들어도 눈물 흘리는 사람이었소. 그런데 어떻게 했소? 틈만 있으면 감시, 연행, 사찰, 구금, 교황님 오신다고 대구로 납치해버리고. 그리고 안기부 지하실까지. 사람이 할 짓이요! 무자수가 독사가 되게끔 한 사람들이 누구요?"

"우리들은 모르는 얘기요."

"모른다고요? 1983년도에 보안대에 끌려갔을 때, 나 때문에 '관계기관 대책회의'를 했다는 소리를 유○○한테 들었소."

"으흠, 다른 사람들은 이곳에 오면 겁을 먹는데 역시 독종은 독종이구만요.”

“검사님, 저처럼 돼 봐요. 여동생도 죽고 부모님은 화병 걸리고. 또 부부생활도 못하게 문 밖에다 자동차 시동 걸어놓고 지키고 있는 걸 상상해 봐요. 검사님 같으면 어떻게 하겠습니까?”

“……. ○○○ 계장, 도저히 안 되겠어. 당신이 조사해.”

지역 유지들은 파출소장과 합의를 해야 한다는 여론이 많았다. 그러자 화순 관내에서 제일 먼 북면으로 발령을 냈다. 천하의 제갈공명도 삼고초려 하니 동참했다는데, 철옹성을 자랑하는 전두환의 충복들은 육고초려를 했지만 난공불락. 이후 결심 공판이 7월 2일에 열렸다. 무료 변론을 맡은 홍남순, 이기홍 변호사는 이번 사건이 전두환 정권 때문에 발생했고, 지나친 인권 탄압이 빚은 불행한 사건이니 선처를 부탁했다. 나는 내 연극의 러닝타임과 같은 70분을 최후의 진술로 웅변했다. 그러나 검찰은 공권력의 도전은 용서해서는 안 될 사건이라며 ‘특수공무집행 방해 죄’ 등으로 5년을 구형했다.(쩨쩨한 ×들. 어차피 공갈 구형이면 중형을 주지 5년이 뭐야 18년쯤을 때려야지 쯧쯧.)

2주가 지난 1986년 7월 16일 선고일. 재판장이 판결문을 읽어 내려갔다. 서론에 좋은 말, 중간에도 공감이 가는 문장을 나열했다. 그런데 결론은 실형 2년. 지금은 바뀌었지만 1986년에는 국경일인 제헌절은 국경일이었고 쉬는 날이어서, 나는 은근히 집행유예를 예상하고 있었으니 허탈했다.

그런데 전혀 예상치 않은 일이 터졌다. 누가 먼저랄 것 없이 방청객들이 갖고 있던 소지품을 재판장에게 던졌다. 옷가지, 신발, 심지어 의자를 던지며 재판장석을 점거했다. 재판장을 두고 난투극이 벌어졌다.

1980년 당시의 소년시민군 박병준은 5월 27일 새벽에 부상을 당해 한 쪽 다리를 잃어서 의족을 하고 있었는데, 목발을 뺏기니 고무다리를 빼서 던졌다. 영화보다 더 영화 같은 장면이 벌어졌다. 죄수복 대신 독립군처럼 곱게 차려입은 내 한복이 피로 물들었다. 경호원들이 재판장을 보호하는 사이에 누군가가 허리춤을 잡았다. 우리 회원들이 흥분 아닌 광분을 한 것이다. 나를 밖으로 끌어낸 이유는 죄가 없으니 집에 가자는 것이었다. 그러자 경찰은 대기시켜놓은 기동대를 동원해서 막았다.

법정 앞에 사람들이 모여들었다. 사태 수습을 해야만 했다. 그래서 나는 전·노 일당에 대한 규탄 웅변을 하며 설득했다.

동지 여러분. 고맙습니다. 그리고 죄송합니다. 저 때문에 더 이상 피해가 생기면 안 되니 구호를 외칠 테니 따라해 주시면 고맙겠습니다.

"분통터져 못살겠다 5·18진상 규명하라"
"학살 학살 광주학살 전두환을 찢어죽이자"
"광주학살 배후조종 미국놈들 물러가라"

그러자 5월 가족과 시민들은 자연스레 '5월의 노래'를 합창하기 시작했다.

꽃잎처럼 금남로에 뿌려진 너의 붉은 피
두부처럼 잘려나간 어여쁜 너의 젖가슴.

노래가 끝나기도 전 경찰들이 1980년 5월 그날의 점령군처럼 덮쳤다. 모든 회원들이 끌려갔다. 그 중에서 5·18 부상동지회집을 하고 있는 이춘기 씨, 물벼락 세탁소를 경영했던 문명호 씨는 20일의 구류를 살았다.

나는 독방에 들어와서 울었다. 가족 때문이 아니었다. 징역을 살아야 하는 것 때문도 아니었다. 몸을 던져 정의를 외치던 수많은 '혈우'들의 동지애가 너무 감동적이어서 울었다. 슬픔의 눈물이 아닌 희열의 눈물이었다.

그 날은 전두환이 재판받던 날이었다. 변론을 맡아주던 홍남순 변호사는 별세하시고, 이춘기 씨는 소천했고, 박병준은 심장마비로 세상을 떠났다. 이세영 씨와 수많은 5월 가족은 병상에서 신음하고 있다. 그런데 진실은 암매장당했고 5월 학살의 주범 전두환은 천수를 누리다 죽었다. 이것이 오늘의 우리 대한민국이니 통탄할 일 아닌가?

36년 전 1986년 나는 이름을 뺏겼다. 부모님께서 지어준 이지현이 아니라 '1564번'이었다. 이제 살인마의 이름도 압수해야 할 때다. 죽은 자의 수번은 몇 번으로 한다?

'5518'로 할까? '1818'로 할까?

사형수와의 동거

지금은 옮겨졌지만 광주의 양심세력들에게 잊을 수 없는 곳이 바로 광주시 북구 문흥동 88-1번지 광주교도소이다.

그곳에서 만난 사람 중에는 정광훈 의장, 민족시인 김남주, 이철규 열사처럼 세상을 떠난 분도 계시지만, 각계각층에서 활약 중인 분들도 있다. 2년 7개월간의 수형생활 중 내 젊음의 일부를 바쳤던 문흥동 시절을 잊을 수 없다.

86년 2월 전두환의 초도순시 때 특수공무집행 방해로 구속되었다. 쪼그려 뛰기를 시키자 자존심이 상해 거절했다. 내가 갇힌 곳은 권 모라는 사형수가 있는 방이었다. 교도소 측에서 군기를 잡겠다고 특별히 배려한 방이었을 것이다. 사형수는 흉악한 죄를 저질렀지만 혁수정을 차고서도 건강을 유지하기 위해 창틀을 잡고 체력 단련을 한 덕분에 몸짱이었다. 또한 황제 대접을 받았다. 아무도 건들지 않았다. 무서워서가 아니라 해코지를 할까 봐 두려워서 예우를 해준 것이다.

사형수는 보안과에서 특별관리를 한다. 가끔 불러서 바람도 쐬주고 금기로 돼있는 담배도 주고 긍정적인 얘기를 해준다. “아마 곧 사형제도가 폐지될 것이다. 그러니 말썽부리지 말고 조용히 있으면 모범수로 상신해주겠다" 등의 달콤한 말로 현혹했다. 사형수 때문에 문책을 당하지 않도록 신경을 쓰며 특별대우를 해준 것이다. 사형수들은 엄청 예민하다. 어차피 끝난 인생이라고 포기하고 사고를 치면 교도소장뿐 아니라, 여러 사람이 징계의 대상이 되므로 조심스럽게 다루었다.

권 모 사형수는 가끔 나에게도 물었다.

"교도관들이 그러던데 진짜 살 수 있는 거요?"

사회적 분위기가 그런 것 같다고 비위를 맞춰주면 좋아했다. 신군부 세력이 사형수를 통해서 무슨 짓을 할지도 모른다는 긴장감이 있었기에 꼴 보기 싫어도 한 방에서 별 탈 없이 지냈다. 사실은 사형수가 한쪽 눈을 바늘로 찔러버릴까 봐 잠을 잘 못 잤으며, 최대한 환심을 사려고 노력했다. 아무튼 살인마 전두환 덕분에 사형수와 동거를 했다.

사형수가 가장 싫어하는 날은 국경일이다. 통계학적으로 국경일 전후에 문을 따면 십중팔구 넥타이공장(사형대)으로 취직이 된다. 교도관들이 면역효과를 노리고 자주 사형수를 불러서 위로와 안심을 시키는 '지혜'가 거기에 있다. 만약에 갑자기 부르면 무슨 짓을 저지를지도 모르니까 공을 쌓는 것이다.

어떤 사형수가 끌려가고 있었다. 그러다가 빗길에 미끄러졌다. 그 양반 왈,

"오메 여그서 하마트면 죽을뻔 했네."

사형을 집행하러 간 교도관의 후일담을 듣고 씁쓰레한 적이 있다.

지금은 사형제도가 사문화되다시피 했지만 그렇게 살고 싶어했던 권 모라는 사형수는 국경일 무렵에 사형이 집행되었다.

이후 나는 사형수보다 독한 사람들이 투쟁을 준비하는, 0.72평의 독방으로 옮겨 '슬기로운 감방생활'보다 아슬아슬한 문흥동에서의 추억을 뜨개질한다.

문흥동의 그 때 그 사람들

사형수의 위협으로부터 투쟁을 통해 옮긴 곳은 참으로 열악했다. 영화에서나 나오는 0.72평의 독방. 독방이라는 표현보다는 큰 관이라고 해야 할까? 그곳에서 학생운동의 신화적 인물들을 만나서 고생을 했다. 그러나 그들을 만난 건 커다란 행운이었다.

전남대의 강기정, 최향동, 이기주, 김황제, 장규호, 채정섭 조선대의 이종봉, 조성호, 이재석, 윤기수, 탁용석, 박현주, 박철승 등…….

책을 보며 가족들에게 편지를 쓰거나 쉬고 싶은데 소위 운동권 악바리들이 가만두지 않았다.

"회장님 같은 분이 투쟁을 해야지 가만있으면 되겠습니까?"

"그런 정신으로 어떻게 전두환을 때려잡겠습니까?"

"회장님께서 강경 투쟁 하는 모습을 보고 존경했는데 실망했습니다."

나 역시 5월 단체에서는 최고 강성이었지만 82·83학번, 특히 똥파리라고 놀리는 82학번들은 나를 지긋지긋하게 괴롭혔다. 소위 빵투를 할 때는 관구실을 때려 부수자거나 "광주학살 책임지고 미국 놈들 물러가라"는 등 반미 구호 등 끔찍한 구호들을 외치자고 했다. 그때만 해도 '반미=빨갱이'라는 등식이 성립되던 때라 그들과 거리를 두고 일반수 방으로 옮기고 싶었다. 그러나 비겁자가 될 수 없어 처음에는 시늉만 했다. 차츰 적응이 되자 재미가 붙고 자신감이 생겼다.

그러다가 점거농성을 했다. 교도관들이 오면 고추장물 세례를 하다가 모두 끌려가서 생고생을 했다. 그런데 독한 녀석들은 멈추지 않고 정치투쟁과 재소자들의 인권투쟁까지 병행하며 단식투쟁을 하자는 것이다. 단식투쟁을 하면서 "면회시간 운동시간 연장", "접견 제한 폐지", "구타 금지" 등 일반 재소자들의 민원에도 앞장서며 '광주시민은 하나다'라는 인식을 공유했다. 소기의 목적을 얻고서 단식을 끝냈다. 그러나 나는 지금도 하루에 한 끼만이라도 굶으며 5월 영령들을 생각하자는 취지로 지금까지 아침을 거르고 있다.

소위 빵투 기간에는 일반 재소자들을 설득하여 구호를 외치거나 밥그릇을 철창에 그어댄다. 밀폐된 공간에서의 쇳소리는 교도관들에게는 공해이지만 재소자들은 스트레스를 푸는 축제였다. 그러던 중 83학번 장 모가 사고를 쳤다. 문짝을 두드리고 차는 과정에서 옥문이 열려버렸다. 탈옥범으로 오해받는 상황이었으니 교도소가 어떠했겠는가?

장 모가 처음 들어온 날이다. 장난끼 많은 최 모가 놀리려고 수작을 걸었다.

"야, 너 오늘 신고식을 하자. 노래 한 곡 뽑아라."

노래가 끝나고 나서 식구통(밥이 들어오는 구멍)으로 얼굴을 내밀고 또 말을 걸었다. 나를 지칭하며

"저기 계신 어르신이 누구신 줄 아느냐? 무시무시한 분이다."

"네, 한복 입은 모습이 꼭 독립운동가 같던데요."

"비밀인데 저 분은 북에서 내려오신 분이다."

"네?!"

"놀래지 말고 ○○○만세를 부르고 반미 구호를 외쳐라."

그때 문흥동(광주교도소)의 투사들은 대부분 2년 이상의 실형을 선고받고 먼 곳으로 이감을 갔다. 그러나 대부분 6월항쟁 덕분에 6·29 항복 선언으로 풀려났다. 이후에 민주화운동을 하다가 여의도에 진출하기도 했고 지금은 곳곳에서 국가를 위해 봉사하고 있다.

얼마 전 50대 중후반을 넘긴 문흥동 시절의 식구들을 만났다. 그때만 해도 데모할 때 버스비가 없다고 하면, 1000원 짜리 한 장만 줘도 몇 번이고 고맙다고 하던 배고픈 때였다. 그런데 이제는 밥값을 자기가 내겠다며 강경투쟁(?)하는 모습에 뿌듯함을 느끼며 아름다운 추억을 되새겼다.

세월이 흘러도 잊을 수 없는 문흥동의 그때 그 사람들, 머지않아 더 많은 양심수들을 만나 고마움과 미안함을 건네야겠다.

문흥동에서 만난 건달들과의 일화

광주교도소 일반 재소자들에게 부러운 조직이 있었다. 하나는 운동권이고 또 하나는 조폭이라고 불리우는 주먹들이다. 그때 운동권에는 NL과 PD라는 두 개의 큰 흐름이 있었지만, 건달들은 여러 개의 파로 형성되었다. 운동권에서는 주로 NL이 우세했지만 대한민국 건달의 상징인 광주 건달들은 춘추전국시대를 이루고 있었다. 밖에서는 으르릉 거리면서 세력 다툼을 했으나 교도소 내에서는 대동단결하는 모습이었다.

5·18을 다룬 영화 <26년>에서는 건달들이 전두환의 집을 습격하는 장면이 나온다. 이처럼 광주의 주먹들은 의협심이 강해서 5·18에 적극 참여한 사람들이 많았다. 그래서 운동권 학생들을 이해하며 협조를 잘해줬다. 그런 인연이 있어 건달들을 설득하여 일을 벌리기도 하였다. 건달들과 끈끈하게 지내온 관계로 그들을 설득하여, 중국의 국공합작처럼 미결사 전체 재소자들을 우호세력으로 만들었다. 투사가 된 듯 밥그릇을 긁고 문짝을 찼다. 특히 교도소를 당황케 한 것은 모든 재소자들이 동맹한 단식이었다. 대한민국 교정 사상 초유의 대사건을

조직한 것은 성공했다. 그러나 의식화되지 못한 동맹은 하루를 넘기지 못했다.

"꺽쇠 성님, 더 이상 단식은 못하겠습니다."

"아따, 대한민국 최고의 건달들이 광주 주먹들 아닌가? 그렇게 의리가 없는가?"

"이유가 있습니다."

"그렇게 배고픈 것을 못 참아? 실망했네."

"배고픈 것은 참을 수 있는디."

"그랑께 오늘 하루만 버텨주소."

"성님, 강아지(담배의 은어)가 안 들어온단 말이오."

웬수 같은 강아지 때문에 하루를 넘기지 못하고 깨졌다.

그러나 건달들과의 투쟁으로 얻는 게 많았다.

운동 시간 연장과 인권 탄압 중지 등… 특히 목욕 시간 연장은 모든 재소자들에게 기쁨이었다. 탕에 들어가자마자 물만 붓고 나오다가 때를 조금 벗길 수 있는 시간을 확보한 것이다.

고 조비오 신부 관련 사자명예훼손죄로 전두환이 광주의 재판에 참석한다는 소문을 듣고 문흥동에서 친했던 건달 출신 김 모 한테서 전화가 왔다.

"성님, 두환이 그 X할 놈을 가만 놔두요?"

이것이 1980년을 겪은 대부분 시민들의 정서다. 이걸 모르고 왜곡 폄훼하는 집단이 있으니 개탄스럽다.

학생들만이 아닌 구두닦이와 넝마주이와 꽃 파는 여성들과 청년과 노인과 부녀자와 건달 등 모든 시민들이 함께했던 5·18 민중항쟁!

나는 5·18 때문에 애꾸가 되었고 집안이 풍비박산이 됐지만, 인간으로서 지녀야 할 가치관을 확립할 수 있었다.

그리고 5·18기념공연 <연극 애꾸눈광대>를 할 수 있다. 그러므로 5월은 나에게 은인이다.

틈만 나면 5월 이야기를 할 수밖에 없는 광주시민들. 비록 힘없는 시민들이지만, 한 사람 한 사람이 자랑스러운 역사가 아닐까?

교도관들과의 우정과 사랑

광주교도소에서 근무한 교도관들은 1980년을 익히 경험했기에 5·18 관련 재소자들에게 대부분 우호적이었다. 상부의 명령이라서 어쩔 수 없이 감시하며 통제할 뿐이지 준공안사범이나 다름없었다. 교도관들은 면회나 운동시간이 아니면 절대로 문을 열어주지 말라는 명령을 어기고 개방도 해주고 밖의 소식도 전해줬다. 어쩔땐 밀사 노릇까지 해주니 든든한 우군이었다.

우리가 단식투쟁을 할 때 교도관들은 진짜 죽어버리면 어쩔까 걱정하여, 먹으면서 투쟁하라고 먹을 것을 슬그머니 넣어주고 갔다. 1982년 10월 12일 박 관현 열사가 단식투쟁 끝에 운명을 달리한 것을 알기에, 눈치껏 하면서 구호도 외치고 문짝을 차면 눈 감아주겠다면서 건강을 챙기라는 것이다. 그런데 과잉 사랑을 퍼부어서 곤욕을 치룬 적도 있었다.

한번은 단식을 하는 우리들의 건강을 위해서 닭죽을 쑤어가지고 와서 문 앞에 놔두고 갔다. 닭죽 냄새가 온 교도소에 진동을 하니 굶주린 우리는 얼마나 힘들었겠는가. 배고픈 상황에서 풍겨오는 닭죽 냄새는 배려가 아니라 참을 수 없는 고문이었다. 침만 꼴깍 넘기면서 먹을 수는 없었던 우리들의 운명. 우리의 인내를 시험에 들게 한 닭죽 선물은 약을 올리려는 것이 아니라, 순수함에서 비롯된 우정과 사랑이었을 것이다.

운동을 할 때는 담당이 사이비 종교집단의 광신도처럼 따라다녔다. 일반 재소자들이 물들면 안 된다는 차원에서 담당을 배정한 것이다. 그러다 보니 자연스레 가까워지기 마련이었다. 그래서 운동시간에는 주로 유구(땅 탁구)를 많이 했다. 공안사범 중에서 장난끼가 많고 조직의 귀재인 최 모라는 꼴통이 있었다. 한번 걸리면 교도관들은 많은 고생을 하게 된다. 일부러 사정없이 공을 쳐버린다. 그러기를 몇 번 하다 보면 자연스레 상의를 벗고 운동을 할 수밖에 없었다. 그때를 이용해서 더 쎄게 멀리 보내면 그 교도관은 땀을 뻘뻘 흘리며 공을 주워온다. 그때 슬그머니 옷에서 강아지(?)를 데려온다.

부마항쟁 때도 공수부대를 투입했지만 조기에 진압됐다. 그런데 광주는 왜 꺾이지 않았을까? 투철한 역사의식과 민족애를 지닌 선조들의 항일투쟁정신과 6·25의 애환, 그리고 동병상련의 아픔을 보듬어줄 줄 아는 포근한 마음, 특히 혈연, 학연, 지연이라는 인맥이 어느 지역보다 끈끈한 곳이 전라도다. 우리 학교의 누가 죽었다, 어느 동네 누가 다쳤다는 소문은 광주시민을 의리로 똘똘 뭉치게 하는 원동력이 되게 하였다. 그래서 교도관들도 공안사범을 이해하고 동조하며 자연스레 공동체가 형성된 것이다.

주먹들과도 형님, 동생이라 부르며 교도관들과도 선후배처럼 친해져버린 도시, 대한민국에 그런 도시가 얼마나 있겠는가? 그래서 우리는 경제적으로는 힘들지만 정신적으로는 희열을 느끼며 오늘을 살아가고 있다.

그게 바로 '주먹밥 공동체'로 불려지는 우리들의 광주다. 슬픔을 반죽하여 희망가를 부르는 도시 역시 광주이다. 그러므로 '광주'는 지명이 아니라 하나의 상징인 것이다.

교도소에서 사랑받는 강아지

교도소에 처음 들어가면 관구실 앞에서 검신을 한다. 코로나19 때문에 요즘 어디를 가든 체온검사를 하듯 옷을 홀랑 벗는다. 몸에 문신을 한 사람, 흉터가 있는 사람 다양한 군상을 발견한다. 시국사범들은 대부분 예외가 되지만 그 외의 재소자들은 쪼그려뛰기를 해야 한다. 군기를 잡기 위한 절차이기도 하지만 결정적인 이유는 몸 어딘가에 숨겨놓은 강아지나 돈과 보석 등을 찾기 위한 일종의 수색작전이다. 지혜로운 꽈배기들(전과자들)은 교도소 내에서 목숨처럼 소중한 강아지를 은밀한 곳에 숨겨 들어온 경우가 종종 있다. 교도관들이 쪼그려뛰기를 시키는 것도 강아지도 찾고 벌도 주고 정신수양을 시키려는 다목적 포석이다. 쪼그려뛰기를 오래하다 보면 은폐시켜 반입한 강아지가 틀통날 수밖에 없기 때문이다.

뛰는 놈 위에 나는 놈 있다는 것을 가장 실감할 수 있는 곳이 교도소다. 재소자들은 강아지를 밀반입하기 위해 고도의 치밀한 작전을 짠다. 한복 속에 담배가루를 넣은 사람, 성경책 속을 파내고 강아지를 숨겨서 들어온 사람들도 있다. 아무튼 강아지 확보를 위한 전쟁은 치열하다. 제 아무리 유명한 보스라고 해도 강아지를 확보하지 못하면 절대 인정받지 못한다. 소위 똘마니들에게 강아지를 제때에 공급치 못하면 위신이 서지 않기에 다양한 수법을 동원하여 물량을 확보하는 이유다.

그렇다고 사회에서처럼 한 개피를 모두 피울 수 없다. 그랬다가는 교도소 내의 공정거래위원회(?)에 적발되어 난리가 난다. 하여 요령은 이렇다. 제일 졸따구(아랫사람)가 망을 보면 너댓 사람이 교대로 뺑기통(화장실)에 들어가서 흡연을 즐긴다. 순서는 말단부터 들어가서 두세 모금씩만 빨고 선배한테 양보를 해야 한다. 오래 빨다 걸리면 다음에는 제외되므로 '강아지 철칙'을 지킨다. 담배연기나 냄새를 교도관한테 들키지 않기 위해서 부채질을 하며 피우는 것이 상식이다. 선후배가 역으로 담배를 피우는 것은, 구렁이 뭣보다 귀한 강아지가 늦게 필수록 독하기 때문에 생긴 그들만의 노하우다.

그런데 5월 주먹밥 공동체처럼 나눔과 배려가 효과적으로 실천되지 않는 방은 사달나는 경우가 종종 있다. 하찮은 호박나물에 의리 상한다는 말처럼 담배 빨기 행사에서 소외된 사람은 인간적인 배신감이 생길 수밖에……. 그래서 교도소에서는 무서워서 꼬리 내리고 있다가 출소를 하면 정의감, 아니 화가 나서 공중전화를 든 사람도 가끔 있다.

"여보세요. 거기 검찰청이죠?"

"네, 맞습니다. 무엇을 도와드릴까요?"

"제가 억울해서 전화를 했는데요."

"네, 말씀하십시오."

간첩사건이나 대단한 인권문제인 줄로 기대한 검찰은 긴장한다.

"제가 강아지 때문에 속이 상해서 그럽니다."

"강아지 문제라면 동물병원에 연락하십시오."

"그런 강아지가 아니고 교도소에서 담배를 피워서 고발을 하려는데요."

"바쁜데 그런 것 가지고 전화합니까?"

달갑지 않아하는 검찰 측에 몇 마디를 던지고 전화를 끊어버린다.

고민을 하던 검찰은 며칠 후 교도소를 압수수색한다. 그러나 아주 재수없거나 관리를 못한 건달 두목 외에는 들통나는 경우는 드물다.

분명 하층 몇 방 어느 마루 아래 분명히 숨겨놨다는 정보를 입수하고 들이닥쳤는데 강아지들을 어디로 피신시켰을까? 감쪽 같은 일이다.

'국립호텔'에서 생긴 일화들

교도소는 죄수들을 잘 가르쳐서 사회에 내보내기 위한 곳, 즉 교도를 하는 곳이다. 그러나 현실은 교도소에서 범죄를 익혀 나오는 경우가 많다. 각 방마다 동일 범죄자를 수감하는 것이 규정처럼 돼있다. 폭력, 사기, 강도 등 유형 별로. 그러다 보니 재소자들이 노하우를 자연스레 습득하여 '전문가'가 된다. 그래서 자신감을 갖고 출소하여 교도소에서 사귄 사람들과 운명적으로 다시 만나 공범 관계로 발전하는 경우가 많다. 별의별 사람들이 모이다 보니 재료만 있으면 비행기도 만들어서 탈출할 것이란 말이 있을 정도다.

그걸 사실로 입증한 작은 실화가 있다. 생일인 줄도 모르고 책을 읽고 있는데, 소년수 주먹들이 대선배의 명을 받들어, 생일 축하 케이크를 만들어 아침 일찍 배달을 왔다. 교도소에서 구매한 초코파이에 크림을 발라서 만들었는데, 유명 제과점 케이크보다 먹음직스러워 보였다. 나는 기뻐서 울컥하면서도 한편으로는 신기했다. 이것은 예고편. 얼마 후에 두목급 후배가 더 놀랄만한 것을 갖고 왔다. 포도주와 막걸리였다. 공안당국에 약점을 안 잡히려고 술을 끊은 상태라 나는 한 모금도 안 마셨다. 만약 '범털'인 경제사범들한테 건넸으면 꽤 많은 격려금을 받을 수 있었을 것이다.

포도주는 누군가에 의해서 밀반입된 것이고 막걸리는 광주교도소에서 직접 담근 '신토불이'다. 아프다는 핑계로 의무과에 가서 원기소를 구하고 식빵과 밥을 야쿠르트에 넣어놓으면 틀림없는 막걸리가 탄생한다. 그 비법을 소년수로부터 전수받은 최 씨는 불법 제조를 자주 했다. 가끔 얼굴이 빨개진 모습을 보인 적이 있어서 신고를 해버린다고 농담을 하면 조금 맛볼 수 있다. 만약에 걸렸으면 최 모 씨는 주범, 우리들은 공범으로 추가형량이 떴을 것인데 다행이다. 한번은 최 모 씨가 제조를 잘못해서 가스가 차서 폭발해버렸다. 냄새가 진동하여 교도소가 뒤집히고 교도관이 달려왔다. 그러나 교도소에서 꼴통으로 소문난 그는 아무 문제가 없었다. 그리고 지금도 그때 만난 소년수들과 긴밀히 연락을 하고 있다나?

교도소에선 아침을 일곱 시에, 점심을 열두 시에 먹는다. 저녁은 네 시 무렵에 소위 운반이라는 소리와 함께 밥 수레가 움직인다. 여섯 시까지 교대를 하고 퇴근을 해야 하니 다섯 시 무렵에는 만찬을 끝내야 한다. 한참 해가 떠있을 때 밥을 먹고 긴 긴 밤을 보내야 하니 재소자들도 고역이다. 그래서 군것질을 하고 바둑이나 장기를 두고 책을 읽는 사람도 있다.

교도소 내에서 두목급들은 가끔 민속놀이(화투)를 즐긴다. 미리 모사를 꾸민다. 각자의 방이 다르기에 폐방할 때 잡범들을 자기 방으로 보내고 거물급들이 한 자리에 모인다. 사람 숫자만 맞추면 되니 이 정도는 일도 아니다. 그리고 눈치 빠른 재소자로 하여금 망을 보도록 한다.

준비한 거울을 비춰 교도관의 움직임을 주시하다가 접근하면 기침을 한다. 그러면 바로 민속놀이를 중지하고 자는 척 한다. 가히 '오스카상 연기대상' 감이다.

화투 칠 때 동전과 지폐는 필요 없다. 검정 바둑돌을 천 원, 흰 바둑돌을 만 원으로 통용하여 밤새 즐기며 민속놀이를, 그것도 숙박료가 전혀 없는 국립호텔에서 만끽한다고 상상해 보시라. 어디 라스베가스에 비하랴. 소위 주먹들이 꼭 돈을 따먹기 위해서라기보다, 시간을 메꾸기 위한 수단으로 화합과 단결의 '대동한마당 잔치판'을 벌이는 것이다.

그러던 어느 날 허겁지겁 ㄱ 두목이 뛰어왔다.

"성님, 요것 좀 갖고 계십시오."

뭔가를 후딱 던져놓고 가버렸다. 그리고 얼마 후 검찰이 압수수색을 하러 덮쳤다.

그것이 무엇인지 모른다. 아니 알아도 의리상 밝힐 수 없다.

춘천교도소에서의 추억

앞에서 고백했던 것처럼 나는 1986년 2월, 전두환의 초도순시 때 악질 파출소장에게 쇠붙이(?)를 선물하여 구속되었다. 양심수들과 광주 건달들과 전 미결수들의 단식투쟁, 그리고 강아지 사건 등. 나는 그 사건을 정당방위라고 주장했으나 고등법원에서 1년 6월의 실형을 선고받았다. 대법원에 상고를 해봤자 손해라는 생각에 포기했다. 그러던 1986년 12월 16일, 아침 일찍 보안과 직원들이 미안한 표정으로 문을 두드렸다.

"회장님, 참말로 거시기 합니다."

"왜? 벌써 이감이오?"

"네, 죄송합니다."

"당신들이 미안할 게 있소? 전두환 그 호로XX가 문제지."

"죄송하지만 포승을 해야겠습니다."

"도망가지 않을 테니 묶지는 말도록 합시다."

"거물급 인사라 수갑도 채우고 또……."

"XX, 내가 무슨 거물이요? 고물이지."

"과장님, 어떻게 할까요?"

"지미, 만약에 묶으면 차에서 뛰어내려버릴 거요. 좋게 협상합시다. 전화기나 주시오. ……. 여보, 나요."

"아니 뭔 일이요? 석방되었소?"

"……. ○○엄마, 나 이사가요."

"예? 어디로요?"

"강원도 춘천으로 간다요."

"뭘 그렇게 멀리 보내분다요?"

"그랑께 면회 오지 마시오. 미안."

오지말라고 해도 못난 서방 찾아 천리 길을 올 아내를 생각하니 눈물이 났다. 교도관들 앞에서 약한 모습을 보이기 싫어서 전화를 끊었다. 호송차는 혜은이가 노래한 제3한강교 강줄기를 따라 강원도 춘성군 신동면 거두리 '춘천교도소'에 도착했다. 광주 교도관들과 이별을 하고 춘천교도관들과의 만남이 시작됐다. 미결수에서 기결수로 확정되면 머리카락도 잘라야 하고 완전 범죄자로 취급된다. 나의 교도소에서의 투쟁 경력이 보고되었을 것이다. 그래서 짧게 머리카락도 안 밀고, 설마 내 몸에 무슨 짓을 하랴 자만하며 춘천으로 이송되었다. 고분고분해야 할 사람이 광주에서 먼저 이감한 광주 후배 이기주의 이름을 부르며 교도소를 활보했다. 전○○이 ○○교도소의 '또라이'라면 36년 전 1986년 춘천교도소의 '또라이'는 바로 나였으니 쯧쯧.

난데없이 경비교도대들이 덮쳤다. 그리고 포승줄이 아닌 76개의 고리로 된 쇠사슬로 꽁꽁 묶었다. 강제삭발이 된 채 먹방에 처박혔다. 아무 것도 보이지 않았다. 분하고 자존심이 상했다. 밥을 먹어도 개밥을 먹어야 했다. 한 마디로 X 돼부렀다. 이리 저리 움직여 겨우 대변을 볼 수는 있었지만 이런 수모를 당하느니 차라리 죽는 게 낫다는 생각을 했다. 그래, 나 하나 죽어서 인권이 회복된다면 하는 심정으로 문짝에 헤딩을 했다. 처음에는 아팠는데 신경이 무뎌졌다. 얼마 후 문 열리는 소리가 들렸다. 나의 일거수일투족을 감시하는 CCTV가 설치돼 있어서 교도관들이 제지에 나선 것. 다른 공안기관에서도 자살하려고 한 적이 있었다. 거기는 만약에 내가 죽어버리면 안 될 듯 싶어서 봐줬는데, 춘천은 진짜 악바리들이었다. 얼굴에다 방송구를 씌워서 죽지도 못하게 했다. 나중에 알았는데 그럴만한 사정이 있었다.

1986년 10월 28일, 건국대에서 26개 대학 2,000여 학생들이 '애학투련 결성식'을 갖고 전경들과 대치했다. 4일간 농성하다 1,500여명을 연행하여 1,290명을 구속한 소위 '건국대사건'이 터졌다. 공안당국이 작전을 해서 국민들에게 홍보하려고 했다는 의혹의 건국대 사건. 단일 사건으로는 세계에서 제일 구속자가 많았다. 그 사건 이후 전국 교도소에 공안통치가 시작됐는데 광주의 환상에 빠져 상황 판단을 잘못하고 화를 자초한 것이다. 혀를 깨물고 죽을 수도, 벽에 부딪혀 죽을 수도 없는 뭣 같은 운명이었다. 민가협 어머님들이 연합하여 농성을 한 덕분에 크리스마스 이브인 12월 24에 먹방에서 풀려났지만, 영화의 한 장면보다 혹독한 대접을 받았으며 지금까지도 그 후유증에 시달리고 있다.

춘천교도소에서 내가 수번 1208번을 달고 먹방을 탈출한 지 20일이 지난 1987년 1월 14일은, 박종철 열사가 남대문 대공분실에서 죽음을 당한 날이다. 담당의사에 의해서 고문치사가 폭로되고, 전두환은 간선제를 고수하기 위한 '4·13 호헌 조치'를 고집한다. 그러자 양심수들은 5월을 맞아 전국 교도소에서 단식투쟁을 감행했다.

"학살학살 광주학살 전·노 일당 처단하자"
"광주학살 비호하는 미국놈들 몰아내자"

결국 모두 끌려갔다. 다른 양심수들에겐 강제급식을 시켰다. 내 차례가 왔다. 여사에서 처절한 구호가 들려왔다. 그 눈물겨운 샤우팅은 어쩔 땐 포효로, 어쩔 때는 할머님의 다듬이 소리, 어머님의 자장가로 들리는 응원가였다.

"만약에 강제급식을 강행하면 혀를 깨물고 자살하겠다."

교도관들이 과장의 눈치를 봤다. 고개를 가로저었다.

그래서 지속적으로 단식을 하고 있었다. 자식들이 걱정된 민가협 어머니들이 찾아왔다. 살아서 투쟁해야 하니 밥을 먹고 기운내서 싸우라고 하셨다. 5월의 아픔을 딛고 국민들은 6월 항쟁으로 맞섰다. 그 과정에서 연세대생 이한열의 죽음은 항쟁에 불을 붙였다. 국민들의 민주화 요구가 거세지자, 노태우 민정당 대표는 '6·29 항복 선언'을 할 수밖에 없었다.

8개항 선언의 첫 번째는 직선제 개헌이었으며 소수를 제외한 양심수 석방도 포함되었다. 교도소내의 분위기는 그야말로 꽃 피는 봄날이었다. 원수 같은 교도관들도 예뻐 보였다. 만기 석방까지는 두 달밖에 안 남았지만, 다른 양심수들과 함께 출소하여 가족과 동지들을 만난다고 생각하니 흥분이 됐다. 머리 속으로 기와집도 지었다 부수고 빌딩도 지어보고. 특히 연약한 몸으로 춘천 하늘을 울렸던 그 여학생들과 함께 교도소를 탈출한다고 하니 좋아서 날아갈 것 같은 그 기분을 누가 알랴. 1987년 6월, 35년이 지났지만 6·29항복 선언의 감격을 잊을 수 없다.

춘천에서의 만기 석방

6·29 항복 선언 이후 집에 간다고 생각하니 설레었다. 그렇지만 불안한 마음도 들었다. 전원석방이 아니라 선별석방을 한다고 하니 그 기준이 어떨지 궁금했다. 그러나 대부분의 교도관이나 양심수들은 내가 잔여 형기가 얼마 남지 않았고, 5·18부상자회 회장인데 뭘 걱정하느냐고 했다.

그렇지, 우리 회원들도 밖에서 힘쓸 것이며, 또 못 나가더라도 두 달밖에 안 남았으니, 물구나무를 서서라도 못 버티겠느냐며 마음을 다스렸다. 그러던 중 국가보안법 위반으로 구속된 광주 출신 채모 학생이 운동시간에 말을 꺼냈다.

"회장님, 출소를 축하드립니다."

"너도 같이 나갈 것인데 뭘 걱정하냐?"

"저 놈들이 국가보안법 관련자를 석방시키겠습니까? 저도 1년밖에 안 남았으니 염려마십시오."

"아이쿠, 만약에 나만 나가면 미안해서 어쩌냐?"

"가만있어도 세월은 잘 돌아간께 염려마이시오."

"쳐죽일 놈들이 내줄려면 한꺼번에 풀어주지."

"회장님, 부탁이 있습니다."

"뭘?"

"……."

"아니 얘기해봐라. 뭘 망설이냐?"

"미안하지만 남은 세면 도구랑 물품들 모두 저에게 주고 가시면 안 됩니까?"

"당연히 그래야지. 나가면서 영치금도 조금 넣고 갈테니 잘 살아라."

"네, 우리 집에 안부나 전해주세요."

법무부에서 선별석방 분류작업을 하느라 시간이 걸렸다. 그리고 운명의 7월 8일, 양심수 석방이 이뤄졌다. 청년운동을 했던 송모 후배와 다른 지역 양심수들이 나갔다. 국보법 위반이라 못 나갈 것이라던 채모 후배도 나갔다. 그 사동에서는 나만 빼고 모두 석방되었다. 섬 속의 갈대 같았다. 미치고 환장한다는 표현을 써야 할까. 정말 돌아버릴 것 같았다. 살인마 전두환, 그 짐승만도 못한 놈, 아니 최○○ 파출소장도 갈아 마시고 싶었다. 수건 한 장과 칫솔만 놔두고 모두 줘버렸으니 쯧쯧. 그거야 구입하면 되니 걱정 없었다. 시간이 흐르면 만기석방 되겠지만, 철석같이 석방될 것이라 믿고 있을 부모님과 아내와 자식들 생각에 분노가 치솟았다. 미안함과 그리움이 밀려왔다. 눈물이 났다. 어머님과 아내는 더 가슴앓이를 하며 흐느끼고 있을 것인데 어쩌나? 무릎을 꿇고 고향의 부모님과 아내를 향해 서럽게 노래를 바쳤다.

"낳으실 제 괴로움 다 잊으시고 기르실 때 밤낮으로 애쓰는 마음…….”

“일출봉에 해 뜨거든 날 불러주오 월출봉에 달 뜨거든 날 불러주오…….”

1987년 7월 8일, 뜬 눈으로 밤을 샜다. 텔레비전을 통해서 다른 양심수들의 석방을 보며, 못난 자식을 기다렸을 부모님과 아내 생각에 진짜 미쳐버릴 것 같았다. 그런데 어리석은 나는 순서대로 풀어줄지 모른다고 그 다음 날까지 기다렸다.

낙심하고 있는데 교도소 간부가 찾아왔다. 1986년도에 광주 교도소에서 알았던 후배가 승진을 하여 춘천으로 전출을 온 것. 당시만 해도 누가 아군인지 적군인지 모르는 상황이라서 행여 미행을 하거나 정보를 캐려고 교정국에서 보낸 것이 아닌가 의심도 했다. 그래서 속마음을 전하지 못하고 간단한 심부름만 시켰는데 응해줘서 고마웠다. 후배의 입장에서는 공안사범을 만나러 온 것과 아내에게 전화를 해준 것도 대단한 배려였고 모험이었을 텐데, 그 당시 상황은 불신의 시대였으니 어쩌랴.

불효자식 때문에 힘들어할 부모님 생각을 하니 밥을 먹을 수가 없었다. 그래서 7월 10일부터 단식을 했다. 예수님은 40일간을 견뎠다는데 고작 20일을 단식하다 쓰러졌다. 그래서 의무병동에 입원했다. 하루하루가 또다른 징역이었다. 책도 눈에 안 들어오고 시간이 더디게 흘러갔다.

자존심을 버리고 교도소에 얘기하여 출소 하루를 놔두고 고향 후배를 만났다. ‘서울대 깃발사건’으로 구속됐다가 7·8 조치 이후 춘천으로 이감 온 민○○였다. 시골에서 서울대에 입학했으면 출세할 것이라고 기대했을 텐데, '민족의 원수 전두환 일당'을 잘못 만나서 인생행로가 바뀌어버린 후배가 고맙기도 하고 미안하기도 했다. 줄 것이라곤 마음 뿐, 그리고 보물처럼 아꼈던 연필 한 자루를 몰래 선물하고 병사로 왔다. (흔한 연필이지만 그 당시 교도소 안에서는 귀했다) 그러다가 잠이 들었다.

"아니 안 나가실 겁니까?"

"예? 뭣이 좋다고 여기 있겠소?"

"교도관 23년 했는데 당신 같은 사람은 처음 보요."

"뭔 소리다요?"

"다른 사람들은 출소 전날 밤은 잠을 설치던데 당신은 코를 골면서 주무시더군요."

"아, 네? 제가 속이 없나 봅니다."

"얼른 나갑시다. 새벽부터 부상자회 회원들이 와가지고 빨리 문 열어주라고 난리요. 북소리와 구호소리 때문에 다른 재소자들이 시끄럽다고 하니 얼른 준비해서 나갑시다."

8개월 동안 이른바 '폭도'를 품어줬던 15척 담장을 나오는데, 평생 잊을 수 없는 동지들의 구호 소리와 노래가 새벽을 깨웠다.

"나 태어나 이 강산에 투사가 되어……."

"오월 그날이 다시 오면 우리 가슴에 붉은 피! 피! 피! ……."

울컥했다. 천리 길을 달려온 80여명의 5·18회원들과 가족들이 춘천의 새벽을 두드리며 반기는데 어찌 울지 않을 수 있겠는가! 1986년 2월 16일에 집을 나와 1987년 8월 29일까지 1년 6개월 13일을 전두환 때문에 감옥에 갇혔다. 어디 나 뿐일까?

망월동 구 묘역 참배와 부모님과의 재회

몇 개월 전 강원도의 어느 산골을 갔다. 그곳에는 박정희 대통령의 사단장 시절 사택을 자랑하는 듯한 안내문이 지금까지 남아 있었다. 그 깊고 오묘한 뜻을 이해할 수 없지만, 접경지역을 둔 강원도의 정서 때문이 아닐까 하는 생각이 들었다.

춘천 교도소는 광주교도소의 0.72평보다는 넓은 2.5평이라 호화주택 같았다. 그런데 겨울이 되니 추위가 엄습했다. 변기통의 물도 얼어버렸다. 그보다 혹독한 것은 보수적인 곳이어서 5·18에 대해서 얘기하면 '폭도', '빨갱이' 취급을 받았다. 다행스러운 것은 교도관의 상당수가 호남 출신이어서 그나마 위안이 되었다. 서울의 변두리에 호남 사람이 많고, 양심수의 3분의 1도 호남 출신이다. '빵투'를 할 때에 마지막까지 '깡다구'로 버틴 사람도 호남 출신이었다. 외침과 6·25 등 한국 근현대사의 굴곡을 겪어낸 저력이 아닐까 생각하며 춘천교도소 정문으로 향했다. 20일간의 단식으로 82㎏ 몸무게가 58㎏가 됐으니 송장이나 다름없었다. 그러나 강한 모습으로 걸었다. 광주에서 강원도 춘천까지 온 부상자회 회원들이 정문을 개방하라고 정문을 두드리고 흔들어댔다. 이삼십 분을 난리쳐도 소용없었다. 저녁 9시에 광주에서 출발하여 새벽 3시에 춘천교도소에 도착한 회원들께 너무 미안했다. 그래서 할 수 없이 쪽문을 통해 출소했지만, 자존심이 너무 상했다.

회원들과 악수를 하고 나서 여섯 살짜리 아들을 껴안고 구호를 외치고 오월의 노래를 불렀다.

"선별 석방 웬말이냐 모든 양심수를 석방하라!"
"5월정신 계승하여 민주정부 수립하자!"
"광주학살 규명하여 전·노 일당 처단하자!"
"광주학살 배후조종 미국놈들 몰아내자!"

꽃잎처럼 금남로에 뿌려진 너의 붉은 피
두부처럼 잘리워진 어여쁜 너의 젖가슴
5월 그날이 다시오면 우리 가슴에 붉은
피 솟네 5월 그날이 다시오면 우리 가슴에
붉은 피! 피! 피!

'만세삼창'으로 춘천에서의 환영 및 규탄집회를 마치고 두 대의 버스에 올랐다. 버스에서 논쟁이 벌어졌다. 7,8월 노동자 대투쟁 현장을 격려방문 하자며 김○○ 동지가 강력히 주장했다. 그는 5월항쟁 때 기동타격대원으로 마지막 새벽을 지켰고, 1986년에는 구속되어 재판을 받던 중, 판사에게 '전·노 일당의 하수인의 판결을 인정할 수 없다'며 검정 고무신을 던져서 6개월의 추가를 감수했던 동지였다. 그때만 해도 노동운동과 연대를 하지 않았던 회원들이 많아서, 우리는 광주 5·18 망월 묘역으로 향했다.

외롭거나 힘들 때 위로가 됐고 용기를 줬던 묘역. 지금이야 어느 누구, 특히 정치인들이 의례적으로 찾는 국립묘지이지만, 초창기에는 위령제도 못 지내게 했던 곳. 정치인이라고는 박찬종 변호사만 단골로 참배했다. 유가족 한 분이 흐느끼며 잡초를 뽑고 있었다. 또 눈물……. 권력기관의 지하실에서 독하게 버티며 큰 소리를 쳤다고 해서 독종이란 별명을 얻었지만, 나 역시 연약한 인간이어서 눈물을 흘렸다.

'님을 위한 행진곡'을 부르며 투쟁의 결의를 다졌다. 어떤 여대생이 '꽃다발'을 안겨줬다. 처음으로 받은 꽃다발과 그 향기는 지금도 가슴에 남아있다. 나에게 꽃다발을 건넨 사람은 개방형 5·18 묘지관리소장으로 재직하다 운명을 달리한 '박경순 동지'였다.

망월묘역을 나와 1986년 2월에 인연을 맺은 광주교도소에 구속 중인 양심수들을 응원하러 갔다. 그러나 문을 열어주지 않았다. 가만있을 회원들이 아니었다. 마침 농구골대가 있어 밀어붙였다. '광주에서 뺨 맞고 너릿재에서 눈물 흘린다'나? 춘천에서 못다 한 한풀이를 광주에서 쏟아냈다. 그러나 광주의 교도관들은 너그러이 보듬어줬다. 아픔을 껴안아주는 주먹밥 공동체 광주에 감사하며 화순군 청풍면 차리, 고향집으로 갔다.

여장부 같은 어머님은 그래도 못난 놈이 예쁜지 웃고 계셨다. 일본으로 징용 끌려갔고 6·25 때에도 고초를 겪은 아버님께서는, 환갑 때와 여동생 인숙이가 유가족인 친구 병남이와 결혼 후 죽었을 때 한복을 입으셨다. 그런데 또 한복을 입고 계시는 것이 아닌가? 눈물이 나왔다. 불효자식이 부모님 앞에서 눈물을 짜는 것도 사치이고 예의가 아니라서 참았다.

“동네 어르신들께 인사나 드리고 오너라.”

35년이 덧없이 가버렸다. 아직까지 5·18 진상은 밝혀지지 않고 있으며 살인마는 한마디 반성이나 사과도 없이 살다가 2021년 11월 23일 죽어버렸다. 5월가족은 우울증에 시달리다 서서히 떠나가고 있다. 한국의 근현대사를 눈물과 슬픔으로 사신 부모님도 세상을 떠나셨다,

그리고 2022년, 지금은 온 인류가 코로나와의 전쟁을 치르고 있다. 그래서 그해의 5월이 사무치게 그리워진다.

파친코와 부동산 투자 유혹의 덫

1987년, 춘천교도소에서 18개월 만기출소 끝에 고향인 화순에 돌아왔다. 그런데 오랜 단식 이후 복식을 잘못한 바람에 몸이 엄청 망가진 상태였다. 그러나 집에서 쉴 수만은 없어 화순과 광주로 나갔다. 대부분의 도시는 6·29 이후에 '민주쟁취국민운동본부'(국본)가 와해됐지만 광주와 화순은 건재했다. 그리고 국본 조직이 중심이 되어 대통령 선거를 준비하고 있는 상황이라 바빴다. 그러던 어느 날 문중의 형님 되는 분이 보자고 했다.

"아우야, 교도소에서 고생 많았지?"

"뭘요? 견딜만 했습니다."

"면회도 못 가보고 미안하다."

"무슨 말씀이십니까? 오히려 제가 문중 어르신들께 걱정을 끼쳐드려 죄송하지라."

"니가 문중의 종손 아니냐? 이제는 부모님 속 썩히지 말고 잘 해드려라."

"저도 부모님께 효도를 하고싶지라. 근디 전두환과 노태우가 저렇게 살아 있는데, 어떻게 집안 일만 할 수 없지 않습니까?"

"니 심정도 이해가 된다만 너도 이제 그만 고생하고 살길 찾아야할 것 아니냐?"

"네, 제가 알아서 하겠습니다."

"요즘 광주에 파친코인가 뭔가가 잘 된다고 하드라만."

"형님, 뭐라고 하셨습니까?"

"왜? 파친코라고 했다만."

"누가 그런 정보를 주던가요? 안기부 놈들이 그러던가요? 그건 불법이어라."

"흠, 나도 들은 얘기다. 다른 사람들이 한다던데 니가 하면 누가 잡아넣겠냐?"

"형님, 돈벌이는 될지는 모르지만 광주시민의 피를 빨아서 돈을 모으면 천벌받아라."

"너무 부정적으로 생각만 하지 말고 한 번 생각해봐라."

"저를 생각하고 하신 말씀일지 모르나 어떻게 양심을 팔겠습니까?"

"어차피 조직을 하려면 돈이 필요할 게 아니냐? 기회는 자주 오는 게 아니다."

"형님, 없는 얘기로 하겠습니다."

"돈을 벌어서 좋은 일을 하면 될 것 아니냐? 생각해보고 연락해라."

문중 형님과 헤어지고 나서 기분이 찝찝했다. 그리고 집에 들어와서 아들 녀석이 자는 모습을 봤다. 아빠를 잘 못 만나 사랑도 못 받고 엄마 따라 교도소를 면회 오던 아들. 저 가엾은 아들에게 뭘 남겨주나 생각하니 막막했다. 눈 한 번 딱 감고 돈을 벌어서 가정도 돌보고, 우리

5월단체에 투쟁자금도 지원하며, 곤란한 회원들을 도와줄까 생각도 해봤다. 그런데 그 돈이 5월항쟁을 함께했던 시민들의 피눈물이라는 생각이 들었다. 어리석은 생각을 한 내 자신이 부끄러웠다. 그래, 돈을 짊어지고 하늘나라에 가는 것도 아닌데 나쁜 생각을 버리자. 딱 하룻밤 고민을 하고 평정심을 찾았다.

1987년 광주 학생회관 골목에는 실제로 불법 파친코가 성행했다. 몇 분이 바지사장을 두고 영업을 하고 있었다. 떼돈을 벌었다는 소문도 돌았다. 파친코의 유혹에서 벗어나니 모 기관원이 접촉을 해왔다. 농공단지에 관한 것과 부동산 개발정보를 주겠다는 것. 김영삼 정권 때는 렉카차 사업 제안도 있었다. 그런데 벌금을 그냥 내겠는가? 세계적인 육두문자를 쏟아낼 게 뻔하다. 아무튼 군부독재에 맞서면서 수많은 유혹을 뿌리쳐야 했다. 그러다 보니 해놓은 것도 없이 42년의 세월을 보내버렸다. 단 한 번도 월급을 받아보지 못하고 가장 노릇도 못한 인생, 그러나 풍요롭지 못한 삶을 살지만 절대 후회는 없다.

강경파인 우리들에게 공안당국에서 취업을 시켜준다고 했다. 그때 후배들만이라도 살길을 찾아라고 했어야 했는데 유연하지 못했다. 참으로 미안하다.

5월은 5월가족들에겐 숙명이 평생을, 아니 죽어서도 지고 가야할 빚과 빛. 그래서 부끄럽지 않으려고 한다.

무명 시민군 이춘기

전·노 정권의 폭압통치에서 이철규 사건이 터졌다. 조선대생 이철규는 참 잘 생겼다. 그리고 성격도 좋고 인사성도 밝았다. 나는 그를 1986년에 광주시 북구 문흥동 88-1 광주교도소에서 만났다. 그런데 2년이 흐른 후《민주조선》사건으로 수배 중이었다가, 광주 제 4수원지에서 변사체로 떠올랐다. 그러자 광주가 발칵 뒤집혔다. 마침 노태우 정권 퇴진투쟁본부 공동본부장으로 활동하던 시절이라 이철규 사인규명 투쟁과 연계했다. 전남대병원 사거리부터 남광주 시장 입구까지 열린공간이 됐다. 이철규 열사 부모님은 장성의 논농사를 포기하고 떠나버린 자식을 위해 광주에서 상주했다. 전·노 정권에 한 맺힌 광주 시민들은 날마다 모여서 투쟁했다. 그러던 어느 날 '5·18낙지전문점' 이춘기 씨가 말했다.

"이 회장, 나랑 오늘 저녁에 나주 다도에 갔다 옵시다."

"뭔 좋은 일이라도 있소?"

"아무 말 말고 얼른 출발합시다."

"그래도 내가 여기 지도부인데, 자리를 비우려면 합당한 이유가 있어야 할 것 아니오?"

"학생들이 고생을 하니 촌닭이라도 잡아다 죽이라도 써줘야 마음이 편할 것 같아서 그라요."

"와따, 우리 이춘기 씨가 생긴 것은 뭣 같은디 진짜로 의리파이구만 이라잉."

"눈깔이 하나 더 있응께 그래야지라."

"뭣이여, ㅋㅋ?"

그래서 밤에 나주 다도면 소재지에 갔다. 그리고 어느 초가집에서 닭장으로 접근했다. 닭서리를 많이 해봤는지 잽싸게 큼직한 암탉을 품고 나왔다. 빨리 가자고 눈짓을 했다. 그날 밤 시골의 자갈길을 질주하였다. 수배 중일 때는 트렁크에 타서 곤욕을 치렀는데 그 때의 추억이 떠올랐다.

"○○엄마, 얼른 죽이나 쓰소."

"예 알았소. 근디 뭔 닭이 요렇게 오동포동 하다요."

"징허니 크고 맛있겄제. 학생들이 건강해야 투쟁도 잘할 것 아니여."

"집이는 투쟁헌다고 허면 사죽을 못씁디다 예."

"우리 새끼들을 위해서 그런 것 아닌가?"

"그나저나 얼마 주고 사왔소?"

"내가 돈 주고 사왔겄는가?"

"그럼, 어디에서 얻어갖고 왔단 말이요?"

"아니, 잠시 빌려갖고 왔네. 처갓집에서."

"머시라고라? 늙은 장모님이 쎄빠지게 키운 씨암닭을 훔쳐갖고 왔다고라?"

이제 공소시효가 지나서 밝힌다. 이춘기 씨는 처갓집만 알려줬고, 망은 내가 봤으며, 닭서리는 하영우가 했다. 1065호실에 함께 입원했던 우리는 주범과 공범관계였다.

고생하는 학생들은 그날 포식을 했다. 이춘기 씨는 배움은 부족했지만 인정도 있고 의리도 대단했다. 1990년 7월 19일에 수배중인 내가 김인곤 의원 차에 탄 채 견인을 당할 때였다. 달리던 렉카차가 급브레이크를 밟았다. 한 사람이 차 앞에 누워버렸다. 이춘기 씨였다. 그는 법정에서도 판사에게 의자를 던져 20일간 구류를 산 정의파였다. 가난한 학생들이나 회원들에게는 공짜로 대접하고 부인 몰래 용돈도 자주 줬다.

남구 방림동 금호맨션에서 함께 살 때의 일이다. 내가 해줄 수 있는 일을 찾았다. 나는 이춘기 씨의 딸을 수능시험장에 태워다 줘야겠다고 하며 운전을 했다.

"○○아, 오늘 시험 차분히 잘 봐라잉."

"네, 아저씨가 태워다 주셔서 고마워요."

"차가 있으니 당연히 태워다 줘야지. 이런 걸 두고 고맙다고 하느냐? 쑥스럽게……."

"아저씨, 3년 전 연합고사 볼 때는 겁나게 추웠는데 어쩐 줄 아세요?"

"왜 택시 타고 시험 보러 안 갔느냐?"

"다른 애들은 고급 승용차에서 내리는데, 나는 아빠 짐발이 자전거에서 내릴려고 하니 얼마나 창피했겠습니까?"

"아빠가 자전거로 태워다 줬다고? 허허."

"저는 그때 얼마나 상처를 입었는데요."

"아니야, 아빠가 돈이 아까워서가 아니라 너를 끔찍히 사랑하기에 추운 날씨임에도 자전거를 운전했을 것이다. 아빠는 훌륭한 분이다."

이철규 사건 때 인심 쓰면서 돈을 번 이춘기 씨는 버스정류소 쪽으로 이사를 했다. 상호도 5·18부상자동지회집에서 5·18낙지전문점으로 바뀌었다. 그리고 수능시험장에 바래다줬던 ○○은 서울에서 대학을 졸업하고 지금은 결혼해서 잘 살고 있다. 새벽에 남광주시장에 가서 장을 보며 셔터맨이 된 이춘기 씨. 그는 간에 총알을 품고 살았으니 얼마나 고통스러웠겠는가? 그래도 약과 술로 인생을 달래며 투쟁현장에는 언제나 등장했다. 그러나 술과 스트레스를 이길 장사가 어디 있으랴. 결국 정신병원을 전전하다 세상을 등졌다. 막걸리를 나르던 짐발이 자전거도 한국에서 사라졌다. 그러나 상호가 바뀐 채 '5·18 낙지전문점'은 그대로 남아있다. 또한 코로나 상황 속에서도 수능시험은 치러진다.

해마다 수능 때가 되어 전남대병원 앞을 지나갈 때면, 함께 고생하며 투쟁했고 소통했던 의리파, 이름 없는 시민군 이춘기 그 양반이 그리워진다. 낙지대가리를 씹으며 전두환과의 투쟁을 결의했던 김현채는 구 묘역에 누워있고, 목발의 사나이 이세영과 동지들은 보훈병원에 입원해 있다. 수많은 회원들은 우울증에 시달리고 있고, 자살은 늘어나고 있건만 5월 관련 입법 제정은 제대로 이뤄지지 않고 있다.

양김 분열과 민화위, 그리고 '오부동'의 탄생

1987년 8월 29일에 춘천교도소에서 만기출소 후, 세상이 바뀐 것 같은 환상에 젖었다. 민주쟁취 국민운동본부가 군 단위까지 조직되어 있었으며, 나도 모르게 화순 공동의장으로 추대돼 있었다. 그러나 6월 항쟁으로 쟁취한 직선제는 결국 야권의 분열을 자초했다. 그 당시에 김대중에 대한 비판적 지지론과 후보 단일화파로 나뉘었다. 나는 김종필은 그렇다 치고 양김만은 분열되면 안 된다는 순수한 생각으로 단일화만이 승산이 있다고 판단해서 오해를 산 적도 있었다. 광주·전남의 정치 지망생들은 대부분 '비지론자'들이었다. 아무튼 대선에서 형 먼저 아우 먼저는 사라졌다. 그래도 양심적인 DJ는 "만약에 양김이 차이가 안 나면 내가 양보할테니 얘기해달라"고 했단다. 그러나 어마마한 군중에 마취된 채 선거운동은 막바지까지 계속됐다.

나는 김대중 총재의 동선을 따라 다녔다. 화순광업소 쪽으로 온다고 해서 몇 시간을 기다렸고 보라매든 여의도나 대구(그곳에서 김부겸 동지를 만났다), 대한민국 어디든지 '광팬'이 되어 쏘아 다녔다. 5·18 비디오를 틀어주면서 절대로 노태우가 되어선 안 된다고 포효

했다. 안될 줄 알면서도 나에게 최면을 걸며 1987년 겨울을 달궜다.

중립적인 모양새로 '국본'은 움직였다. 5·18특별위원회의 광주 실무자로 서울 종로 YMCA 회의에 자주 참석했다. 노태우 후보의 아킬레스건인 5·18로 공략을 하는게 좋겠다는 전략이었던 것 같다. 회의에는 법조계·종교계 등 전국적 명성이 높은 분들이 함께했다. 이상수 변호사와 종교 지도자들은 식당에 가면, 좋은 자리는 꼭 나에게 양보를 해서 거절했지만 여간 쑥스러웠다. 그것은 개인 이지현이가 아니라, 당신들이 빚진 광주에 대한 배려였으리라.

4자필승론까지 대두시키며 양김은 양보를 하지 않았다. 미국 CIA의 여론조작에 의해 양김이 끝까지 가버렸다는 설도 있었다. 각 진영은 정치적 명운을 걸었다. 그런데 변수가 돌출했다. 대통령 선거 하루 전인 1987년 12월 19일, KAL기 폭파사건이 터졌다. 예상대로 선거는 패배했다. 화순지역 국본 공동의장인 이수헌 약사, 정종득 목사, 이차복 대표, 그리고 김성인, 문성인(예명 정세현, 법명 범능 스님), 정중구, 김석원, 차재석, 조영준, 배성숙, 문행주, 김승원, 변재덕, 노종진, 김황제, 안호걸, 대학생으로 파견 나온 꽃님이(이현미) 등 20여 명이 화순군청 앞에 모였다. 당시 임용철을 비롯한 고등학생들도 '국본'의 심부름을 열심히 했다. 최선을 다했지만 야권분열과 부정선거로 인해 6월항쟁은 빛을 잃었다. 우리는 개표가 끝난 화순군청에 모였다. 그리고 허탈한 마음으로 어깨동무를 한 채 노래 불렀다. 참으려 해도 눈물이 났다.

내 머리는 너를 잊은지 오래

내 발길도 너를 찾은지 너무도 오래
오직 한 가닥 타는 가슴 속 목마름의 기억이
신새벽에 남몰래 쓴다 민주주의여 만세
만세 만세 민주주의여 만세

—김지하 「타는 목마름으로」 일부

노태우 씨가 부정선거를 통해 정권을 탈취해버렸다며 서울 구로구청과 대한민국 곳곳에서 시위가 일어났지만, 분열을 패인으로 인식했는지 동력이 약했다. 6월항쟁의 성과가 민주정부의 수립으로 연결되지 못한 뼈저린 상처. 민중들이 쏟은 피땀은 언제나 희생으로 끝나고 만 우리 역사의 한 단면이었다. 노태우 씨는 자신들의 치부를 감추며 청와대로 가는 비단길을 위해 묘책을 내놨다. 각계각층의 사람들을 들러리로 '민주화합추진위원회(민화위)'를 꼭두각시로 내세우기로 한 것이다. 그리고 악마의 손길을 광주로 뻗치기 시작했다.

내가 1986년에 구속된 후, 광주의거 부상자회를 ○○신문 기자 출신이란 분이 갑자기 나타나서 장악해버렸다. 공수부대에 쫓기다가 찰과상을 입은 박○○씨는 전남대 병원에서 3일 동안 치료한 기록이 있었다. 보성에서 국회의원 선거에 출마한 적도 있었던 정치지향적인 인물인데 처세의 달인이라고도 했다. 광주의 ㄱ목사에게 시계를 선물했더니 예배시간에 자랑했다나? 아무튼 자신의 또래와 순식간에 친구가 돼버리고 회원들을 포섭하는 탁월한 능력을 가진 분이었다. 그래서 관변화되어 가는 모습을 차마 볼 수 없어서 유족회 청년들과 일부 구속자 함께 5·18청년 동지회(5청동, 초대회장 정태영)를 결성하게 됐다.

김영훈, 정길영, 박경순(이상 유족), 김태헌, 이세영, 이순노, 강구영, 전형문, 유춘학(부상자), 김태찬, 하일성, 김현채, 이충영(구속자) 등으로 대단했다. 5청동은 5월의 전위부대로서 노태우 씨에게 최루탄 투척, 최강식 열사 도청 앞 노제 등을 주도했다. 전두환·노태우 정권이 제일 무서워했지만, 광주시민들에게는 독립군 안중근과 같은 존재였다.

광주에서는 ㄱ그룹 박 회장과 박○○ 유족회장, 부상자회 박○○ 회장 등 공교롭게도 박씨들이 민화위에 참여한다는 소리가 들렸다. 그래서 찾아갔다.

"형님, 민화위에 참여하면 절대 안 됩니다."

"왜 안 된다는 것인가? 이미 가기로 했네."

"왜 들러리를 서 줄려고 합니까?"

"호랑이를 잡으려면 호랑이 굴에 들어가야 하네."

"그러다가 호랑이에게 잡히면 어쩔려구요?"

"음, 광주문제를 해결하려면 민화위에 가야 되네."

"형님, 잇속을 챙기려는 것은 아니구요?"

"이 사람아, 말 조심해."

이미 고귀한(?)뜻이 있었던 것 같았다. 오청동 회원들도 요구했고 부상자들의 상당수가 새롭고 강경한 부상자회의 창립을 원했다. 나는 고민이 됐다. 한편으로는 분열을 자초한 것인데 과연 이것이 옳은 것인가? 전계량, 정수만 회장과 구속자들도 노태우 정권과 치열한 싸움을 하기 위해서는 전투적인 모임을 결성해야 한다고 압박했다. 모임을 안 만들면 자칫 맞아죽을 정도의 분위기였다. 그래서 어차피 죽을 바엔 노태우와 싸우다 죽자며 '5·18광주민중혁명부상자동지회(5부동)'를 1988년 2월 14일에 창립하였다.

초대회장 이지현, 부회장 이양현, 심인식, 사무국장 이순노, 총무 김태헌, 박병률 사무차장, 이세영, 서채원, 김선문, 김용환, 유춘학 등이 실무를 맡았다.

후일담이다. 민화위에 참여해서 당신의 목표를 향해 질주하던 박○○회장. 그 양반은 정치적 술수가 탁월했을까, 곧 바로 ㄱ그룹에서 2,000만 원을 도움 받아 사무실을 차렸다. 그 후 야심차게 민자당 전국구 진출을 꾀했다. 우리는 결사적으로 막았다. 그래서 나중에는 한국마사회 상임감사로 발탁되었는데, 몇 년 전에 타계했다. 1988년이 저물어가고 서서히 13대 국회의원 선거가 다가오고 있었다.

여고생 성폭력 사건

부상자 회장이 되어 광주광역시 북구 유동 YWCA 6층 사무실에서 피해자 신고를 받고 있던 때 한 농부가 찾아왔다. 너무 반가웠다. 그러나 한참동안 눈치를 보던 농부가 입을 열었다.

"회장님, 억울해서 드리는 말씀입니다. 꼭 비밀로 해주셔야 합니다."

"네, 염려마십시오. 저는 보안대와 안기부 지하실에서도 안 할 얘기는 안한 사람입니다."

"믿어도 됩니까?"

"아따 성님이라고 합시다. 믿고 말씀해 주십시오."

농부는 한참 눈을 감고 있다가 말문을 열었다.

"제 여동생이 1980년 5월 19일에 성폭행을 당했단 말입니다. 그래서 다음 날부터 학교도 못 갔고 후에 미쳐부렀습니다."

"예?? 뭐시라고라?"

나는 순간 머리에 망치를 맞은 것처럼 멍했다.

여고 1학년 재학 시 하굣길에 공수대원들한테 붙들려서 트럭에 실려 야산으로 끌려가 억울하게 성폭행을 당했단다. 혼자만이 아닌 너댓 명의 여성들이 그런 끔찍한 만행을 당했다는 것이다.

"아니, 짐승만도 못한 놈들 아니오? 구체적으로……."

"5월 19일 저녁에 피투성이가 되어 집에 들어와서, 우리 엄니가 혼자만 알고 다음날 병원에 데려갔다네. 그 후 미쳐버렸어. 그래서 이유를 물었더니 그때서야 엄니가 5·18 때 몹쓸 일을 당했다고 털어놓아서 알게 되었네."

1988년 5공 청문회가 열렸다. 증인으로 참석할 예정인 나는 전남 나주의 한 식당에서 그녀를 만났다. 엉엉 울기만 하는 그녀는 여승이 되어 있었다. 양해를 구하고 뒷모습을 사진 찍어서 청문회에 참석했다. 그런데 청문회 질의를 담당한 김○○ 의원한테 이 사진을 공개하겠다고 했더니 질겁을 했다.

"어렵사리 청문회가 열렸는데 누가 믿겠습니까? 청문회를 거부할 명분을 줄 수 있습니다. 안 됩니다."

나는 한 맺힌 여승과의 약속을 어긴 채 광주로 돌아왔다. 청문회 의원뿐만 아니라 광주의 민주인사들도 성폭력 문제는 금기의 단어였다.

2018년 5월 8일에 중앙지에 김 모 여인의 성폭력 사건이 보도되었다. 용기를 내어 기자에게 유○○의 뒷모습 사진을 보냈다.

"성님, 무슨 사진입니까?"

"어이 동생, 기막힌 사연이 있는데 자네가 보도 해줄 수 있으면 알려줄게."

그래서 5월 9일부터 몇 차례 기사화가 되었고 사회 여론이 들끓자 대통령이 진실을 밝히라고 하였다. 그래서 여가부에서 성폭력 사건 신고를 받게 되었다. 그러나 별 성과 없이 끝났다. 자신의 부끄러움을 내놓고 싶지 않은 피해자들의 입장도 문제였지만, 우리 사회가 그들의 쓰라린 가슴을 진정으로 위로하고 받아줄 준비가 부족하지 않았을까? 어렵사리 5·18진상조사위원회가 태동했지만 그 이면에는 피해자들의 피눈물이 서려있다.

5월의 진상이 어디까지 밝혀질지는 미지수다. 그러나 분명한 게 있다. 42년 전에 피해를 입은 여성들의 인생을 누가 보상해 줄 수 있으랴!

유○○ 성폭행사건 기사로 언론상을 받은 '정대하 기자'가 부상으로 탄 300만 원을 어떻게 의미있게 쓸 것인가 생각하다가 유○○ 씨를 떠올렸다나? 그래서 오빠와 언니에게 전화를 하여 전달의 뜻을 밝혔다. 그러나 절대 안 받겠다는 것이었다. 이유는 두 가지였다. 동정받고 싶지 않다는 것과 그걸 미끼로 얼마나 또 성가시게 할 것이냐는 거였다. 그래서 익명으로 '사랑의 열매'를 통해 전했다.

그녀의 꿈이 학살당하고 인생의 시계가 멈춘 날이 언제였을까? 1980년 5월 19일이 그날이다. 연약한 여성을 지켜주지 못한 조국을 만나 인생이 망가진 여성들, 특히 분신자살한 장 모 여인 등 수많은 여성들에게 너무 죄송하고 부끄럽다.

김영삼, 김대중, 노무현, 이명박, 박근혜, 문재인. 청와대 주인은 여섯 번이나 바뀌었다. 그리고 윤석열 시대가 온다. 그러나 고통의 주인은 항상 피해자이고 국민이다. 그래서 "이것이 나라냐"라는 원성이 드높다.

국가는 왜 존재하는가? 누구를 위해 존재하는가? 그래서 슬픔을 참고 외친다. 이번이 마지막 기회다. 차기 정부와 22대 국회는 5·18특별법 쟁취를 위해 국운을 걸어라. 그래서 불쌍한 국민들의 눈물을 닦아주고 젊은이들에게 희망을 주길 간곡히 바란다.

3

어느 봄날의 약속

국회의사당 점거농성과 김영삼 총재와의 만남

1988년 5공 청문회에서 군인들이 위증을 했다. 우리는 도저히 참을 수 없었다. 상경투쟁을 하기로 결심을 했다. 유가족 실무 책임자로서는 5·18국립묘지 소장을 하다가 숨진 박경순 동지, 부상자회는 김태헌, 이세영, 이순노 등이 맡았다. 곧바로 상경투쟁을 했다. 경호원들이 있었지만 순식간에 청문회장 근처까지 쉽게 진입했다. 우리들이 기습공격을 해서 성공했지만 지금 생각해보면, 일부러 엉성하게 경비를 해서 청문회장에 진입을 유도한 후, 청문회를 중단시키려는 의도가 있었지 않았나 하는 의혹이 드는 대목이다.

아무튼 성난 파도처럼 청문회장 입구까지 도착하여 경찰들과의 난투극이 벌어졌다. 그러나 체력과 수적인 열세를 극복치 못했다. 결국 150여 명의 5월 가족은 서울의 9개 경찰서 유치장에 분산 수용됐다. 그런데 이삼십 명의 경찰들이 내가 있는 남대문 경찰서로 몰려왔다. 그리고 미치고 환장을 할 노릇이 벌어졌다. 이구동성으로 키 크고 눈에 안대를 하고 있는 나한테 집단폭행을 당했다고 뒤집어씌운 것! 억울했지만 누구를 탓하랴. 당시의 여론이 우리들이 오죽했으면 국회에서 농성을 했겠느냐 하는 동정론이 많아서 그날은 다행히 풀려날 수 있었다.

1989년 5월이 찾아왔다. 5월 10일, 5월 투쟁을 준비하기 위해 YWCA 6층에서 회의를 하고 있는데, 조선대생 이철규 동지의 시신이 제 4수원지에 떠올랐다는 소식을 접했다. 그래서 우리는 모든 걸 제쳐 놓고 4수원지로 출발했다. 그때 순발력 있는 서채원 동지가 비디오 카메라로 촬영을 했다. 그 후 학생들과 함께 자리를 시내로 옮겼다. 그때부터 전남대병원 앞에 텐트를 쳤다. 매일 수만 명의 시민이 운집하여 '이철규 사인 규명 대책위원회'를 꾸렸다.

이철규 동지는 1986년에 광주교도소에서 나와 함께 징역을 살았다. 이철규 동지는 면회를 갔다 오는 길에 꼭 들려서 내게 인사를 했다. 예의도 바르며 성격도 활달했다.

5월의 노래 가사처럼 금남로에 5월이 왔는데 타살 의혹이 짙은 사건이 발생하자 광주시민의 분노가 폭발했다.

4수원지 물 위에 떠오른 이철규 열사의 시신은 처참했다. 전남대병원 앞은 매일 수만 명씩, 5월 17일 전야제에는 20만 명까지 모였다. 전남대병원 앞은 텐트촌이 생겼고 '노태우 정권 퇴진 및 이철규 열사 진상규명 5월 투쟁본부(5투본)'가 결성됐다.

다시 투쟁의 횃불을 올릴 수밖에 없었다. 5투본 공동 본부장은 지선 스님(종교 대표), 이강 선배(시민 사회단체 대표), 박종현(노동계 대표), 남대협 의장 조정신(학생 대표), 이지현(5월 대표)이었다. 그리고 정동년 선배와 나는 1989년 7월 20일 사전 구속영장이 발부됐다.

정동년 선배는 자택에서 잠을 자다가 구속을 당했으나 나는 화순의 집으로 가지 않고 정수만 유족회장 댁에서 머무른 덕분에 구속을 피했다. 그러나 그날부터 쫓기는 신세로 전락했다. 밤에 무등산에 올라간 적이 많았다. 수많은 불빛을 보면서 외로움을 느꼈다. 저 많은 집들 중에 내가 숨을만한 곳이 없다니 서글펐다. 긴장 속에 도망 다니느니 차라리 잡혀버리면 어떨까 생각한 적도 있었다. 그렇지만 약한 모습을 보이지 말자며 다독였다. 어렵사리 은신처를 산수동 굴다리 옆에 마련했다. 그런데 오래가지 못했다. 당국의 감시망에 걸려서 남구 광복촌으로 옮겨야 했다.

5·18 10주년인 1990년 초에 정치권에 큰 변화가 생겼다. 1월 22일 박태준(전 포항제철 회장)의 민주정의당, 김영삼의 통일민주당, 김종필의 민주공화당이 소위 3당야합을 한 것이다. 그래서 2월 9일에 탄생한 당이 민주자유당(민자당)이다.

광주문제를 해결하기 위해서, 공화당 전국구 1번으로 국회의원이 된 김인곤 의원을 통해 민자당 대표들을 만나기로 했다. 박태준 대표는 입원 중이어서 김영삼 총재와의 면담을 시작했다. 믿었던 김영삼 총재가 광주학살 원흉들이 창당한 민정당과 야합을 했다는 것만으로도 분통이 터졌다. 그런데 광주문제를 해결할 의지가 없는 것 같으니 회원들의 감정이 더욱 격앙되었다.

김영삼 총재를 만났다.

"총재님, 1983년 서울대 병원 10층 특실에서 단식할 때 기억나십니까."

"지가 어찌 잊을 수 있겠습니까 마?"

"영원히 광주의 아픔과 함께하겠다고 하셨죠?"

"언제나 광주를 잊지 않겠습니다 마."

"뭐요? 거짓말하지 마시요. 3당 합당한 것은 야합이며 광주 문제를 적당히 뭉개려는 것 아니요!"

옆에서 측근 의원들이 제지했다. 그러면 당연히 참았어야 했다. 1986년에 부엌의 연장을 잘못 써서 혼이 났으면 정신을 차렸어야 하는데 그놈의 성깔이 쉽게 달라지지 않았다. 나는 '의안'을 빼서 탁자에 세게 쳤다. 탁! 소리가 났다. 나의 갑작스런 행동에 김 총재와 배석자들이 놀랐다. 카메라맨들의 후레쉬가 빵 빵 터졌다.

"보십시오. 저는 한 눈이라도 남았습니다. 그런데 양쪽 눈이 없는 사람, 아니 유골도 찾지 못한 사람들도 있습니다. 어떤 행불자 부모는 지금도 행여 자식이 돌아올까 봐 대문을 열어놓고 주무신답니다. 그런데 보십시오. 10년이 지났지만 달라진 게 뭐가 있냐구요. 네!?"

5·18특별법을 제정해 달라고 부탁을 하러 어렵사리 만든 자리였다. 한편으로는 나의 수배도 해제해달라는 면담이었다. 당연히 읍소라도 해야 할 우리들, 특히 내가 흥분을 해버렸으니……. 한 시간 동안의 면담 말미에 김영삼 총재는 "이제 시작이니 조금만 기다려달라"고 했다. 그 약속은 당신이 대통령이 되어 5년 후인 1995년도에 5·18특별법을 통과시켜서 약속을 지켰다. 그렇지만 그때는 변절자로 느껴질 수밖에 없었다. 어쨌든 나는 수배 해제가 아니라 교도소를 가려고 미치고 환장을 한 것 아니고 무엇이었겠는가? 성질만 앞섰지 지혜가 부족했었다.

김 총재는 우리들의 무례에도 끝까지 참았다. 그리고 헤어질 때 웃으며 자상하게 물었다. "그때 그 척추환자(김용대 씨)는 잘 있는교?" 통일민주당 당사에서는 조금 불편하긴 했지만 큰 말썽없이 끝냈다.

백주에 펼쳐진 쇼

통일민주당 당사에서의 5·18 회원들의 '꼬라지'를 목격하고 조금은 곤혹스러워한 김인곤 의원. 그래서 민주공화당 당사로 가면서 김인곤 의원은, 김종필 총재께는 최대한 예의를 갖춰달라고 신신당부했다.

나는 김종필 총재를 싫어했다. 그러나 5·18 문제를 해결하기 위해서는 적과의 동침도 해야 할 판이다. 그런데 그 양반은 5·18문제는 미루고 함께 간 김인곤 의원에 대한 덕담부터 풀어놨다.

"어서 오세유. 저 JP여유. 저 양반은 참 이상한 양반이어유."

"아니 그럼 왜 이상한 양반한테 민주공화당 전국구 1번을 주셨습니까?"

"궁금해유? 그럼 들어보세유."

"네, 간단히 말씀해 주십시오."

"여러분께서 아시다시피 제가 높은 벼슬을 여러 번 했지유."

"네 국무총리도 몇 번 하셨구 또……."

"맞아유. 다른 사람들은 이런 저런 부탁을 하려고 뻔질나게 왔지유. 문턱이 닳아지도록 말이예유. 그런데 저 양반은 제가 벼슬을 할 때는 단 한번도 얼굴은 커녕 연락도 안 했어유."

"총재님이랑 김해 김씨 종친 아닙니까?"

"그래유. 그런데 시기 질투에 의해서 권력에서 쫓겨날 때마다 오셔서 저를 위로해주고 응원해 줬어유."

"쉽지가 않았을 것인데 대단하셨구먼요."

"맞아유. 그래서 저런 분 같으면 큰일을 맡겨도 되겠다, 그래서 이번에 전국구 1번을 선물한 거예유."

옆에서 얘기를 듣고 있던 김인곤 의원은 쑥스러운지 화제를 돌렸다.

"총재님, 여기 있는 이지현 회장은 부상을 당해서 한 쪽 눈이 없습니다. 그리고 민주화운동을 하다가 지금 수배중입니다. 가족들을 위해서 수배를 좀 풀어 주시면 안되겠습니까?"

"아 그래요? 제가 한 번 알아보죠."

"네, 고맙습니다."

그런데 웬걸? 당신이 행여 번개의 스승이 아니었을까? 바로 김기춘 법무부장관께 전화를 걸지 않는가? 나는 표정 관리를 했지만 좋아 죽을 것처럼 심장이 요동쳤다.

"총장님, 안녕하셔유? 저 김종필이어유. 잠깐 들었는데 5·18 부상자동지회 회장을 하고 있는 이지현이란 사람이 수배중인데 나한테까지 왔어유. 이런 일이 없도록 잘 좀 해주세유."

당연히 수배 해제를 예상했는데 상황은 악화됐다. 나를 체포하면 1계급 특진이 된다고 했다. 검찰 입장에서는 수배자가 버젓이 활보, 그것도 집권당 대표들을 만나고 다니니 체면이 말이 아니었으리라. 또한 "잘 좀 해주세유"라는 뉘앙스는 자칫 "왜 수배자가 우리 당까지 오게

끔 방치했느냐? 잘 다스려라"고 해석할 수 있었는지 모른다.

택시도 함부로 탈 수도 없는 몸이었다. 그래서 장선호 회원의 오토바이로 움직였는데 감시를 당하고 있는 게 분명했다. 1계급 승진이 어디 고스톱 판에서 '광 팔기'와 비교되랴! 죽을 둥 살 둥 잡으려고 체포작전에 혈안이 될 수밖에.

운명의 날 소위 '부시맨'이라는 김 모 회원 집이 있는 광복촌을 나와 광주대로 향했다. 그런데 주변에 형사들, 아니 짭새들이 카퍼레이드를 환영 나온 군중들처럼 깔려있는 것 아닌가? 예감이 이상했다. 김인곤 의원과 5월 단체 사람들과의 면담을 주선해 놨는데 무책임하게 불참할 수도 없고 참 골치가 아팠다. 도망 다닌 노하우가 있으니 일단 약속은 지키고 보자고 했다. 광주대 이사장실에서 면담이 진행됐다. 5월 단체 대표성을 가진 분들은 '진상규명을 빨리 해달라, 우리 회원들이 10년 동안 너무 힘들었다, 그 동안에 풍비박산 난 가족들도 많고 자살을 한 사람도 엄청나다, 그러니 의원님께서 5·18 배상을 빨리 추진해 달라.' 축약을 하면 이런 내용이었다. 그러자 김인곤 의원은 "나는 5·18에 대해서 관심이 많다. 5·18 회원들이 광주대에 입학하면 장학생으로 예우해 주려고 한다. 특히 5·18 문제 해결은 역사적 과제다. 내가 국회에서 최대한 노력하겠다. 여러분의 눈물을 닦아주는 국회의원이 되겠다." 이렇게 화기애애한 가운데 끝났다. 그런데 나는 김 의원의 말씀보다 '어떻게 도망을 갈 것이냐?'에 골몰했다.

"우리 학교에 오셨으니 점심이나 하러 갑시다."

"네, 고맙습니다."

"그래, ○○○에서 만납시다."

"이사장님, 죄송하지만 저는 조금."

"아니 자네가 빠지면 되겠는가?"

"이사장님께서 아시다시피 제가 수배중이지 않습니까?"

"이 사람, 언제부터 이렇게 겁쟁이가 돼버렸어? 천하의 이지현이가 간이 콩알만 해서. 쯧쯧."

"이사장님, 도망을 다니다 보면 동물적 감각이 있습니다. 오늘은 위험합니다."

"이 사람이 집권 여당의 당무위원을 우습게 아나 봐. 내가 책임질게 같이 가."

고백하건데 그때는 정말 가기 싫었다. 그런데 동지들이 우리가 이렇게 있는데 무슨 일이 있겠느냐며 강력히 동행을 희망했다. 똥고집을 부렸어야 했는데 나는 차마 그러지 못했다. 그 덕분에 스릴 넘치고 볼거리가 풍성한 영화 같은 일이, 7월 19일 한낮에 민주의 성지인 광주 시내 한복판에서 벌어졌다.

1990년도에는 외제차는 ○넘버였고 일제 도요타가 김인곤 의원의 차량이었다. 우리들은 만약의 경우를 생각해서 작전을 짰다. 앞에는 누구, 오른쪽과 왼쪽은 누가 에스코트하기로 했고, 약간의 거리를 두고 회원들의 차가 따르기로 했다. 약간 방심한 사이에 광주대 로터리를 지났다. 작전을 기다리던 형사기동대는 백운동 로터리부터 위험하게 꽁무니에 바짝 붙었다. 그러자 민주기사 동지회 출신 ○○○ 동지가 날쌔게 비집고 들어왔다. 뒤질세라 형사기동대 차와 C3가 에워싸기 시작했다. 월산동 로터리 부근에 가니 광주에 있는 C3가 모두 모인 것 같았다. 교통 통제를 했고 경찰들 차와 회원들의 카퍼레이드, 아니

도요타 차를 두고 밀착 경호와 좋은 위치 잡기 경쟁이 벌어졌다,

1,218만명 관객몰이에 성공한 영화 <택시운전사>. 그 영화 속에서 유해진 배우와 택시 기사들이 등장하여 밀고 당기는 장면이 있다. 충돌 장면만 없었지 꼭 그 모습의 재현이었다. 영화 <택시운전사>가 나오기 27년 전 민주화의 성지 광주에서 백주에 벌어진 실화였다. 문화방송 9시 뉴스의 '백지연 아나운서'가 25초 동안 방영한 영화보다 실감나는 사건이었다.

세상에 이런 일이, 김인곤 의원과 함께 견인되다

우리들의 차는 일곱 대 뿐인데 형사기동대와 C3가 포위를 하니 착잡했다. 그래도 술집에서 잡히지 않는 게 다행이라고 생각했다. 한편으론 김종필 총재의 최측근인 김인곤 의원에 대한 일말의 기대를 했다. 김 의원은 조용히 눈을 감고 있었다. 살인을 저지른 흉악범도 아니고, 체제 전복을 노린 사상범도 아닌, 민주화운동으로 수배된 사람을 이렇게까지 해야 되나, 만약에 당신 차에서 구속된다면 어쩌나, 여러 가지 상념에 젖은 것 같았다. 한편으로 미안한 생각을 한 것 같아 당신의 손을 잡아주었다. 1989년 7월 20일에 사전 구속영장이 발부되었으니 만약에 오늘 구속된다면 딱 365일, 정확히 1년만이다. 이 얼마나 절묘한가? 그렇다. 운명이다. 이처럼 훌륭한 대본을 쓴 작가는 누구일까? 상황 판단을 안이하게 한 김 의원이지만 체격만큼, 당신의 삶만큼 배짱이 좋았다. 경찰차들이 겹겹이 에워싸자 불안한 사람은 다름 아닌 기사님이었다. 걱정이 되는지 자꾸 뒤를 돌아봤다.

"뭘 걱정해?"

"저 무식한 놈들이 차라도 받아버리면 어떡합니까?"

"왜 내가 있는데 불안해?"

"떨려서 운전이 잘 안 됩니다."

"이런 일로 떨려!"

"아이쿠 죄송합니다."

"무슨 수가 있겠지."

"김종필 총재께 전화라도 해보십시오."

"이런 일로 전화를 해? 얼른 차나 잘 몰아."

"네, 알겠습니다."

영광군 낙월도에서 태어나 만고풍상을 겪은 당신. 그래서 제 때에 공부를 못한 분들을 위해 개방대학을 설립하고, 김 총재의 신임으로 여의도에 입성하여 꿈을 그리던 당신이 소위, 폭도 그것도 수배 중인 사람과 함께 식사하러 가다가 들켰다고 알려지면, 정치적 타격을 입을 수 있는 상황. 그래서 나는 김 의원이 더 걱정됐다. 그런데 차가 갑자기 멈춰서는 것이 아닌가?

"왜 차를 멈춰? 빨리 가."

"사방이 막혀버렸습니다."

"그래도 밀고 나가보라고."

"보십시오. 경찰들이 완전히 봉쇄했습니다."

80년 5월에 계엄군의 재진입을 막기 위해 제재소에서 가져온 나무로 바리게이트를 친 농성광장이 떠올랐다. 다른 점이 있다면 30년 전의 시민군은 민주주의와 광주를 지키기 위한 것이었고, 지금의 경찰들은 노태우 정권의 체제를 수호하기 위한 첨병이란 점. 개개인한테 짭새라고 무시했지만 공권력으로 뭉친 경찰의 저력은 대단했다. 우리는 날아갈 수도 없고 어쩔 수 없이 예약해 놓은 식당 골목으로 들어갔다. 어떻게 알았는지 5·18 회원들과 시민단체 회원들이 모여들었다. 또 당신이 이사장으로 재직 중인 광주대학교 교직원들과 인성중·고 교사들도 격려 차원에서 응원을 왔다. 뒤질세라 달려온 언론사 취재진들로 광주 중앙대교 앞길은 인산인해였다. 구경거리가 생기자 시민들까지 합세했다. 광주를 뜨겁게 달군 '백주의 쇼'가 있던 날이 1990년 7월 19일이었으니 중복 무렵이었다. 에어컨을 틀었지만 오죽 더웠겠는가? 광주대학교 교직원들이 승용차 위에 호스로 물을 뿌렸다. 햇볕에 오래 노출된 차의 천장에 열이 가해졌으니 식히기 위한 것이었다. 어떤 분들은 음료수를 사갖고 왔다. 중학생이 되어서 처음 먹었던 아이스케키 얼음과자가 최고인 줄 알았는데, 공복에 마신 음료수 맛이 환장하게 맛있었다. 체면상 망설이고 있는 김 의원께 드렸다. 얼마나 긴장했는지 한숨에 들이키고는 더 달라고 했다. 연속 세 병을 마셨을까? 어찌나 맛깔스럽게 마시는지 식욕이 당겼다. 그러나 나는 잡혀있는 놈이 형사들 앞에서 식탐을 보이고 싶지 않아 참았다. 경찰청 간부들이 차를 두드려서 차창의 유리문을 조금 내려줬다. 최고로 깍듯이 인사를 올렸다.

"의원님, 죄송합니다."

"당신들 말이야 이게 뭐야? 뭐냐구?"

"저희도 어쩔 수 없습니다."

"도대체 누가 시킨 거여? 경찰이여 검찰이여?"

"의원님, 이지현 씨는 범죄자입니다."

"민주화운동을 한 게 범죄자라고, 당신 같으면 가만있겠어?"

"어쨌든 1년 전에 사전 구속영장이 발부됐습니다."

"그래도 그렇지 이것이 민주경찰이 할 짓이여!"

"상부 명령이라 어쩔 수 없습니다."

"그럼 점심이라도 먹여서 보낼테니 철수시켜."

"그것도 안 됩니다. 방법이 있긴 합니다만."

"무슨 방법? 말해 봐."

"자수를 시키면 정상참작이 됩니다."

의원님이 대꾸하기 전에 화가 나서 내가 한 방 갈겼다.

"뭐여? 지미 ×까는 소리 하고 자빠졌네. 꺼져!"

회유하러 온 간부는 욕만 먹고 물러났다. 동지들은 '투사의 노래', '광주출정가', '5월의 노래', '님을 위한 행진곡'을 열창했다. 또한 목청껏 외쳤다.

"광주학살 규명하여 광주시민 한을 풀자!"

"민주인사 탄압하는 노태우 정권 타도하자!"

"전두환을 구속하고 이지현을 풀어달라!"

폭염에도 물러서지 않고 가열차게 투쟁하는 동지들의 사랑에 눈물이 핑 돌았다. 그래서 뭉클함을 참고 김 의원을 봤더니 얼굴빛이 ×색이다. 국회의원인들 어쩔 수 있겠는가? 연거푸 마신 음료수 때문에 생리적인 현상이 나타난 것이다. 그렇지만 소변을 보러 갈 수도 없고 할 수 없이 즉석 쇼를 연출했다. 급한 상황이라 체면을 따질 겨를이 없었다. 신문지로 창문을 가리고 음료수 병에 거시기를 배출했다. 나는 한 번이었지만 여러 차례 소변을 배출해야 했던 김 의원, 차 안에 함께 있던 박○○이 거들었다.

"의원님, 김종필 총재께 전화해 보시는 게 어떻습니까?"

생리적인 문제로 곤욕을 치른 김 의원이 자존심을 팽개치고 '모토로라'를 들었지만 받지 않았다. 김 의원과 김종필 총재가 어렵사리 통화가 됐다. 미워했던 김 총재가 하느님처럼 느껴졌으니 인간의 간사함이란 ……. 묘수가 없는 듯한 분위기여서 자포자기 하고 있는데 마지막 대화가 들렸다.

"총재님, 만약에 이지현 씨를 구속시키면 저는 탈당하겠습니다."

경찰들은 명분을 축적하기 위해서 여러 차례 내게 자수를 권유했으나 거절했다. 의원님이 안쓰러워서 내가 "당신이라도 나가시라"고 했지만 끝까지 함께해 주셨다. 점심 무렵부터 11시간이 지나자 '렉카차'가 다가와 승용차에 연결했다. 그리고 서서히 움직였다. 회원들이 막았다. 특히 전남대병원 1065호실에 함께 입원했던 이춘기 씨는 렉카차 밑으로 누워버렸다. 엄청 맞았다. 그러자 회원들이 다시 누워버렸다. 누워버린 회원들과 떼어내던 경찰들 사이에 육박전이 벌어졌다. 하지만 사오백의 훈련된 경찰을 어찌 당할 수 있겠는가. 상부에서 안전하게 모시라는 명령이 하달됐는지 약간 빠른 걸음으로 이동했다. 회원들도 따라서 서부경찰서까지 갔다. 사극영화에서 귀양을 보내면 포졸들과 안쓰러워하는 백성들이 따라가는 모습을 연상케 하였다. 그런 모습이 1990년 7월 19일에 빛고을 광주에서 연출됐다. 상상해보라. 얼마나 장관이었겠는가 말이다.

11시간의 대치는 경찰들의 승리로 끝났다. 김인곤 의원과 동지들은 무척 고통스러워했다. 그러나 나는 뻔뻔해졌다. 1년 동안의 긴장이 풀려서였을까? 그래서 그날 밤 80년 이후 처음으로 코를 골며 달콤한 잠을 만끽했다.

잊지 못할 경찰들과의 일화

한○○ 청장

김인곤 의원과 11시간 동안 차에 갇혀 있다가 렉카차로 견인될 수밖에 없었다. 결국 수배 1년 만에 광주서부경찰서를 거쳐 도착한 곳이 광주북부경찰서이다. 반백의 잘 생긴 과장이 환영 나왔다. 나 때문에 고생을 했을 것인데 오히려 반갑게 손을 내미는 게 아닌가?

"야, 꺽다리 고생했지?"

"그래, 미안해."

"야, 꼭 꼭 숨지 왜 잡혔어? 예끼 모지리."

"나는 예감이 안 좋아서 안 가려고 했는데."

"그랑께 공권력을 우습게 보면 되나?"

"그러게 말이야. 김종필 총재가 김기춘 법무부장관한테 전화를 한 게 역효과가 난 것 같아."

"내가 말일세. 자네가 백운동 술집에 있었을 때 샅샅이 뒤집어서 체포할 수 있었는데 철수하라고 했어."

"아, 고마워. 그때 잡아서 승진하지 그랬나?"

"광주 경찰들은 5·18 때도 시민들 편이었잖아? 의리가 있는데 어떻게 잡겠어? 만약에 자네를 구속해서 승진하면 광주 바닥에서 어떻게 살라고?"

"역시 그대는 의리의 사나이야. 우리 한 과장 멋져부러."

"그나저나 신기하 의원 사무실에서 농성할 때 언제 쥐새끼처럼 빠져나가버렸드라 잉?"

"나중에라도 들은 얘기가 없어?"

"뭐시냐. 영우한테 '지현이가 안에 진짜 없느냐?'고 했더니, '성님, 진즉 가부렀소' 하드라."

"천하의 한 과장도 속았구만. 아이 꼬시름해라."

"자네 못 잡는다고 얼마나 빵이 친 줄 알아?"

"사실은 천장에 숨었어."

"뭐야? 말도 안 돼. 자네처럼 덩치가 큰 사람이 어떻게?"

"진짜라니깐. 크크"

"허허허. 어이 영화를 만들면 재미있겠네."

한 과장은 수배시절의 담당 과장이었고 경찰이었지만 '의리의 사나이'로 소문난 사람이다. 항간에 주먹들과 친분이 있다느니 하는 말도 있었지만 웬만하면 불구속 수사를 주장한 인정 많은 간부였고, 훗날 경찰청 본청의 차장까지 한 존경받는 분이다. 만약에 한 차장처럼 덕을 쌓은 경찰들과의 교분이 없었다면 당시 '술집 난동사건'의 주범들을 엄벌에 처했을 것이다. 그러나 경찰의 공식 사과 이후 용서를 했다. 그리고 김정섭 씨는 승진까지 했다. 후배를 통해서 도피자금을 보냈지만 아무리 힘들다고 받을 수 없어서 돌려준 적이 있다.

벌써 30년 전 얘기가 되어버렸다. 김대중, 김영삼 전 대통령, 김종필 전 국무총리, 김인곤 이사장도 세상을 떠났다. 오직 세계 최고로 나쁘고 악랄하고 용서받지 못할 그놈만 살아남았다가 화장실에서 숨을 거뒀다.

김선태 씨

화순경찰서 내에는 우리 집 안방까지 차지하고 배 째라 한 사람이 있었다. 아니 합의서도 안 써준 전형적인 경찰관 최 모 파출소장이다. 그러나 지극히 인간적인 경찰도 있었다. 과장 출신으로는 박영헌 씨가 대표적이었고 담당형사 김선태 씨도 인간미가 있는 경찰이었다.

36년 전이다. 문중의 아저씨한테 연락이 왔다.

"지현아, 너 시간 있냐?"

"왜라?"

"우리 ○○이가 실종돼 부렀다 마다."

"아니, 대학교 안 다니요?"

"방학 중이라 낚시를 갔는가부더라."

"그랑께 다른 학생들처럼 데모를 하라고 시켰는디, 부모님께 효도하려고 공부한다더니 쯧쯧. 아니 어쩌다가 그랬다요?"

"낚시를 하다가 고기가 안 잡힌께 지가 수영 실력만 믿고서 헤엄쳐서 건너가다가 물에 휩쓸려……."

"아재, 어째야 쓰께라 두환이 새끼가 온단디."

"그래도 니 동생 아니냐?"

"하필이면 두환이가 요런 날을 잡아서 오까?"

"그랑께 니가 좀 나서서 찾아봐 주라."

정말 난감했다. 공적인 업무가 있는데 사적인 문제가 생겼으니, 그렇다고 팽개칠 수도 없었다. 그때 어머니께서 "너 하나 없다고 데모 못 하겠느냐?" 하셨다.

"엄니, 지금은 두환이 그놈을 작살내분 게 급하단 말이오."

"엄니가 언제 이런 말 하디? 이번에 집안 아재 좀 도와드려라 잉."

그래서 고민 끝에 전남 곡성군 압록유원지 쪽으로 가기로 했다. 그런데 담당형사가 강아지처럼 따라오는 것이 아닌가?

"세상에, 당신이 알다시피 물에 빠진 사람 찾으러 가는데 거기까지 따라온다고?"

"회장님, 목구멍이 포도청 아니요?"

"그렇지만 해도 해도 너무한 것 아니요?"

"누구는 이러고 싶어서 이런다요."

"좋은 일도 아니고 뿔따구 나서 환장헌께 화순경찰서로 돌아가시오."

"위에서 감시하라고 명령이 떨어졌으니 나를 삶아먹든 어쩌든 알아서 허시오"

"물에 빠쳐불어도 후회는 마시오."

"알았소. 맘대로 허시랑께라."

"그럼 누가 보면 챙피한께 멀리 떨어져 오시오."

"알았소. 고맙구만이라."

김 형사는 경상도 여자와 결혼을 했고 경상도에서 경찰을 시작하여, 어렵사리 고향인 화순으로 오게 됐다며 최대한 인간적으로 대하려고 했다. 그러나 아무리 빨아도 걸레가 행주는 될 수 없는 법. 어차피 정권의 앞잡이 짭새라는 생각이어서 밥도 따로 먹고 잠도 따로 자며 이틀이 지났다. 장맛비가 온데다 흙탕물까지 범벅이어서 시신을 찾는다는 게 쉽지 않았다. 아재는 시신이라도 찾아야 한다며 계속 울고만 계셨다. 내가 뭔 팔자가 기구해서 이럴까 생각하다가 물에 빠져버리고픈 충동을 느꼈다.

그러던 중 연락이 왔다. 물에 팅팅 불은 시신 한 구가 떠올랐다는 것이다. 대부분의 시신들은 3일 만에 잠시 떠오른다나? 그래서 과속으로 달렸다. 시신이 섬진강 휴게소 부근의 가마니 위에 놓여있었다. 어찌나 불었는지 무서웠다. 그런데 아재는 보자마자 "○○아, 어쩌다 이 지경이 됐느냐!"하며 우셨다. 아재는 아들이란 걸 금방 아셨다. 어깨에 있는 '유두 자국'과 사이가 벌어진 '이'를 보고 확신을 했단다. 내가 무서워 떨고 있는 순간 김 형사는 장갑을 끼고서 동생 엄지손가락의 껍질을 벗겼다. 그리고 빨리 광양 경찰청으로 가보자고 했다. 지문 감식 결과 실종된 동생이 맞았다. 아재는 "애비 앞에 두고 떠난 놈이 자식인가, 빨리 화장을 해서 잊어버려야겠다."고 했다. 차가운 물속에서 3일 만에 떠오른 동생은, 그날 밤 화장시켜 남해바다에 뿌려졌다.

2박3일의 섬진강 동행 이후 김 형사는 상부의 명령이 떨어져도 인간적인 예우를 했고 진정성을 보였다. 그래서 친구가 되자고 했다. 경찰들도 나름이었다. 출세를 위해 물불을 안 가리는 사람도 있고 손해를 감수하고 상대방을 존중해 주는 분도 있었다.

밀착 감시했던 지긋지긋한 형사들도 이제 퇴직하였다. 42년 동안 가슴에 담아둔 미움도 이제 동생의 유골처럼 바다에 띄워 보내야겠다. 사람의 향기가 나는 사람들과 함께 유종의 미를 설계하리다.

이감 가던 날의 자선 알몸시위

교도소에서는 이름조차 빼긴다. 15척 담장 안에서는 이름 대신 수번을 쓴다. 교도소에는 권력과 갑질이 횡행한다. 범죄의 성격에 따라서 명찰의 색깔도 달라진다. 일반수는 흰색, 요시찰 인물은 노란색. 시국사범, 아니 공안사범은 붉은색에 가까운 밤색이다.

일반수들은 기결수가 되어도 미결 때와 마찬가지로 같은 교도소에서 살지만, 요시찰과 공안사범은 전국 순회의 특혜(?)가 주어진다. 사건 현장과 멀리 떨어진 곳으로 보내버린다. 현대판 귀양살이며 속된말로 '뺑뺑이'를 돌린다. 한 곳에 있으면 재소자들이 오염도 되고, 특히 공안사범들을 고생을 시키기 위한 수단이리라.

어느 날 갑자기 나에게 이감을 가라는 명령이 떨어졌다. 예상은 했지만 화가 났다. 그날은 마침 가족들이 면회를 오기로 한 날이다. 당국의 횡포를 따를 수는 없었다. 순순히 따를까, 버틸까? 교도관들이 설득을 해도 안 되자 경비교도대를 투입했다. 그렇게 끌려가면 양심수 후배들을 위해서도 불명예다. 맥없이 순순히 굴복해버리면 내 체면도 안 서고 후배들도 자칫 잡혀 살 수도 있다. 그래서 순간 쇼를 벌려야겠다고 결심했다. 작전명 - 알몸작전. 옷을 홀랑 벗고 구호를 외치면서 쏴다녔다.

“광주학살 책임지고 전두환은 자폭하라.”

“이감이 웬 말이냐 강제이감 중단하라.”

평화로운 교도소에 난리가 났다. 아마 교도소 내에서 알몸으로 1인 시위를 한 사람은 ‘애꾸눈광대’가 처음 아니었을까? 교도관들은 당황했지만 주먹들과 재소자들은 공짜로 나체쇼를 감상했다. 눈이 마주치자 멋쩍었던지 문짝을 차면서 응원하기 시작했다.

“이감 반대!”

“법무부는 각성하라!”

눈물이 났다. 그냥 평범한 잡범들인 줄로만 알았는데 너무 감격스러웠다. 소위 주먹들과 가깝게 지냈고 한 끼 단식투쟁을 한 공범(?)관계와, 그들의 민원 해결을 위해 노력한 공안사범들에 대한 의리 때문이었으리라.

아무튼 엉겁결에 알몸쇼를 하다보니 창피했다. 그래서 흥분을 가라앉혔다. 그리고 조직 보스들이 있는 곳뿐만이 아닌 그 동안 정들었던 일반수 특히 소년수들과 악수를 하고 공안사범들과 포옹을 했다. 이감을 가면서 생긴 해프닝이지만 지금도 생각하면 우습기도 하고 씁쓸한 추억이다.

나체쇼에 대한 앵콜공연(?)이 엄청 쇄도했지만 전두환을 도청 앞에서 무릎 꿇린 이후에 하자고 설득하고 정든 재소자들과 이별했다. 그리고 포승줄에 묶인 채 경상도 진주로 끌려갔다. 아버지께서 일본으로 끌려가신 것처럼.

진주는 내 고향 화순 출신으로 임진왜란 때의 의병장이며, 삼장사의 한 분인 최경회 장군과 그의 연인 '논개'의 혼이 깃든 곳이다. 남강의 물줄기 따라 도착한 곳이 경남 진양군 대곡면 광석리 632번지, 진주 교도소였다.

진주교도소에서 만난 서경원 의원

광주를 떠나 경상도로 가서 모든 걸 새롭게 해야만 했다. 1991년은 유화국면이라 양심수들 대부분이 자유로웠다. 이감 후 처음에는 기선잡기 쟁탈전이 있었으나, 광주에서의 나의 업적들(?)을 알고 있어서인지 최대한 예우를 해주려고 했다. 그래서 공안사범끼리 운동도 하고, 특히 토요일에는 토론도 하고 TV도 보면서, 슬기로운 '감방생활 양심수 편'을 준비하고 있었다고나 할까?

지나간 얘기지만 고현정 탤런트와 장윤정 탤런트(두 사람은 미스코리아 출신) 두 여성이 진행하는 쇼는 젊은 양심수들에게 최고의 인기 프로였다. 특히 고현정 탤런트 아버지의 고향이 화순군 능주라서 누이 같은 친근감이 들었다. 민주화운동을 한 사람들이 쇼 같은 걸 밝히느냐고 놀릴지 모르나, 전두환을 만나서 어쩔 수 없이 양심수가 됐지만 우리들도 평범한 사람이었음을 이해해 달라. 그래서 우리만 보기 아깝기도 했기에 어떤 선배와 자주 만나고 싶었다. 수감 중인 선배도 토요일 오후에는 꼭 우리와 함께 있게 해달라고 투쟁을 했다. 그런데 절대 안 된다는 것이었다. 그분에게도 자유를 주라고 했으나 거절당했다.

대신 대표로 면회를 시켜주겠다고 해서 만나러 갔다. 우리는 약 두세 평의 방을 쓰고 있었는데, 그 양반은 진주교도소 한 건물의 2층을 통째로 쓰고 있었다. 특혜가 이만저만이 아니었다. 두 사람의 비서관이 시중을 들고 있었다. 만약에 일베들이 알았으면 틀림없이 황제징역이라고 난리를 쳤으리라.

"성님, 고생이 많소. 성님이 보고 싶어서 찾아왔습니다."

"야, 꺽다리 반갑다. 그러지 않아도 작년에 국회의원 차에 타고 있다가 구속됐다는 소식은 들었다."

"성님, 우리 양심수들이 형님의 징역을 풀어드릴라고 했는데 안 됐다 말이오. 미안허요."

"아따 별 걱정을 다한다잉. 가만있어도 법무부 시계는 돌아간께 염려말아라."

그 양반은 성격이 낙천적이어서 적응을 잘하고 있었다. 그러던 중 얘기하다가 갑자기 한바탕 웃어젖혔다.

"성님, 뭣이 좋다고 웃으시오?"

"그럴 일이 있어야."

"뭔디라? 야그 해보시오."

"니네 형수가 면회를 왔다고 해서 갔다 오는 길에 복도에서 공안사범이 지나가길래 반가워서 말을 걸었다.

"그랬더니요?"

"내가 그날처럼 통쾌하게 웃은 적이 없다."

"성님은 궁금하게 뜸만 들이시오. 얼른 야그해 주이시오."

"아, 재미있어서 그랑께 보채지말고 내 야그 좀 들어봐라."

"네, 말씀하이시오."

"내가 그 학생한테 물었다. 그대는 몇 바퀴나 돌아야 한가?"

"네, 쬐끔 돌면 됩니다 마."

"한 3년?"

"아니오. 15년요."

"예끼 이 사람아, 뭔 농담을 그렇게 한가?"

"진짜라니깐요."

"선배를 놀리면 벌 받네."

"아니 속고만 살았습니까? 저는 이만 가렵니다."

"잠깐 미안하이. 나는 북한에 갔다왔네. 김일성이를 만나고 온 사람도 10년 밖에 안 떨어졌는데 그대는 도대체 무슨 죄를 졌나?"

10년의 징역을 받은 사람은 서경원 전 의원이고, 그보다 5년을 더 살게 될 징역 선배(?)는 동의대 사건에 연루된 학생이었다. 광주 교도소에서 만난 김창호 동지가 10년의 실형을 선고 받아서 동의대 사건은 조금 알고 있었다.

서경원 전 의원은 국회의원 시절에는 검정고무신을 신고 등원을 했고, 농민운동을 할 때도 호탕한 성격이어서인지 혼자서 붓글씨를 쓰면서, 진주교도소의 한 사옥을 독채로 얻어서 의미있게 지내고 있었다.

1991년 7월 21일, 출소일이었다. 광주에서 온 동지들의 위세를 업고 서경원 의원을 만나려고 했지만 절대 안 된다는 것이었다. 이때 과장 얘기가 들려왔다.

"회장님, 서경원 의원은 양심수가 아니고 간첩 아닌교?"

경원이 형님을 뵙지도 못하고 버스에 올랐다. '님을 위한 행진곡'을 부르며 망월동 묘역에 들려서 부모님이 계신 고향으로 갔다. 그날 밤 경원이 형님 생각에 잠을 이룰 수 없었다.

서경원 의원 간첩사건과 동의대사건은 그 당시에는 공안당국이 민주진영을 탄압하는 계기로 악용됐다. 서경원 선배는 만기 출소했지만 노무현, 문재인 등 대형 변호인단을 구성했던 동의대사건은 아직도 미완의 과제로 남아있다.

수배시절의 잊지못할 추억들

어렵사리 은신처를 산수동 굴다리 옆 허술한 집으로 옮겼다. 조심스럽게 집에 들어가는데 입구에 지프차가 보였다. 동물적 감각으로 형사차라는 걸 알았다. 김종필 총재가 직접 김기춘 법무부 장관에게 전화를 한 게 화근이었다. 검찰은 압박감을 느꼈고 바로 경찰에 하달되어 포위망이 좁혀진 것을 나중에서 알았다.

그래서 경찰이 가족들의 동선을 미행했던 것인데, 그날은 운 좋게 피할 수 있었다. 그런 일이 있은 며칠 후 송년 월례회를 준비하기 위한 모임이 있었다. 장소는 백운동 로터리의 후배가 경영하는 '행운 스탠드 바'—무늬만 바이지 주인 혼자서 장사하는 싸구려 술집이었다.

부랴부랴 오토바이로 도착하니 회원들이 모여 있었다. 얘기를 막 시작하는데 경찰들이 우르르 몰려왔다. 깜짝 놀란 주인이 점잖게 나가주라고 했다. 그러자 "수배자를 검거하러 왔다"며 '쇠파이프'를 든 형사기동대들이 폭력을 휘둘렀다. 당황한 회원들은 처음에는 물러났다가 반격을 했다. 회원들은 숫자는 적었지만 일당백이 아니라 오백은 될 만한 육박전이 벌어졌다. 재떨이가 날았다. 형사기동대가 주춤하는 사이에 옷걸이와 탁자도 몸을 풀었다. 위협을 느낀 형사들은 도망갔다. 1989년 12월 2일의 일이었다.

"저 새끼들은 얼마나 쪽 팔렸을까?"하며 경찰이 완전히 철수한 줄로 착각한 회원들은 축하주(?)를 즐기고 있었다. 그것도 잠시, 도망치던 경찰들이 악명 높은 백골단을 투입한 것이다. 출입문을 부수며 진압하여 난폭하게 검거작전을 펼쳤다. 소위 백골단 50여 명의 새벽 활극이 한 시간 동안 계속됐다. 공수부대에서 백골단으로 조직만 바뀌었을 뿐 80년 5월과 똑 같았다. 기물이 파손되고 회원들은 피투성이가 됐다.

나는 옥상의 정화조 속으로 들어가 몸을 숨겼고, 유사시에는 뛰어내리려 했지만 회원들은 술집 상호처럼 '행운'이 아니라 불행이었다. 그 당시의 상황을 중앙 언론은 다음과 같이 보도했다.

경찰 50여명 술집서 난동, 수배자 검거 명목 모임 갖던 5·18부상자 둘 다쳐 -한겨레 1989.12.03.

광주 북부경찰서 소속 경찰 50여 명이 2일 오전 1시 40분께 광주시 서구 주월동 957-24 행운스탠드바에 들어가 쇠몽둥이로 의자 등 기물을 부수고 회의 중이던 5·18광주민중항쟁 부상자동지회 간부 6명을 마구 때려 김광호(31·부상자동지회 사무차장)씨 등 2명이 이마와 코 등이 찢어지는 등의 상처를 입었다.

부상자동지회 박병률(34)씨에 따르면 이날 오전 1시께 사복차림의 경찰 10여 명이 들이닥쳐 술집 안을 마구 뒤지다가 월례회를 준비 중이던 부상자회원들과 몸싸움을 벌인 뒤 돌아갔다가 40여분이 지난 1시50분께 손에 쇠몽둥이를 든 50여 명의 경찰이 다시 들어와 술집 기물을 닥치는 대로 부수고 이를 막는 5·18부상자회원들을 폭행했다는 것이다.

부상자회원들은 이들에게 "경찰이 영업집에 들어와 무슨 일이냐"고 항의하자 지휘자로 보이는 사람이 "지금 말한 놈부터 걷어버려"라고 말한 것을 신호로 닥치는 대로 기물을 부수고 술집 안을 모두 뒤졌다고 한다.

경찰은 이날 밤 집시법위반 혐의 등으로 사전영장이 발부돼 수배중인 부상자동지회 회장 이지현(37)씨가 이곳에 나타난다는 정보를 입수, 김정섭 경위 지휘아래 출동한 것으로 알려졌다.

이씨는 이날 밤 이곳에 나타났다가 일찍 회의를 마치고 빠져나간 뒤였다.

한편 북부경찰서 홍신의 정보과장은 이에 대해 "김 경위는 현장 출동한 사실이 없으며 이씨를 찾기 위해 이들 회원들과 약간의 몸싸움은 벌였지만 폭행한 일은 없다"고 말했다.

그날은 회원들의 전투와 희생 속에서 나는 잡히지 않았다. 6개월 후 1990년 7월 9일 오후 2시에 부상자들의 합동 비상대책위가 YWCA 1층 대강당에서 열렸다. 그리고 300여 명의 회원들은 시가행진을 하며 농성장으로 향했다. 의지할 곳은 시민들의 응원과 정치권에서의 입법밖에 없다는 판단에 신기하 의원 사무실을 선택한 것. 건강이 안 좋은 회원들을 담보로 장기적으로 버틸 수도 없는 상황이었다. 그래서 건물밖을 포위하고 있는 500여 명의 경찰을 어떻게 뚫고 나갈 것이냐가 최대의 과제였다. 회의를 해도 묘책이 없었다. 그러던 중 재앙스런 후배가 손뼉을 쳤다.

"됐어!"

"뭣이 됐냐? 깝깝해서 디져불 것구만."

"그랑께 내가 생각하고 있는 방법으로 해보자고."

"어떻게 하자구야?"

"천장으로 올라가는 거야."

"천장? 더울 것인디. 위에 공간이나 있을까? 우리 성님이 멀대 같이 키만 커서 문제여."

"농담 말고, 우선 천장을 뜯어보자."

그러자 피스를 풀어서 천정의 판넬을 뜯어냈다. 비좁기는 했지만 겨우 누울만한 공간이 있었다. 덥기는 하겠지만 잡혀서도 안 되고 자수해서도 안 되니 무얼 망설이랴. 그래서 소변 받을 병 하나를 갖고 올라갔다. 그런데 잘못하여 판넬이 깨져버렸다. 그래서 위치를 바꿔서 대처했다. 위에서는 힘들어 죽겠는데 완벽하다고 믿었던지 아래에서는 박수 소리가 났다.

"야 빙신들아, 조용히 좀 해라."

"성님, 누가 더 빙신이요? 우리는 그래도 눈깔은 말짱해라."

"짭새들이 눈치채지 못하것지?"

"아니 근디 여기 드라이버로 돌렸더니 페인트가 벗겨져 티가 나서 안되겠어라."

"페인트 가게가 문 닫았는디 어째야쓰까?

"야 ○○아, 니가 얼른 가서 하얀 메뉴큐어를 갖고 와라잉."

아내가 미용실을 하고 있는 황인식이 오토바이를 타고 가서 매니큐어를 갖고 왔다. 땜질을 하고 나니 거의 완벽한 도피처가 되었다. 한 손으로 철근을 잡고 옆으로 누웠다 뒤집었다 반듯하게 누웠다가를 몇 번 하다 깜박 잠이 들었다. 그러다가 코 고는 소리에 잠이 깼다.

날이 밝자 경찰들이 파이프를 들고 우르르 사무실로 몰려왔다. 그런데 이걸 어쩌나? 소화가 안됐는지 방귀가 나오려 했다. 그걸 참느라고 쌩똥을 쌀 뻔했다. 더욱 신경질 나는 것은 경찰이 얼른 사라지지 않고 큰 소리로 욕을 하는 것이다.

"지미 XXX 새끼가 어디로 새버렸을까잉."

"쥐새끼처럼 옛날에도 빠져 나가드만, 그 새끼를 잡으면 모가지를 비틀어부러야겠어."

"전대협 의장 임종석이를 안 잡느냐 못 잡느냐 하드만 우리도 욕을 ×나게 얻어먹게 생겼네."

"긍께 그 독종놈 땜에 우리만 ×뺑이 치잖아."

백골단은 몇 시간이 지난 후 어디에선가 날아온 무전을 받고서야 철수했다. 그렇지만 대변이 마려워도 나가지 못한 운명은 사무실 직원들이 퇴근할 때까지 연막작전을 쳐야 했다.

폭염과 냄새가 장난이 아니었다. 자정 무렵이 되어서야 겨우 자유를 찾았다. 지금도 가끔 그때가 떠오르면 쓴웃음을 짓곤 한다.

"꺽다리 성님, '키 크고 속없다'던디 아무리 근다고 우리들은 불안해서 잠을 못 자고 있는디 코를 드르렁 드르렁 골면서 자부러라?"

수배 기간은 1년밖에 안되었지만 고통과 눈물의 세월이었다. 그런데 어떤 '훌륭하신 분'은 고급 음식을 즐기고 골프를 치면서 활보하면서 천수를 다 누리다 광주시민들에게 한만 더 얹어놓고 사망했다. 그게 우리 대한민국이라서 더 슬프다. 그래도 나는 광대 아니냐? 세상을 웃기며 사람들에게 희망을 배달하는 애꾸눈광대. 그렇다. 광대의 숙명이다.

집들이 때의 이순철과 정한용 탤런트와의 인연

부상자동지회 초대회장 시절, 수배 중에 준비한 게 두 가지가 있었다. 첫 번째가 보상금을 수령하면 일정액을 갹출하여 공익법인을 설립하자는 것, 두 번째가 오순도순 함께 살 수 있는 조합주택이었다. 그래서 의욕적으로 추진을 하다가 1990년 7월 19일에 구속됐다. 그러다 보니 처음에는 많은 회원들이 관심을 가졌었지만, 시공사가 시원찮았는지 마포바지에 방귀 새듯 빠져나가 버렸다. 다른 사람들은 6,500만 원을 분납했지만 우리들은 5,300만원을 선납키로 했다. 지금이야 1군 건설사가 시공을 하기에 공신력이 있지만 30년 전에는 어떤 회사가 XXX를 볼지 모를 판이라 불안했다. 그 당시에 호프만 식으로 보상을 했기에 평균 6,000~7,000만 원 정도밖에 못 받았다. 80년 피의 대가로 받은 돈이니 인생의 전부나 다름없는 돈이었다. 그러다 보니 겨우 20가구만 입주하게 됐다. 방림동 금호맨션 102동 304호—난생 처음 내 명의의 집이 생겼으니 어찌 흥분하지 않을 수 있으랴. 가까운 지인들이 집들이에 참석했다. 그중에서 가장 인기를 끈 사람은 단연 해태 타이거즈 1번 타자를 맡았던 이순철 선수였다. 이순철은 전남고 야구부가 해체되자 광주상고로 전학을 왔다. 고교야구 우승을 한 후 연세대를 거쳐 해태 타이거즈에 스카우트됐다. 그리고 85년도에 신인상을 받았으니 인기가 대단했다. 아들 녀석은 자기를 자랑할 수 있는 절호의 기회로 알고 소문을 냈던지, 아파트의 꼬마들이 몰려들어 이순철 선수에게 사인을 해달라고 보채다 보니, 집들이가 아니라 마치 이순철의 팬사인회장처럼 돼버렸다. 그러다 보니 장만한 음식이 부족했다. 이순철 선수는 해태 우승의 주역이 됐고, LG의 감독을 지냈으며, 지금은 야구 해설위원으로 활동중인데 한국야구의 보물이다.

1993년이 됐다. 우리는 연초부터 5월 투쟁과 5월 행사위원회를 꾸렸다. 주도적인 역할은 '광주전남민주연합'이 맡았다. 전교조 교사들이 해직되어서 안타까웠지만 덕분에 재야운동에는 엄청난 충원이 되었다. 의장에 오종열, 정광훈, 정동년, 초창기 사무처장엔 나상기, 이후 정병표, 장석웅(현 전남교육감), 집행위원장 김정길, 대변인 홍광석, 대외협력 위원장 이지현, 정책실장 김영집 등. 그리고 조선대 총학생회장 출신의 장진성, 녹두대장 박현주, 민용기 등 기라성 같은 역량들이 포진됐다. 지금이야 CMS나 자치단체의 보조금 지원 등으로 숨통이 트이지만, 그때는 버스비조차 나눠쓰던 시절이라, 십시일반으로 투쟁과 행사를 준비해야 했으니 여간 힘든 게 아니었다.

그래도 세상이 좋아질 것이라는 희망 속에서 5·18 전야제와 기념행사를 준비했다. 전국 민족민주운동의 역량이 총집결된 가장 큰 농사가 바로 5월 17일과 18일이었다. 특히 전야제는 5월행사의 꽃이어서 돈은 없지만, 전야제에 인기 연예인 한 사람은 꼭 모시자고 의견을 모았다. 이때 섭외는 대외협력위원장인 나의 몫이었다.

"안녕하십니까? 저는 5·18 부상자동지회 초대회장을 지낸 이지현이라고 합니다. 이○○가수가 맞죠?"

"네, 가수 이○○입니다."

"다름 아니고 금년 5월 17일 전야제에 초대하려고 해서요."

"초대요? 고맙습니다."

"그런데 아시다시피 저희들이 돈이 없습니다."

"그래도 개런티는 주셔야죠?"

"그러긴 합니다만 좋은 일 하신다고 생각하시고 교통비만 드리면 안 되겠습니까?"

"아무리 5·18행사라고 해도 기본은 주셔야 합니다."

"오죽 어려우면 그러겠습니까. 도대체 얼마가 기본입니까?"

"200만원입니다."

"예? 뭐시라고라? 200만원요? 그럴 돈이 없습니다. 그 이하는 안 되겠습니까? 5월행사이니 꼭 부탁드립니다."

"우리는 연예인입니다. 안 됩니다."

참으려고 해도 화가 났다. 연예인도 대한민국 국민일진데 너무 야박하다는 생각이 들었다.

"여보시오. 아무리 인기가수라고 해도 광주에서까지 돈을 다 받을라구라? 양심이 있소 없소?"

"광주든 서울이든 우리는 연예인입니다."

"에라 돈벌레 같으니. 전화 끊읍시다."

이후 이○○의 소녀 같은 청순한 이미지는 사라지고 돈 담는 썩은 자루로 보였다. 그래도 인간미가 있을 것이라고 생각했건만 사람을 잘

못 본 내탓이었다. 4갑 피우던 담배를 끊었는데, 이○○ 가수와 전화를 하다 보니 담배 생각이 났다. 후배한테 담배를 얻었다. 담배불을 붙이려다가 이런 일로 대장부가 10년 넘게 끊은 담배를 다시 피울 수는 없었다. 그때 퍼뜩 떠오른 사람이 있었다.

"여보세요? 정○○ 선생님 맞으시죠?"

"네 그렇습니다. 어디신가요?"

"여기는 전라도 광주입니다. 저는 이지현이라고 합니다. 5월행사 관계로 상의를 드리려고 합니다만……."

"광주요? 제가 어떻게 도와드릴까요?"

"5월 17일 전야제 행사에 와주시면 됩니다. 간단한 인사만 하면 되구요. 그런데 교통비밖에 못 드리니 양해해 주십시오."

"광주가 부르면 무조건 달려가야죠."

이런 감동이 어딨나? 짭새들과 싸우다 나도 몰래 독종이 돼버렸다. 그렇게 독하게 마음먹었건만 한 쪽 남은 오른쪽 눈에서 눈물이 흘렀다. 나를 울린 사람은 정한용 탤런트였다.

5월 16일, 마중 나갔다.

"반갑습니다. 전화 드렸던 이지현이라고 합니다."

"정한용입니다. 고향은 충청도이고 나이는 ○○입니다."

"네, 저는 속 없이 ○○살 먹었습니다."

"동안이시네요? 그러면 제가 형님으로 모시겠습니다."

"아니, 충청도 출신이 그렇게 화끈하십니까?"

"저는 전라도 사람들을 좋아합니다. 그래서 김대중 총재를 존경했고 제가 대선에서 유세를 했지 않습니까?"

"그러면 공천을 달라고 하지 그랬어요?"

"정치는 아무나 합니까?"

"그래도 잘 할 것 같은데요."

"형님, 말씀 낮추시라니깐요."

"그래 알았어. 정 선생 고마워."

"전번에 영국을 갔다왔거든요."

"무슨 일로……?"

"DJ가 생각나서 만나고 왔는데 씁쓸합니다."

"왜?"

"귀국해서 다시 정계 복귀하시라고 했다가 얻어듣고 왔습니다."

다음 날 5월 17일, 5·18 구 묘역에서도 전야제에서도, 어디를 가나 정한용 선생은 인기가 좋았다. 연기력도 출중했지만 1992년도 대선에서 김대중 후보 지지 연설을 했던 인연 때문이었으리라. 전야제가 끝나고 술이나 한 잔 마시자고 했으나, '광주에서는 경건해야죠'했던 정한용. 그는 광주의 기를 받아서였을까, 김대중 총재의 부름을 받고 경기고 선배인 김기배 의원으르 제끼고 14대 국회에 입성했다. 그리고 김대중 총재는 정계복귀 후 1997년 12월 19일, 마침내 대통령에 당선됐다. 도청 앞 분수대도 춤췄다. 우리는 희열의 눈물을 쏟았다.

민주주의 민족통일 광주·전남연합과 '5·18공대위' 시절

참고로 민족·민주운동 진영의 흐름을 살펴보자.

광주에선 80년대 중반까지 강경파 유족회의 전계량, 정수만 회장과 강경파 부상자회 이지현, 오청동의 정태영 회장 소속의 회원들이 선두에서 싸웠다. 또한 5·18기념사업추진위원회와 민주쟁취국민운동본부(국·본)을 중심으로 시민 학생들과 연대하여 투쟁했다. 그러던 중 1990년 1월 22일 3당 합당이 발표되었으며, 2월 9일 거대정당인 민자당이 탄생했다. 하여 1990년 3월 29일, 운동역량이 결집된 "민자당 일당독재 분쇄 및 민중기본권 쟁취를 위한 전국연합"이 결성되었고, 1990년 4월 7일 광주·전남 민주연합을 꾸렸다. 공동의장 강신석, 전계량, 정동년, 오종열, 임재복, 김정길(초대 사무처장 조봉훈), 1990년 10월 27일 사무처장 나상기, 중앙집행위원장 김정길로 조직을 개편했다.

그 후 민자당 일당독재 음모분쇄 및 민중기본권 쟁취를 위한 국민대회를 개최하여 강경투쟁을 전개했다. 그런 상황에서 1991년 4월 29

일, 명지대생 강경태 학생이 경찰이 휘두른 쇠파이프레 맞아 사망한 사건이 발생했다. 그리고 박승희, 유용하, 정창수 등이 자살하여 분신 정국이 형성됐다.

1991년 5월, 강경대, 박승희 윤용하, 정상순, 김철수 등 분신정국을 위한 대책위를 결성했다. 그때부터 전교조 출신 지도급 인사들이 대거 참여했다.(오종열 대책위원장, 홍광석, 정병표, 장석웅 등)

1991년 7월 16일, “민중운동 탄압분쇄와 반통일정권 노태우 정권 퇴진을 위한 국민대회”로 명칭을 변경했다.

1991년 9월 17일, 민족·민주운동 진영의 상설연합건설, 위원장에 정광훈 전농의장, 부위원장에 이철우 목사, 고진형 선생(전교조), 장미화(여성운동가), 중앙집위원장에 김정길, 대변인 홍광석 등…….

그런 과정을 거쳐서 1991년 11월 16일 “민주주의 민족통일 광주전남연합”을 결성. 공동의장 정광훈, 이철우, 중집위의장 김정길, 사무처장 정병표, 대변인 장석웅으로 체제를 보강하여 “노태우 정권 퇴진 및 민중운동 탄압봉쇄와 반통일정권 타도를 위한 국민대회”를 11번째 개최했다. 그러는 과정에서 민주연합실무자들은 대부분 수배나 구속의 아픔을 겪는다.(이경률, 이상걸, 정채웅, 장진성, 박현주, 유귀숙, 전진숙, 최선진, 최혜영, 최영신, 민용기, 김영관, 남기남, 임성진, 김성보, 김동열, 고애순, 박승일, 정당금, 조정하, 안태선, 이수진<무순>)

그리고 숙명의 1995년, 전두환·노태우의 공소시효가 만료되는 해였다. 5월 가족과 애국시민들은 3당합당으로 더욱 견고해진 전·노 일당을 역사의 단두대에 세워야겠다는 각오였다. 그러나 대부분의 지도급 인사들과 시민들은 당위성에는 공감을 하면서도 민자당 정권 하에서 이뤄질 것이라는 데에는 부정적이었다.

그 동안 민주진영은 민주연합에서 민주주의민족통일전국연합으로 전선을 확대했다. 전교조가 힘을 보탰고 전국 학생운동의 중추적 역할을 한 남총련이 가세했다. 그리고 각 부문의 대표성을 가진 분들을 공동의장으로 모시고, '전두환·노태우 처단을 위한 5·18 공동대책위'(공대위)를 결성했다. 각계를 대표해서 가톨릭 조비오 신부, 개신교 조아라 장로, 강신석 목사, 법일 스님, 명노근·김동원 교수, 법조계 정웅태 변호사, 정동년 5월 대표, 농민 정광훈 등으로 하고, 집행위원장 정수만 유족회장, 대변인에 5·18부상자동지회 초대회장 이지현, 사무국장 문희태, 총무과장 박강배, 실무자 허연식, 박영진 등. 안평환은 남총련에서 상근이라는 가명으로 파견되어 비상근으로 참여했다. 전투 진용을 갖췄다. 그러나 자금을 어떻게 마련하느냐가 골칫거리였다. 그래서 대책회의가 열렸다.

"죽자 살자 하는 각오로 싸우면 되지 않겠습니까?"

"원론적으로는 그렇지만 솔직히 가능하겠소?"

"상황은 어렵죠. 그렇다고 포기할 순 없잖아요?"

"그렇긴 합니다. 특히 돈도 없고……."

"투쟁단체를 모집해서 분담금도 갹출하고, 하는 데까지 해봅시다."

시민 사회단체에게 돈 문제는 절실하면서도 민감했다. 그러나 극복해야 할 과제였다. 자칫 구설수에 휘말릴 수도 있어서 나서는 사람이 없었다. 호랑이 가죽은 욕심나는데 호랑이 굴에는 안 들어가겠다는 것 아닌가? 그래서 할 수 없이 내가 기획을 해보겠다고 했다. 그리고 강○○ 목사와 정수만 유족회장을 조용히 모셨다.

"목사님, 우리가 감옥에 가느냐, 전두환을 감옥으로 보내느냐 둘 중의 하나는 패배자가 되어야 하는 싸움 아닙니까?"

"암, 우리가 이겨야지."

"그렇죠. 전·노 일당을 보내부러야 한이 풀리지라."

"지현이 동생, 내가 집행위원장이지만 돈을 만드는 데는 재주도 없고 나서지도 않겠네."

"수만이 성님, 목사님과 형님께서 어떻게 돈 얘기를 꺼내겠습니까? 그랑께 저랑 동행하셔서 가만히 계시면 됩니다."

"그래, 알았네."

우리는 며칠 후에 긴장된 모습으로 모처에 갔다.

"○○님, 안녕하십니까? 저는 부상자회 회장을 지낸 이지현이라고 합니다."

"네, 알고 있습니다."

"오른쪽에 계신 분은 재야원로이신 강○○ 목사님이고, 왼쪽 분은 5·18 유족회 정수만 회장님이십니다."

"네, 방문해주셔서 고맙습니다. 무슨 용건이 있으십니까?"

"네, 아주 긴박합니다."

"허심탄회하게 말씀해 보십시오."

"○○님께서 익히 아시다시피 금년이 전두환·노태우의 공소시효 만기가 아닙니까?"

"그렇죠. 벌써 15년이 됐군요."

"그래서 우리가 가만있을 수 없어서 왔습니다."

"……."

“○○님이나 저희들이나 역사의 죄인이 되지는 않아야 하지 않겠습니까?”

“그렇죠.”

“그래서 드리는 말씀인데 저희한테 후원을 좀 해주시면 안 되겠습니까? 저한테 빌려주십시오.”

“……네?”

“죄송하지만 가능한 부분만 도와주십시오.”

“저도 광주시민이니 성의 표시는 하겠습니다.”

“고맙습니다. 광주학살의 죄인들을 처벌하여 그 은혜에 반드시 보답하겠습니다.”

목사님께서는 인사 외에는 아무 말씀도 하지 않았다. 면담이 끝난 후 수만이 형님께서 빙그레 웃으며 말했다.

“어이 지현이, 자네 비위가 참 좋네잉”

“형님, 제가 사적인 문제로 요청하면 얼마나 자존심 상했겠습니까?”

“나도 가만있었지만 쬐끔 쑥스러웠네.”

“목사님, 오늘 너무 고맙고 죄송합니다.”

우리는 희망을 그리면서 웃으며 헤어졌다. 왠지 잘 될 것 같은 아주 불길한(?) 예감이 들었다. 한편으론 혹간 잘못되면 검찰에 끌려갈지도 모른다는 생각이 엄습했다. 갑자기 한 사람의 얼굴이 떠올랐다. 내가 만약에 다시 교도소에 가면 우리 엄니는 얼마나 힘드실까?

투쟁자금 마련과 95년 명동성당 농성 투쟁

전두환·노태우 처벌의 물꼬를 튼 것은 부상자회였다. 부상자들이 전남도청 앞에서 지속적으로 시위를 했다. 결정적인 동력은 1988년 노태우 정권의 '민화위' 참여 문제로 갈라진 부상자들이 다시 하나가 된 것. 그래서 도청 앞 시위는 부상자들이 국민들께 바치는 '죄씻김'의 성격도 있었다. 그러나 3당 합당으로 김영삼이 대통령에 당선되어 임기 중반에 접어든 사회적 분위기에서 도저히 전두환·노태우를 처벌할 수 있는 법을 제정할 수 없는 분위기였다. 그래서 유족과 부상자들이 주축이 되어 옛 수협 앞에서 서명을 시작했다. 그런데 장기적인 투쟁을 기획해서 버틸려면 절대적으로 필요한 게 돈이었다. 그래서 할 수없이 모금을 시작했는데 건설회사를 하는 박형선 선생이 금일봉을 쾌척했다. 정의를 위한 모금은 그렇게 어려운 것이 아니구나 생각하고 몇 군데를 더 다녀야겠다며 야심차게 이 모 선배를 찾아갔다.

"선배님, 아시다시피 우리가 상경투쟁도 하고 집회도 해야 하니 도움이 필요합니다."

"그렇지. 세상에 돈 없으면 되는 게 있겠는가?"

"아시고 계시니 조금 도와주십시오."

"오셨으니 체면은 세워드려야제."

"고맙습니다."

"나는 ○○을 보태겠네."

흔히 말하는 껌값 수준이었다. 명예도 있고 돈도 있으며 배짱도 있다고 생각했는데 실망했다. 지금 생각하면 목마른 사람이 샘을 판다고, 그거라도 고맙다고 받았어야 했지만, 도저히 그럴 기분이 아니었다. 속이 뒤집어졌다. 그래도 꾹 참고 말했다.

"선배님, 그렇게 어려우신 줄 몰랐습니다."

"사실 요즘 힘드네."

"받은 걸로 하겠습니다. 이걸로 직원들 차나 사주십시오."

"아따 이 회장, 내 성의를 무시하면 되나?"

"제가 용돈 달라는 것도 아니고 광주학살 원흉 전두환·노태우를 철창에 집어 넣어보겠다는데 너무하지 않습니까?"

돈봉투를 팽개치고 나오자 모 선배는 현관까지 따라 나왔다. 정말 꼬라지도 나고 심한 모멸감을 느꼈다. 내가 이렇게 기분을 잡치고 선배와 불편하면서까지 자금책(?) 역할을 해야 하나 생각하니 처량했다. 잘못되면 '문화대학(교도소)'에 입학할 수도 있고, 그러면 불쌍한 울엄니는 또 한숨 지을텐데하는 생각이 들어서 관두고 싶었다.

전두환을 잡기 위해서는 기본적인 경비가 필요하지만, 운동권 출신들은 자존심 때문에 돈을 만드는 데는 나서지 않으려고 했다. 그러나 누군가는 꼭 해야만 할 일이 자금을 모집하는 일이었다. 그래서 화가 났지만 참고 자신을 달랬다. "꺽달아. 대장부가 이까짓 일로 속상해하면 되겠느냐? 힘을 내라." 그렇다. 무언가 돌파구를 찾아보자. 그렇다고 죄송하다며 그거라도 감사하다고 받으러 갈 수는 없지 않은가? 그래서 부랴부랴 며칠 후에 강○○ 목사와 정수만 유족회장을 모시고 모처로 갔다.

"○○○님, 시간을 내주셔서 고맙습니다."

"반갑습니다. 요즘 고생이 많으시죠?"

"네 덕분에 버팁니다만 어렵습니다."

"용건이 있는 것 같은데 말씀하십시오."

"금년 말이 전두환 일당 공소시효가 끝나는 해 아닙니까?"

"무슨 뜻인지 알겠습니다. 뭘 도와드릴까요?"

"두 가지입니다. 첫 번째는 우리 유가족 어머님들과 부상자들이 수협 앞에서, 전두환 노태우 처벌을 위한 서명 작업을 하고 있습니다. 그러니 서명을 해주시라는 겁니다."

"당장 하겠습니다. 두 번째는 무엇입니까?"

"쑥스럽긴 합니다만 집회를 하려면 돈이 필요해서요."

"그러면 영수증 처리를 해줄 수 있죠?"

"네, 염려마십시오. 투명하게 해드리겠습니다."

나는 구세주를 만난 듯했다. 사람에 따라서 이렇게 다를 줄이야. 그 날 우리는 좋아 죽는 줄 알았다. 역시 큰물에서 활동하는 분은 다르구나 인식했다. ○○○은 다음 날 약속대로 직원들과 함께 서명을 했다. 그 분은 허경만 전 전남도지사이며, 양해를 구하고 실명을 공개한다. 분위기가 호전됐고, 관망하던 시민들의 참여가 늘어났다. 얼마 후 1980년 5월 사진을 갖고, 6월항쟁을 승리로 이끈 서울의 명동성당으로 향했다. 일부러 참혹하거나 잔인한 사진들을 빼고 전시를 하는데,

그래도 서울시민들은 분노했다. 그리고 서명을 하려고 줄을 섰다. 입에서 입으로 광주의 아픔과 진실이 전달됐다. 서울 민심을 폭발시킨 명동성당 농성은 유족과 부상자들이 주력부대였다. 상경투쟁이나 동원을 할 때 모두 합쳐 200여 명 정도. 구속자들은 기고문이나 성명서로 응원했고, 아스팔트 위에서는 기동타격대 출신 김현채(고인), 임성택, 김태찬, 이재춘, 나일성과 박주석, 양기남 회원 등이 싸웠을 뿐이다. 그때 목숨 걸고 싸웠던 동지들은 두문불출하거나 조용히 살고 있는데, 5·18광주민중항쟁의 이미지를 흐리는 사람들이 나타났다. 그래서 주먹밥 공동체 광주가 멍들고 있다. 더 이상 부끄러운 모습을 보이지 않았으면 한다.

아놀드 피터슨 목사와 서채원 전 부의장

1995년 5월 10일 피터슨 목사가 한국을 방문해 11일에 기자회견을 열었다. 2018년 별세한 아놀드 피터슨 목사는 5·18 당시에 선교사로 활동하는 과정에서, 미군 하사로부터 '광주 공습 경보' 소식을 들었다. 미군이 헬기를 광주에 보내 자국민을 대피시키겠다고 했으나 가지 않겠다고 했고, 당신의 집 발코니에서 부인인 바바라 피터슨 씨와 함께 헬기 기총소사를 목격했다. 이러한 사실을 피터슨 목사 부부는 광주에 며칠 머무르며 집회에서 증언했다. 그리고 5·18 구묘지를 참배하며 5·18영령들의 넋을 기렸다.

5·18 15주년 아니, 전·노의 공소시효를 7개월 남긴 광주는 술렁거렸다. 그래서 기대감도 높았다. 『아놀드 A. 피터슨 목사의 '80년 광주' 증언록 5·18광주사태』(풀빛출판사) 출판비와 경비 등 5,000만 원을 평범한 한 시민의 진상규명의 의지로 마련되었다. 그 분은 5·18부상자동지회 간부를 지내다 지방의회에 진출한 젊은 의원이었다. 기초의원과 광역의원을 내리 5선을 하며 광주시의회 부의장을 지낸 서채원 씨가 장본인이다. 글을 쓰다가 문득 서채원 전 의원이 떠올랐다.

"서 의원, 1995년도 일이 생각난가?"

"아따 형님, 기억이 생생하지라."

"어떻게 해서 피터슨 목사를 초청하게 됐는가?"

"일신교회 박상태 목사님과 대전 침례신학대학교에 재직했던 정동섭 목사님의 공이 컸습니다."

"그럼 그때 지원 좀 받았는가?"

"말도 마이시오. 한 푼도 안 받았소."

"책을 몇 부나 발행했어?"

"3,000부를 발행했는데 얼마 안 팔렸어라. 그런데 나중에 참고자료로 쓴다고 해서 줬구만이라."

"그때 자네가 고생했지. 내가 농담으로 목사님 존함이 피터슨이어서 피터진 목사라고 했제."

"형님, 벌써 26년이 돼부렀구만이라잉."

"요즘 공법단체 만드는 과정에서 별의별 추태가 있는데, 그때 우리는 죽을 각오로 싸웠잖아?"

"우리가 제발 정신차려야지라……."

공법단체 때문에 온 동네가 시끄러워 부끄럽다. 그때는 버스비도 나눠쓰고 인정과 의리도 있었다. 5·18 유공자가 5,000명 되지만, 그 당시에는 열정적인 5월가족이 200여 명밖에 안 되었다. 유족과 부상자들이었고 구속자는 불과 몇 사람만 참여했다. 그러나 일당 천의 기백으로 5월투쟁을 준비했고 힘이 들었지만 신이 났다.

9월이 되었다. 돈을 모으느라 자존심이 엄청 상했고 고생을 했다. 그렇지만 투쟁자금이 생기니 힘이 솟았다. 그래서 도청 앞 집회를 시작했고 명동성당 앞에서 사진전을 열며 전두환 처벌을 외쳤다.

민주연합 시절은 주로 한 달변가가 사회를 맡았다. 그러다 구속을 당했다. 이경률 동지이다. 이제 그 후배가 없는 빈 공간을 마땅히 메꿀 사람이 없었다. 아니 사람은 있었으나 구속 가능성이 높으니 나서려고 하지도 않았고, 또한 부탁하기도 어려웠다. 할 수 없이 내가 나설 수밖에 없었다. 자금 모집책으로 몰릴 판이니 사회를 보다가 구속을 당하면 조금 휴양(?)하다 오면 되겠다고 생각하니 마음이 편했다. 그래, 국립호텔(?)을 무료로 이용하자.

“자랑스러운 광주시민 여러분, 구국의 횃불 남총련 학생 여러분 안녕하십니까? 사회를 맡은 이 사람은 5·18때 한 쪽 눈을 잃은, 5·18 부상자동지회장을 지낸 이지현이라고 합니다. 애국학생 여러분께 인사 올립니다. 저는 한 쪽 눈이라도 남아있습니다. 그런데 양쪽 눈이 없는 분, 아니 지금도 시신도 찾지 못한 분도 계십니다. 어떤 행불자의 어머님은 지금도 행여 자식이 돌아올까 봐, 집을 옮기지도 못하고 대문을 열어놓고 기다리고 있답니다. 그런데 광주시민을 학살한 놈들은 지금도 살아있습니다. 그놈이 누구인 줄 아십니까?”

“전두환 일당입니다!”

“다시 묻겠습니다. 살인마가 누구라고요?”

“전두환 일당입니다!”

“광주를 피로 물들이고 역사를 후퇴시킨 민족 반역자 전두환 일당, 금년이 그놈들의 공소시효가 끝나는 날입니다. 그놈들을 놔둬야 되겠습니까?”

“아닙니다. 처벌해야 합니다!”

“맞습니다. 결단코 처단해야 합니다. 그러니 힘차게 구호 한 번 외칩시다. 광주시민 대동단결 광주학살 규명하자!"

"광주학살 규명하여 미국놈들 몰아내자!"

"미국놈들 몰아내고 조국통일 앞당기자!"

"여러분, 역시 광주의 아들 딸들입니다. 고맙습니다. 우리의 의지를 모아서 5월의 노래를 힘차게 부르면 어떻겠습니까?"

꽃잎처럼 금남로에 뿌려진 너의 붉은 피
두부처럼 잘려나간 어여쁜 너의 젖가슴
5월 그날이 다시 오면 우리 가슴에 붉은 피 솟네
산자들아 산자들아 모여서 함께 나가자
욕된 역사 고통없이 어떻게 헤쳐나가랴
오월 그날이 다시 오면 우리 가슴에 붉은 피 솟네

"다음에는 광주시민의 결의를 담아서 삭발식을 하겠습니다. 삭발은 전 5·18부상자동지회 간부로 활동하다 지금은 광주 남구의회에 재직 중인 서채원 의원님이 하겠습니다. 명노근 교수님께서 머리를 깎아주겠습니다. 삭발식을 하는 동안에 '광주출정가'와 '님을 위한 행진곡'을 불러주십시오."

우리는 폭염을 뚫고 전두환·노태우를 구속시키겠다는 열기로 금남로를 달궜다. 서서히 전·노 일당의 공소시효 만기가 다가오고 있었던 1995년 여름이었다.

4

어느 봄날의 약속

1995년 11월 27일

1995년 7월 18일, 검찰은 5·18학살자에 대한 공소권 없음을 발표했다. 그러자 7월 19일, 유족과 부상자들 33명이 상경을 했다. '성공한 쿠데타는 처벌할 수 없다'는 검찰의 기소를 위해서 명동성당 앞에서 사진전을 펼쳤다. 7월 21일 광주에서 조찬 회동이 열렸다. 당시 광주의 맛집으로 유명한 '뽐뿌집'에서 추어탕 한 그릇을 놓고 대책회의를 한 것이다. 그리고 '5·18학살자 재판 회부를 위한 공동대책위(공대위)'를 결성했다.

공동위원장에는 조비오 신부, 강신석 목사, 명노근, 송기숙, 이광우, 김동원 교수, 법일 스님, 정웅태 변호사, 집행위원장에는 정수만, 대변인 이지현, 사무국장 문희태, 총무국장 박강배, 기획국장 허연식, 정책부장 박영진 등을 포진시켰다.

서울에서는 그날, 민주주의 민족통일 전국연합 중심으로 청와대를 항의방문했다. 그리고 7월 22일, 5·18학살자 기소 관철을 위한 1차 국민대회를 전국 동시 다발 집회로 개최했다. 종묘공원에 2,500여 명이 모였고, 정상용 의원과 광주지역 의원 등 100여명이 5·18학살자 재판회부를 위한 국토순례를 시작했다. 2차 국민대회는 7월 28일에 열렸고 삭발투쟁을 시작했으며, 학살 주범 체포조를 결성했다. 8월 9일에는 한총련 단식단과 함께 남대문에서 사진전을 펼쳤다. 목에 5월 영령 사진을 걸고 시가행진을 하다가 태극기 부대의 원조인 '보수 꼴통'들을 만났다. 당연히 시비가 붙었다.

"전라도 것들은 가짜 사진을 걸고 진짜처럼 염병하고 있잖아?"

"여보시오. 뭣이 어쩐다고라?"

"세상에 대한민국 군인들이 이렇게 잔인하게 시민들을 죽였다면 누가 곧이듣겠소?"

"집이들은 속고만 살았소?"

"아니 진짜라는 증거가 있소?"

"그럼 비싼 밥 퍼먹고 거짓말 헌다구라?"

"그러니 폭도 빨갱이라고 하죠."

"뭣이 어째라? 폭도 빨갱이?"

"왜? 그럼 폭도 빨갱이 소리는 듣기 싫소?"

"여보시오. 시방 뭣이라고 했소?"

"그러니까 전라도 사람들은 상종을 안 해야……."

"터진 주댕이라고 함부로 놀려대면 못 참소잉."

"주먹이라도 날릴 것 같은데……."

"진짜 주먹이 운다."

"뭣이? 전라도 개땅쇠 새끼들."

"뭐시여? 개땅쇠. 이런 X같은 새끼 같으니."

"니 X이 뭣 같으면 갓을 쓰고다니겠다."

"이 X같은 놈 오늘 잘 걸렸다."

"내가 할 소리다. 한판 붙자."

명동 한복판에서 패싸움이 붙었다. 비록 가난해도 '깡다구'와 주먹과 배짱만은 전라도 사람들이 한 가닥 하는 것 아닌가? 멱살을 잡고 뒹굴다 보니 옷이 찢어졌다. 이런 실랑이가 가끔씩 일어났다. 어떨 때는 경찰이 출동하기도 했다. 투쟁 과정에서 '5·18국민위원회'가 출범했다. 그래서 8월 16일에는 '국민위원회'와 '5·18공대위' 공동주최로 3차 국민대회가 개최됐다. 경찰들이 심심했던지 아니면 출세하려고 환장했던지, 대회장에 난입하여 참가자들을 연행하고 폭행했다. 10월 14일, 대학로 마로니에 공원에서 5,000여명이 참석하여 '김영삼 정권 실정 규탄과 민주개혁 쟁취를 위한 국민대회'를 개최한 후 명동성당까지 평화행진을 했다. 한총련 소속 구국 결사대는 민자당사를 기습 점거했으며, 천주교 정의구현사제단은 명동성당 시국기도회 및 촛불시위로 김영삼 정권을 압박했다.

그래도 정치권에 큰 변화가 없었다. 그래서 우리는 자존심을 달래며 11월 27일에 국회를 방문했다. 미리 예약을 했지만 인원이 많다고 제한을 했다. 나는 나이는 어렸으나 대변인이라는 직책 덕분에 김대중 총재와 국회의원들과 함께했다. 어른들이 격앙했다.

"우리가 광주에서 열심히 싸워갖고 평민당이 창당할 수 있었지 않습니까?"

"5·18에다 맨날 숟가락만 올려놓고 염치가 없지 않냐구라."

"이래갖고 내년에 표 주라고 할라요. 예?"

"국회의원들은 뭣 하고 자빠졌다요? 안 되면 사퇴라도 해야 될 것 아니요?"

국회의원들이 변명을 했지만 분위기가 험악해졌다. 그러자 김대중 총재가 나서서 해명을 하기 시작했다. 그러던 중 비서가 전화를 바꿔줬다. 김대중 후보가 눈을 감고 말문을 열었다.

"머시냐……. 김영삼 대통령께서 5·18특별법 제정 지시를 민자당에 했다구만이라."

우리는 박수를 쳤다. 눈물이 났다. 그런데 김대중 총재는 그렇게 밝은 모습이 아니었다. 광주문제로 총선승리를 이끌겠다는 기대가 무너져서인지 모르지만, 1995년 11월 27일 그날의 표정을 결코 잊을 수가 없다.

운동권의 패착과 괴짜(?)경찰관 안천순 선생

알려지지 않는 5·18 야사를 쓰는 과정에 한 후배의 도움이 필요했다.

“어이 문희태 선생, 잘 계신가?”

“아니, 회장님이 웬일이십니까?”

“내가 페북에 글을 쓰고 있는데, 실무자들의 이름이 잘 생각이 안 난께 좀 봐 주시게.”

“네, 알겠습니다. 그런데 그때 우리랑 친하게 지냈던 안천순 선생은 어떻게 지내신다요?”

“왜, 보고 싶은가?”

“그 양반은 우리 운동권이나 다름없었잖아요? 김치도 담가다 주시고……. 훌륭한 경찰이라 보고싶네요.”

1980년 중반부터 1995년까지 시위와 각종 행사의 활동가였던 문희태 씨와, 당시 동부경찰서 정보과 형사로 재야운동권과 5·18단체들을 총괄하여 담당했던 안천순 씨를 점심시간에 만났다. 반가운 악수와 건강을 묻는 정겨운 모습이 마치 오래된 지우를 만나는 것 같았다. 한 분은 직장암, 한 분은 대장암으로 수술·항암치료를 마치고 요양 중이었는데, 두 시간 정도 이야기꽃을 피웠다.

안천순 씨는 프락치를 두는 것을 경멸했다. 그래서 새벽이나 한밤중까지 구박과 퇴장을 당하면서까지 "나는 공무원이다. 너희들을 도와 시위와 집회문화를 정착시키겠다는 생각이고, 너희들의 의견을 공식적으로 보고하고 도와줄 생각이다"라고 했다. 의심이 많은 우리는 처음에는 '별놈'이라고 무시했다. 그러다가 진정성이 보여 오히려 운동권의 우군으로 활용했다. 그래서 7~8년 동안 묵묵히 직책을 수행하며, 상사들에게 우리의 입장에서 건의하고 보호해 주었다. 그가 담당했던 기간 오월집회를 마치고 해산하려는 과정에서, 모 인사가 도청을 접수하라고 선동하여 시위군중이 도청을 점거하게 한 일로 사회자 1명을 구속시켰을 뿐, 재야운동권과 경찰수뇌부의 중간역할을 잘 해주었음을 잘 안다. 그래서 재야단체에서는 "전에도 없었고 앞으로 없을 괴짜 정보요원, 아니 존경하는 분"이라고 인정하던 형사였다.

1990년 1월 22일 민주세력에게 위기를 느낀 노태우 정권은 3당야합으로 위기를 모면하려고 했다. 그러나 시민학생들의 민주화 요구는 거세졌다. 내가 국회의사당 점거와 이철규 열사 사인 규명 투쟁으로 진주교도소에서 수감 중이던 1991년 4월 26일, 명지대생 강경대 씨가 진압대원이 휘두른 파이프에 맞아 사망했다. 그 후 전남대생 박승희 열사를 시작으로 윤용하, 정상순, 김철수 등 6월 29일까지 10여 명이 분신과 투신 등으로 분신정국이 요동을 쳤다.

그때 전교조에 부정적이던 정원식 씨가 국무총리 임명을 받고서 마지막 강의를 하기 위해 한국외국어대학을 방문했다. 그러자 격분한 학생들이 계란과 밀가루 세례를 하였다. 그것이 덫이었을까, 호시탐탐 기회를 노리던 보수세력과 언론은 학생운동권과 재야운동세력을 향해 본색을 드러냈다. 강경대 씨의 죽음을 시작으로 노태우정권의 폭력성을 규탄하기 위해 시작된 죽음의 행렬은, 국무총리 테러라는 학생들의 오판과 언론의 횡포로 막을 내렸다.

그리고 1992년 말 대선에서 '닭의 모가지를 비틀어도 새벽은 온다'고 한 김영삼 후보가 김대중, 정주영 후보를 누르고 대통령에 당선됐다. 1993년 취임 첫해, 망월동 5·18 묘지 참배를 하겠다고 발표했다. 긴장한 광주에서는 모든 재야단체와 학생대표들이 대책을 위해 모였다. 결론은 3당 야합으로 대통령에 당선 되었으니, 민주화의 성지인 광주에서는 인정할 수 없다는 강경한 태도를 보였다. 그래서 참배 전 보따리를 풀어 보여 달라고 요구하였으나, 대통령은 참배 후 향후 방안을 밝히겠다고 했다. 광주·전남 재야단체 중 일부는 김영삼 대통령의 5·18묘지 참배를 허용해야한다는 의견이 제시되기도 했으나, 강경파와 남총련이 주도적으로 망월동 묘지 참배를 결사적으로 막겠다고 선언했다. 남총련 학생들이 망월묘역을 선점함으로써 대통령의 참배가 무산되었다.

그때 동부경찰서 정보과 안천순 형사가, 집행부에게 "대통령의 묘지참배를 막는 것은 말이 안 된다. 그렇게 할 경우 많은 시민들이 등을 돌릴 것이다. 모택동 '16자 전법'을 보면 인민은 물이고 유격대는 물고기다. 만약에 광주시민의 정서마저 거부한다면 재야운동권 기반부터 무너지게 될 것이라며 대통령이 참배 할 수 있도록 해야 한다"며 간곡하게 말을 했다. 그러나 거절당했다. 지난 일이지만 1991년 한국

외국어대 사건과 1993년 김영삼 대통령 5·18묘지 참배 거부 사건을 지혜롭게 대처했다면 어땠을까 하는 아쉬움이 든다.

1980년 5월 이후 수많은 공안기관 사람들을 만나보았으나, '짭새' 만 있었지 경찰은 없었다. 그런데 모범적인 사람이 나타난 것이다. 운동권의 모씨가 어렵다고 하니, 1억이 넘은 돈을 은행을 통해 빌려줬다가 감찰부로부터 "왜 빨갱이한테 그랬느냐"고 곤욕을 치르기도 했다. 어떤 상근자에게는 향기 그윽한 바디워시와 수건을 예쁘게 포장하여 선물했다고도 한다. 이처럼 인간미가 넘치고 겸손한 안천순 선생. 그래서 우리는 '짭새'라고 놀리지 않고 선생님이라 부르게 됐다. 아무튼 안 선생의 예상대로 대통령의 참배 거부로 민심이 이반됐다. 설상가상으로 윤 모 선배가 귀국한 후, 5·18기념재단 설립을 두고 갈등이 증폭되자, 시민들이 신봉했던 광주 재야세력이 타격을 입을 수밖에 없었다.

그 후 김영삼 대통령은 군대 내의 하나회 조직을 해체하고, 전두환·노태우를 구속 시키며 5·18의 위상을 높였지만, '5월전쟁'은 아직도 진행 중이다.

1987년 6·29 이후부터 1993년까지 정보과에서 근무했던 안천순 선생. 그리고 1994년 이후 연합 실무자로 들어와 2014년까지 투신한 문희태 씨와 이야기를 나누며 지난날을 회상했다. 아직 5·18에 대한 진상이 밝혀지지 않고 있으며, 암매장당한 영령들은 잠들지 못하고 있다. 하여 역사는 진전하지 않으니 얼마나 통탄할 일인가! 또한 공법단체 때문에 시끄러운 '5월광주'를 보면서 부끄럽다. 그래서 품성 좋은 시인으로 활동 중인 안천순 선생의 시 한 편으로 광주시민의 정서를 대변하고자 한다.

잃어버린 좌표
- 다시 생각하는 오월

몽필 안천순

그해 오월
불타던 아스팔트 위에 피를 뿌리며
목이 터져라 외쳐대던 민주와 정의
손잡고 껴안고 식어버린 주먹밥을 나누던
그대들의 아름답고 정겨웠던 모습들을 기억해 낸다
5·18에 대한 미국의 책임과
진상을 밝히고 책임자를 처단하라는 피울음 속
투사보다는 전사가 필요하다며
온몸에 신나를 쏟아 붓고 지옥 불을 끌어 댕겨
제단에 바쳐졌던 끄슬려 오그라진 고통들을 기억한다
헬기의 섬광을 목격하고 숨을 죽였던 사람들
생생한 총알자국의 흔적으로 남아있는 그날의 이야기
총 맞은 시신이 손수레에 실려 오던 절망
길거리에 나뒹굴던 참혹한 주검
아직도 찾지 못해 애가 타는 말라버린 눈물들
별 두 개가 셋, 넷이 되더니 대통령이 되고
국민의 심장을 정조준했던 살육자들은
살육의 전공으로

가슴에 훈장을 달고 승승장구했으면서
지금까지
모르쇠로 일관하고 있는 그들의 민낯을 본다
열렸던 광장
광주의 함성 한가운데 불리고 보였던 얼굴들 중
대통령도 되고 국회의원도 되고
준비되지 않은 욕심으로 자초한 실패했던 아픔
끝내 재산 싸움으로 시작 되어 무너진
전 대통령 자식들의 부끄러운 행태를 본다
슬프다
어찌 그대들 탓만 할 수 있겠는가
세상이 그렇게 하라고 가르치는데
욕망의 그림자를 벗지 못한 패거리들의 행보
뉘우침과 사죄 대신 항소장으로 어깃장을 지르는
부끄러움도 모르는 불쌍한 사람도 있는데……

5·18학살자 재판회부를 위한 공동대책위와 민주화운동가들의 심장 강신석 목사

2021년 2월 5일, 군부독재의 폭압에도 결연하게 버틴 강신석 목사님(84세)이 소천했다.

1938년 8월 24일, 광주에서 강주원 목사의 아들로 태어나, 대성초, 광주서중, 광주고, 한신대를 졸업한 목회자이다.

1963년 해남 송석교회에서 목회를 시작하여, 당신이 개척했던 광주 무진교회에서 2007년에 은퇴했다. 일부 교회가 세습화되고 정치의 하수인이 되어 비난받는 현실에 비하면, 아들 강의준 목사까지 3대에 걸친 강신석 목사의 발자취는 귀감이 아닐 수 없다. 1976년 목포 연동교회에서 시무하던 중, 광주 양림교회에서 열린 노회에서 유신반대 성명을 낭독하여 1년여를 수감생활 뒤 특별사면 됐다. 이어 긴급조치로 4개월을 수감당하는 고초를 겪었다.

시련은 여기에서 끝나지 않았다. 전두환 신군부 세력에 의해 1980년 5월 17일, 예비검속 명단에 포함됐으나 피신하여, 서울에서 주한 독일대사 등을 만나 광주학살 만행을 폭로했다. 그러자 포악한 전두환이 가만 놔둘 리 없었다. 상무대 영창에서 혹독한 대접(?)을 받았다. 강신석 목사의 삶은 고난의 연속이었지만, 우리들에게는 희망이었다.

폭도로 불리기도 한 강신석 목사는, 1980년 12월 30일부터 제1회 '고난당한 자와 함께 드리는 예배'를 시작하여, 2001년까지 22년 동안 민주화에 헌신했다. 뿐만 아니라 미전향 장기수들을 후원했고, 출소 후에도 힘을 보탰으며, 미전향 장기수의 북송 송환에도 혁혁한 공을 세웠다. 그러나 항상 겸손한 모습으로 예수님의 사랑을 실천했다. 또한 전교조의 탄생과 해직교사들의 뒷바라지를 맡았고, 한국실로암선교회 회장을 역임하며 시각장애인들의 복지와 인권 향상을 위해 애쓰셨다. 목회뿐만이 아니다. 교육과 민주화와 통일 분야에 기여하여 2007년 참교육상과 25회 한신상을 수상했다.

5·18유족회에 이어 탄생한 곳이, 5·18민주화운동 부상자회의 전신인 5·18광주의거 부상자회가 무진교회에서 82년 8월 1일에 창립했다. 강신석 목사가 산파 역할을 했다. 뿐만 아니라 전남도청과 함께 광주항쟁 최후의 보루였던 YWCA가 1984년 유동에 신사옥시대를 열었을 때다. 독일 기독교 재단의 후원으로 건립된 광주 YWCA회관은 사무실이 없는 시민 사회단체에게 6층 전체를 무상임대 해줬다. 그래서 부상자회, 오청동, 전청련, 농민회, 전사연, 기사련 등이 혜택을 누렸다.

강신석 목사의 역량이 발휘된 것은 전두환·노태우의 공소시효가 만료되는 1995년이다. 그 당시 3당 합당으로 대통령에 당선된 김영삼 대통령의 문민정부는 "5·18문제는 역사에 맡기자"고 했고, 검찰 역시 '성공한 쿠데타는 처벌할 수 없다'는 논리였다. 1995년의 일이 생각나서 강신석 목사 빈소에서 전화를 걸었다.

"수만이 형님, 그때가 참말로 좋았어라."

"뜬금없이 뭔 말이당가?"

"1995년도 특별법 투쟁할 때 말이지라."

"요즘은 겁나게 시끄럽던데 그땐 우리 유족과 부상자들의 단결이 잘됐어. 그리고 국민들이 도와줘서 100만 명 서명운동도 성공했잖아."

"강 목사님이 상임의장, 형님이 집행위원장, 제가 대변인. 그때 우리 목사님 역할이 컸지라."

"우리가 돈 얘기를 못 헌께 자네가 안 했는가?"

"제가 목사님과 형님 믿고 그랬지라잉. 형님, 강신석 목사님 소식 들었소?"

"아니 건강이 안 좋으시다는 얘기만 들었는디."

"목사님께서 오늘 돌아가셨구만이라."

"아이쿠, 광주의 어르신 한 분이 또 떠나셨구만. 홍남순 변호사, 조아라 장로, 윤영규 선생님, 조비오, 정형달 신부님……. 우리들도 인자 얼마나 살겠는가?"

"그랑께 우리들이 모범을 보여야 할 것인디라잉."

살아계실 때는 강신석 목사의 천성적 겸손 때문에 숨겼으나, 이제는 말을 해도 되지 않을까? 1995년 '5·18공대위' 상임의장을 맡으며, 투쟁의 종자돈을 만들 때, 무등산처럼 버팀목이 되어주신 분이 바로 강신석 목사님였기 때문이다.

1996년 국회의원 선거를 앞두고 여론조사를 했는데, 여론이 악화

되어 서울에서도 민자당 후보가 대여섯 곳을 제외하고 참패할 가능성이 높았단다. 그래서 부랴부랴 김영삼 대통령이 1995년 12월 21일, '5·18민주화운동 등에 관한 특별법'을 제정토록 할 수밖에 없었다. 강신석 목사를 비롯한 대한민국의 양심세력과 국민들이 아니었으면 어찌 상상이나 했겠는가? 바로 위대한 국민들의 응원 때문이었다.

2021년 2월 5일은 5·18공법단체 설립을 위한 준비위원 명단을 제출키로 한 법정시한의 마감일이었다. 그런데 목사님의 운명의 시계도 2월 5일에 멈췄다. 대한민국의 큰 별이 떨어진 2021년 2월 5일은 5월가족에겐 또 하나의 뼈저린 날이다. 5·18과 교회와 민주화와 통일을 위해 헌신하다 강신석 목사는 떠났다. 82년 부상자회 창립할 때 심부름을 해주시던 사모님은 빈소에 안 계셨다. 가끔 "김○○ 칼국수집"에서 '팥죽'을 함께 드시며 소박한 웃음으로 감싸주던 사모님께서 요양병원에 계시다 떠나셨으니 광주천도 슬프게 흐를 수밖에…….

민주화운동가들이 꼭 들리던 사랑방 같은 곳이 무진교회였다. 힘들어도 항상 반가이 맞아주시던 우리들의 강신석 목사님. 도청 앞이든 검찰청이든 국회든 고통 받는 곳이면 항상 항상 함께하던 목사님이 바로 5·18이고 광주였다.

국민들의 성원이 있었기에 국가기념일이 되었고, 유네스코(UNESCO) 세계문화유산에 등재된 자랑스러운 5·18 광주민중항쟁이 아닌가. 강 목사님과의 이별이 5월가족의 아름다운 시작이길 기원한다. 이젠 5월 영령과 강 목사님과 시민들에게 웃음을 선물할 때가 아닌가? 그렇다. 5월 그날처럼 희망을 배달하자.

고마움과 죄송함과 함께 삼가 강 목사님 내외분의 안식을 빈다.

전두환 화형식과 동생의 고백

전두환. 참 뻔뻔한 x이다. 조비오 신부의 사자명예훼손 혐의로 재판 중인 그가 자의적 해석을 하고, 광주고법에 출석하지 않았다. 죽기 전 나이 92세. 그런데 그는 성질나게 팔팔했다. 29만 천 원밖에 없다면서 골프장에 들락거리고 고급식사를 하던 광주학살의 원흉이다. 벽에 똥칠을 하며 백세를 산다고 해도, 향후 10년 이상은 살지 못할 것인데, "에라 엿먹어라" 하기엔 엿에게도 미안하다. 그래서 5월단체는 '법정구속'을 주장했다. 그런데 결심공판을 앞두고 죽었다.

지난날을 돌이켜보자. 갈아마시자. 바늘로 쑤셔 죽이자. 똥통에 빠뜨려 뒈지게하자. 자근자근 씹어먹어불자. 갈기갈기 찢어죽이자. 오죽했으면 이런 말을 했겠는가? 전두환은 공공의 적, 살인마, 역사의 죄인, 천벌 받을 놈이라고 생각했다. 그러니 법정구속이라는 표현은 살인마에겐 '최고의 예우'가 아닐까?

전두환 덕분에 우리 집안은 박살났다. 나는 5월의 노래 가사에 나오는 손○○ 양의 가슴 잘린 시신을 수습하고 들어가다가 남동생은 화정동 전 안기부 앞 광주지부 입구에서 시위하다 한 눈을 잃었고, 남동생은 구 공용터미널 앞에서 시위하다가 영창으로 끌려갔다. 5·18 유가족과 결혼한 여동생은 목숨을 끊었다. 어머니는 여동생을 화학산 기슭에 묻고 내려온 날부터 반미치광이가 됐다. 그러다가 요양병원을 전전하다 가슴에 한을 안고 하늘로 가셨다.

아버지는 일제강점기와 6·25를 관통했다. 당신은 예체능이 뛰어났다. 특히 상여소리꾼의 역할이 탁월했고 마라톤 선수였다. 예능부분의 유전자는 내가, 체능분야는 동생인 인현이가 물려받았다. 꿈을 피울 무렵에 민족의 원수인 그놈을 만났다. 인현이 아니라, 인연이랄까?

종부인 어머니는 가난한 살림에 1년에 제사를 아홉 번을 지냈으니 얼마나 힘들었겠는가? 그런데 우리 불효자식들은 편하고 싶어 합동제사를 모시기로 했다. 2021년 5월 둘째 주 토요일에 조촐하게 산에서 제사지내고 내려오던 길에 동생이 말문을 열었다.

"형님, 거시기헌디 고백할 게 있어라."

"고백? 뭣인디야? 비밀로 해줄게 야그 해봐라잉."

"유족회 전 회장님 댁이 무슨 아파트였소?"

"아마 중흥동 광신맨션이었을 것이다."

"3층인가 기였지라?"

"그랬을 것인디 왜?"

"그때만 해도 5·18영령들에게 제사도 못 지내게 안 했소 안."

"길을 막은께 산으로 들판으로 해서 망월동까지 가고 했지야."

"1984년이었을 것이요. 형님 소개로 전계량 회장님 댁에 가서 제물을 싣고 망월동으로 갔어라."

"그때 아무 대가도 없이 옮겨준다고 했잖아?"

"근디 형사들 두 사람이 조수석에 타는 바람에 제사음식만 내려놓고 전두환이 허수아비는 무서워서 못 내려줬단 말이오."

"그래갖고야?"

"한참을 가다가 걱정이 돼서 검찰청 친구한테 전화를 했거든이라."

"니네 동창 양○○ 말이지?"

"네, 그랬더니 친구가 그럽디다. 어떤 세상인디 대통령 허수아비를 갖고 다녀야. 빨리 없애부러라고. 그래서 청풍면 대비리 가는 다리 밑에 가서 태워부렀단 말이오."

"아니 혼자서 화형식을 해붓다고야?"

"징역갈까 봐 얼마나 똥줄 탓는 줄 아요?"

"그랬냐? 그 허수아비 때문에 경찰들과 대판 싸웠는디……."

"그런디 나중에 신문을 보고 알았소. 형사들이 전두환 화형식 할 허수아비를 빼돌렸다고, 5·18 유족들이 형사들 찝차를 태워불고 난리가 나부렀담시로라."

〈세상에 이런 일이〉에 날 사건 아닌가?

그 동안 얼마나 마음고생 했을까 생각하니, 동생이 짠하기도 하고 고맙기도 하고……. 그래서 전화를 걸었다.

"전 회장님, 5월이 되니 마음이 안 좋으실 것인데 잘 계세요?"

"응, 잘 있네. 자네는?"

"저도 잘 버티고 있습니다. 근디 옛날에 전두환이 화형식 하려다 허수아비가 없어져버린 사건 생각나십니까?"

"말도 말게. 형사들이 어디다 감춰버려서 우리가 화형식을 못했어. 그래서 천불이 나서 유족들이 형사 차에 불 질러부렀지."

"그 사건으로 유족들이 징역을 얼마나 사셨소?"

"교도소까지는 안 갔고, 우리 애기 엄마와 이정연이 아버지 이천균 씨가 20일간 구류를 살았당께."

"회장님, 사실은 경찰들이 숨긴 것이 아니였어라."

"아니 뭔 소리당가?"

"아무튼 제가 허수아비를 도둑질한 범인을 잡았소."

"그래 누군디?"

"놀래지 마시오. 우리 동생이 그랬다요."

"이삿짐 한다는 동생이 그때 제물을 싣고 갔는데……. 허허허"

동생에게 전화를 바꿔줬다. 동생이 전 회장에게 자초지종을 말씀드렸더니 "그런 일이 있었어?"하며 놀랬다.

동생은 오랫동안 가슴에 묻어둔 얘기를 토하고 나니 후련한 듯 했다. 그런데 건국 이래 최고의 야만인, 연희동의 그 노인네는 일말의 양심은커녕 초지일관 오리발만 내밀다가 편하게 떠났다.

"쌩똥 먹고 설사똥 싸다가 뒈졌으면……. 조금 나았을 것인데 안타깝다."

42년 동안 힘들었을 계엄군들이여, 우리 동생처럼 양심선언을 하여, 진실을 밝혀서 유골이라도 가족의 품으로 돌아가게 해주지 않겠는가?

어느 경찰청장의 일화

2010년 5월 25일 경찰청에서 서글픈 행사가 있었다. 직원들의 신망이 높은 한 경찰 간부의 장례식. 잊혀져간 경찰청장의 얘기를 소환한다.

1980년 5월 이후 우리는 영령들에게 죄진 마음이어서 처신을 조심스럽게 했다. 분노가 치밀었지만 음주가무를 삼갔다. 그러다가 보상이 되고 나니 마음도 풀렸고, 민폐가 되지 않는다는 판단에 광주역 앞의 광호나이트클럽에 들려 어울렸다. 나이트클럽에서 '5월의 노래'도 부르고 '해방춤'도 췄다. 기차놀이를 하다 보면 업소의 고객들이 합세했다. 주먹밥 공동체가 아니라 '빛고을 춤판'이 형성됐다. 그런데 우리와 어울리지 않은 채 신명나게 노는 사람들이 눈에 띄었다. 그중에서 리더급인 한 사람이 아주 잘 놀았다. 확 눈에 들어왔다. 이마가 유난히 빛나던 고등학교 동창 이송범이었다. 그는 경찰간부지만 부하들과 소통하며 친구처럼 지내던 참 경찰관이었다.

그 친구에 얽힌 유명한 일화가 있다. 이미 시중에 널리 퍼져있으니 소개한다.

"야 친구들아, 느그들한테 재미있는 얘기를 하나 해줄까?"

"아따 해주면 좋지. 혹간 삥땅친 얘기 아니냐?"

"야 XX. 니가 다 해불면 나는 안 헐란다."

"야, 경찰간부가 성질이 조루냐. 크크."

"그래 알았어. 내가 고속도로 5지구대장을 할 때였는디, 직원들이 배꼽 빠지게 웃드란마다. 그래서 '야 숨 넘어가겠다. 얼른 야그나 해봐라잉' 했더니 야그를 해주더라."

"계장님, 법규를 위반한 사람을 잡았어라."

"그러면 당연히 딱지를 끊었어야지."

"아따 돈을 받아야 서로가 좋은 것 아니요?"

"으흠. 누가 들을까 싶다. 그래서?"

"그 양반이 만 원짜리를 줍디다. 그래서 얼른 받아갖고 또 단속하러 갔소. 근디 계속해서 따라오는 것 아니요?"

"야, 오천 원만 받아도 눈감아 주지 않았냐?"

"그랬지라. 근디 잔돈이 없어서 안 줬더니, 계속해서 따라오면서 뭐라고 한 줄 아시오?"

"글쎄……."

"그 차가 닭과 계란을 파는 차여서 확성기가 달려있었단 말이요. 그러니까 계속해서 따라오면서, 크크."

"뭐라고 했는디야?"

"'페트로카 우로, 페트로카 우로. 오천원 내주고 가라. 페트로카 우로' 얼마나 창피하기도 하고 웃음도 나오고라 웃다가 죽는 줄 알았소."

"야, 그러니까 골라서 잡아야지. 서민 차를 잡으면 되겠느냐 응?"

그때만 해도 교통순경 1년만 하면 집 한 채를 장만한다는 말이 있을 정도로 호시절이었다. 그러나 이송범은 도량이 넓고 씀씀이도 컸다. 내가 동문회 축제에서 각설이를 할 때 오만 원짜리를 거침없이 쑤셔 넣어준 멋쟁이였다. 동문이나 호남향우들에겐 인기였다.

그런데 실력도 있고 처세도 잘했으나, 출신학교도 변변치 않고 고향이 전라도 장성이라 설움을 많이 받았다. 그래도 워낙 실력이 있고 품성도 훌륭해서 영등포서장을 지냈다. 그러나 정권을 뺏겼으니 특히 호남 공직자들은 똥 친 막대기보다 천덕꾸러기가 돼버렸다. 만만한 게 홍어 뭣이라고, 이명박 정권 들어서자 제일 골치 아픈 곳에 배치되었다. 2008년 광우병 시위와 2009년 용산참사 때 서울경찰청 경비부장으로 근무했다. 그러다가 2010년 1월에 광주경찰청장으로 부임했고 운명처럼 5월행사를 총괄했다.

2010년 5·18 30주년 행사는 이명박 정권의 등장으로 긴장이 고조되었다. 그래서 전국의 경찰들이 광주에 투입되었다. 80년과 다른 상황이라면 공수부대에서 경찰로 바뀌게 된 것. 그리고 5월행사를 원만히 치르고 부하들의 노고를 치하하며 술을 마시고 관사에 들어갔다. 서울에 있는 부인에게 전화를 하고 반신욕을 했다. 그런데 아침에 영영 눈을 뜨지 못했다. 취중에 따뜻한 물에 들어가 오래 있다보니 심장이 충격을 받았는지 사인은 심장마비. 참으로 아까운 경찰간부, 아니 인간미가 넘치는 훌륭한 대한민국의 국민이었다. 이송범 전 광주경찰청장은 대전 국립묘지에 묻혔다.

해마다 5월이 오면, 5만원을 '각설이 깡통'에 넣어주던 그 친구, 이명박 정권을 만나 온갖 설움을 겪다가 비운으로 떠난 이송범 청장이 생각난다.

오늘이 2021년 5월 25일, 벌써 11년째 제삿날이다. 하나은행 부행장을 지낸 조덕중 친구에게 전화를 했다.

"어이, 벌써 그렇게 됐나? 나도 덕 봤는디 보고잡구먼."

"그래? 나도 징허니 그립구먼……."

고교동창 중에는 6·25 때 아버지를 잃은 친구들이 꽤 많았다. 그 중에서 김길호, 윤연환 등은 동병상련의 아픔을 치유해주며 지금까지 소통하며 응원해 주고 있다. 또한 윤영선, 김회현, 권충화, 김환국, 형정선, 박현선 등 공부는 잘 했으나 가난해서 상고를 다닐 수밖에 없었던 동창생들, 전라도가 아닌 다른 곳에서 태어났으면 평범한 가정을 이루고 살았을 친구들, 코로나가 걷히면 대포라도 한 잔 건네고 싶다.

7공수 중사 출신 최영신 선생

최영신 중사는 7공수 33대대 출신 계엄군으로 1980년 5월 광주에 투입되었다. 88년 광주청문회 당시, 11공수에 의해 저질러진 주남마을 골짜기에서의 양민학살을 폭로하여, 주남마을 양민학살을 온 천하에 알려지게 한 사람이 최영신 선생이다.

당시 최 씨의 양심선언으로 온 나라가 발칵 뒤집어졌다.

신군부세력과 당시의 여당인 민정당은 광주의 만행이 세상에 알려지는 것을 감추기에 급급했다. 광주에 투입된 계엄군 지휘관들은 심지어, 양민학살과 암매장 사실을 유탄에 의해 사망했을 것이라고 왜곡하며, 진술을 하는가 하며 모르쇠로 일관했다. 이러한 청문회 국면을 반전하게 한 장본인이 바로, 7공수출신 계엄군이었던 최영신 중사였다. 최 중사의 증언은 최초로 계엄군이 양민학살을 인정했다는 점에서 그 의미가 크다.

최 중사는 경북 영주가 고향이다. 1975년 7월에 일반 병으로 논산

훈련소에 입소하여, 훈련소에 파견 나왔던 공수부대 모병관에게 지원한 케이스다. 멋진 베레모가 좋아서 지원한 공수부대가 5·18광주민주항쟁 과정에서 멍에가 될 줄 어찌 알았겠는가.그는 4년 6개월의 군 생활을 계약하고 모병 6기로 군 생활을 시작했다. 계약대로라면 1980년 1월에 전역을 해야 하는데, 1979년 10·26을 거치면서 전역이 지연되었고 1980년 5월 28일로 전역이 연기되면서, 전역을 10일 남겨놓고 난생 처음으로 광주를 오게 되었다.

최 중사는 광주에 투입되었던 자체만으로도 죄스럽고 얼굴을 들 수 없어서 가족들한테도 광주에 투입된 얘기를 숨겼단다. 광주청문회를 보던 중에 주남마을 골짜기에서 사살하고 암매장하여 버려진 시신이 떠올라, 광주특위가 시신을 찾아서 망월동에 묻혀주기를 바라는 마음에서 제보를 했는데 일이 커졌단다. 최 중사는 마음 깊이 화인으로 찍혀있는 주남마을에서의 기억을 광주항쟁이 끝난 지 8년이 되는 광주청문회에서 증언했다. 그리고 자신의 결단을 보고 많은 특전병사들이 양심선언에 동참할 것이라고 생각했단다. 그러나 10일 동안에 2만여 명이 넘는 계엄군들이 투입되었다고 하는데, 42여 년이 된 지금까지 공개적으로 진실을 밝힌 계엄군은 열 손가락에 그친다고 하니 한심스러울 뿐이다.

최 중사는 양심선언을 한 이후에 계엄군들로부터는 배신자라는 낙인이 찍혀 살해 위협과 온갖 협박을 받았고, 정보기관으로 부터는 여러 차례 사찰을 받는 등 어렵게 살아왔다.

지난 2020년에 진상규명위원회에 조사관을 공모한다는 소식이 있어서, 본인과 사노맹 출신으로 남원성이라는 필명으로 알려진 고형권 작가와 함께 최 선생을 찾았다. 경기도 부천의 허름한 선술집에서 유재석과 함께 그를 만났다.

'이번 진상조사위원회가 발족한다는데 지원할 의사가 없는가'라고 물었다. 그의 대답은 뜻밖이었다. '진상조사가 성공하기 위해서는 저보다 젊고 능력 있는 전문가들로 구성되어야 합니다.' 진상조사가 잘되어서 억울한 영령들이 편히 눈감는 그 날이 오기를 기원하고 있단다. 얼마 후, 최 선생은 조사관은 아니지만 진상규명위원회 전문위원으로 진상규명위원회 활동을 시작했다. 결자해지의 차원에서 조금이라도 진상규명에 이바지하고 싶어서 지원했다. 평소에도 주남마을에서 유일하게 살아남은 홍금숙 씨와 자주 교류를 했고, 연극을 보러 와서 광주시민들 에게 당시 상황을 설명하며 사죄도 하여 박수를 받았다.

아무튼 명령에 따를 수밖에 없었던 일이라지만, 최영신 선생처럼 용기 있고 양심 있는 계엄군은 극소수여서 참으로 안타깝다. 진상조사위원회가 국민들의 여망을 안고 역할을 충실하게 해 줄 것으로 기대한다. 그래서 2만 여명이 넘는 계엄군들도 새로운 역사에 동참할 수 있는 용기를 발휘했으면 한다. 또한 여러 이유로 나서기를 꺼려한 당시 계엄군들도 진상규명과 국민통합의 역사적 대의에 동참해주길 간청드린다.

광주의 진실을 위해 고난의 길을 선택한 최영신, 이경남, 허장환, 김용화, 김치년 등 양심적인 계엄군 및 관계자 분들께 위로와 감사의 말씀 올린다.

광주 남동성당과 그때 그 사람들

광주에는 구 도청 가까운 곳에 유명한 남동성당이란 곳이 있다. 윤공희 대주교가 계신 가톨릭센터보다 더 상징적인 곳이 그곳이다. 5·18 이후부터 1982년 크리스마스 특사로 5월 관련 구속자들이 마지막 석방 때까지, 광주의 슬픔을 보듬어준 남동성당은 5월가족의 안식처였다. 5월정신을 계승하고 구속자 석방을 기원하는 월요미사는 천주교 정의평화위원회 (정형달 신부)가 주관했다. 보수적인 윤공희 대주교님은 5·18을 통해서 민주화운동의 소중함을 알게 된 후 가끔씩 미사를 집전했다. 나중에는 정형달, 남재희 신부님 등이 맡았으며. 미사가 끝나고 구 전남도청 앞까지 촛불을 켜고 시위를 했다. 광화문 촛불시위 이전에 광주시민들은 촛불시위를 했던 것. 나는 신자가 아니지만 추모미사에 참석하며 용기를 얻었다. 그리고 찬송가를 불렀다. 그러다 보면 5월영령들과 소통하며 죄를 조금이나마 씻은 것처럼 기분이 상쾌했다.

뜻 없이 무릎 꿇는(찬송가 460장)

뜻 없이 무릎 꿇는 그 복종 아니요
운명에 맡겨 사는 그 생활 아니라
우리의 운명 치솟아 독수리 날듯이
주 뜻이 이뤄지이다 외치며 사나니
약한 자 힘주시고 강한 자 바르게
추한 자 정케함이 주님의 뜻이라
해 아래 압박 있는 곳 주 거기 계셔서
그 팔로 막아주시어 정의가 사나니 아멘

그때 광주의 가톨릭은 요즘의 '빤스목사'나 이기적인 교회가 아니었다. 민심을 안아준 광주의 어머니였고 방패막이였으며 대변자였다. 부당한 공권력에 맞서 싸울 줄 아는 진정한 신앙이었다. 그래서 남동성당 주변에서 시위를 많이 하게 됐다.

1980년 중반의 어느 날이었다. 그날도 여지없이 화염병과 최루탄이 난무하던 날이었는데. 덩치가 아담한 사람이 현장을 통솔하고 있었다. 이름은 기억나지 않지만 동부경찰서장한테 "이따위로 하느냐"며 호통을 치더니, 시위대에 앞장서 있는 나한테로 시선을 돌렸다.

"야, 이지현, 너는 물러가 있어."

"당신이 뭔데 이래라 저래라 해."

"이 자식아, 그렇게 혼났으면 정신차려야지."

"정신차려라구요? 죽기밖에 더하겠소?"

"오늘 상황이 안 좋은께 눈치껏 하라고."

"양심 있으면 당신들이나 잘해."

"이 자식이 누구한테 명령을 해!"

"그라면 두환이 따까리 짓 하지말아야제."

"이 자식이 진짜 겁대가리가 없네."

"대접 받을라면 당신이나 잘해. 지미."

"보자보자 하니까 이 자식이 뭐, 지미?"

"그랑께 욕 안 먹을라면 잘해야지라."

"야, 너 상고 다녔지?"

"그래 가난해서 상고 다닌 것도 죄여?"

"너는 선배도 몰라보냐. ○서장, 이 새끼 집어넣어."

"에라이 x도 아닌 새끼야!"

나중에 알았지만 책임 회피 때문이 아니라 나를 염려해서 그랬다고 한다. 고등학교 동문들은 대부분 가난한 탓에 취직을 해버리기에 경찰 간부나 안기부 출신은 귀한 상태였다. 김○○ 선배는 서울○대학의 학생회장 출신이다. 나중에는 안기부의 간부까지 지냈으며, 총동문회 회장까지 역임한 역량 있고 존경받는 분이다.

그런데 어느 날부터인가 김○○ 선배의 친구인 정○○ 씨가 부상자회를 맡았다. 관계가 좋지 않은 김○○의 바통을 받았는데, 안기부 냄새가 전혀 풍기지 않았다. 무척 인간적이었다. 혹자는 그게 술수라고 할 줄 모르나 진정으로 5월가족의 애환을 보듬어주려고 했다. 나는 엄혹한 시기에 독재정권과의 싸움에서 승리하기 위해 술마저 끊었지만, 1987년 8월 29일에 만기 석방된 이후에는 가끔씩 술을 마셨다.

1980년대 중반에 곱창집을 가고 있었다. 동대문시장 입구에서 가슴에 담아놓은 원수, 지하실에서의 '그때 그 사람'을 만나고 말았다. 정면으로 부딪히니 피할 수도 없고 아는 체하기도 어색했다.

"이 선생, 오랜만이오."

"예? 네……."

"죽이고 싶도록 미워했죠?"

"……."

"나 같아도 그럴 것이요. 이것도 인연인데 술이나 한 잔 합시다."

피하자니 쩨쩨하게 보이고 합석을 하자니 내키지 않았다. 엉겁결에 이끌려서 2층으로 갔다. 간단한 안주와 맥주를 시켰다.

"이 선생, 소식을 가끔 언론에서 듣습니다."

"언론도 정치인도 믿을 수 없습니다."

"공직자로서 할 얘기인 줄 모르겠으나, 정치권이 숟가락만 올려놓고 있으니 한심스럽습니다."

"그나저나 그 때 왜 날 잡아갔답니까?"

"글쎄요. 이 선생이 너무 설쳐서 그러지 않았을까요?"

"진실을 듣고 싶습니다."

"나도 짐작뿐이고 윗분들의 숭고한 뜻을 소인배가 어찌 알겠소."

"사실은 당신을 만나면 죽여버려야겠다고 생각했는데, 막상 만나고 나니 용기가 나지 않소."

"이해하요. 이 선생, 인생은 순간이요. 과거를 잊어버리고 살길을 찾으시오. 우리가 최대한 도와드릴테니……."

그렇게 헤어졌고 그 이후 소식을 모른다. 만약에 그분과 보안부대의 유○○ 계장을 만나면 막걸리라도 한 잔 하고 싶었다. 37년 전에 받은 가슴을 후비는 만 원짜리도 갚아버리고 싶고……. 그런데 505보안부대에 근무했던 유○○ 씨는 41년생 밖에 아닌데 벌써 운명하셨단다. 묘소에 술이라도 올려야겠다.

세월이 꽤 흘렀다. 지하실 담당을 했던 또 다른 한 사람은 광주지부장으로 승진했다가 퇴직했다. 그러나 친구처럼 친절했던 정○○ 씨는 승진도 못하고 지병으로 세상을 떠났다. 또한 광주에 희망을 주신 조비오 신부님은 주님 곁으로 가셨고, 정의의 사도 정형달 신부님도 하느님께 갔다. 또한 1980년대 중반부터 맹활약했던 김양래 동지와 수많은 관련자들도 투병 중이다. 번개 같은 세월을 뉘라서 이길 수 있으랴. 그러나 안타까운 게 있다. 우리가 흘린 피와 눈물에 비해 세상은 달라지지 않고 있다는 것. 2022년 연초부터 씁쓸하다.

5·18 불패 신화와 박 선배와의 악연

야구 자체가 나의 청년시절의 분신이었다. 그러나 전두환 때문에 한동안 볼 수 없었다. 민주화투쟁에 전념하고 있던 1982년에 프로야구가 창설됐다. 문화방송 창립 20주년을 기념하기 위해 MBC가 기획했다고 했으나, 군부정권과의 소통 속에서 이뤄졌다. 1986년 아시안게임과 88년 서울올림픽을 유치해놓고 우민화시키기 위한 전략으로 프로야구를 이용하려는 술책이었다. 또한 정치적으로는 국민들의 단결을 저지하고 지역감정을 부추기 위한 계략이 숨어 있었다.

그래서 생긴 프로야구는 초창기에는 6개 구단으로 출범했다. 지역연고제로 서울, 부산, 대구, 광주, 인천, 대전 등. 익히 알다시피 해태타이거즈는 군산상고 출신의 김봉연, 김준환, 김일권, 광주일고 출신의 선동렬, 이종범, 광주상고 출신의 김종모, 이순철 등의 호화 멤버로 최다 우승을 기록했다.

민주화의 성지 광주에서는 5·18의 설움을 무등경기장 야구장에서 응원으로 풀었다. 그러나 5월 18일에는 광주의 홈경기를 배정하지 않고 대부분 원정만 치렀다. 5·18회원들과 시민들이 응원을 하다 투쟁으로 돌변할 수도 있다는 불안감 때문에 겁을 먹었기 때문이다.

그런데 참으로 신기한 일이 벌어졌다. 5월 18일에는 5월 영령과 광주시민들에게 슬픔을 주지 않으려고 독심을 품었을까. 대부분 지지 않았다. 그래서 '5·18 불패 신화'라는 신조어가 탄생했다. 덕분에 광주시민은 세 번 울었다. 5·18묘지에서 한 번, 도청에서 한 번, 그리고 야구경기를 보면서 기쁨과 슬픔의 눈물을…….

그런데 야구 때문에 곤욕을 치른 일이 있었다. 박 모 씨가 주축이 되어 김 모 씨, 정 모씨 이 모 씨, 박 모 씨 등과 전남 도경국장실을 찾아갔다.

"어쩐 일로 오셨습니까?"

"네, 조사를 해야 할 일이 생겼습니다."

"우리 경찰들이 잘못한 게 있습니까?"

"그게 아니고 사실은……."

"저희가 해결해 드릴테니 편하게 말씀하십시오."

"부상자회의 강경파 회장인 이지현 씨에 관한 얘깁니다."

"네, 그 양반은 독종이라고 소문난 사람 아닌가요?"

"네, 맞습니다. 좀 거칠죠."

"과격하다는 소문이 들리던데요."

"국장님, 그 사람이 서울의 동대문 야구장에 자주 다녔고 야구장에서 눈을 다쳤다는 말이 있습니다. 철저히 규명해 주십시오."

요즘에 지만원과 일부 보수세력들이 유공자 명단을 밝히라고 하는데, 37년 전에 우리 안에도 지만원 같은 사람이 있었다.

경찰 입장에서도 속 썩히고 있는 강경파 회장이 가짜라는 의혹을 제기하니 마침 잘됐다 싶었는지 모른다. 또한 부상자회의 주도권을 쟁취하기 위한 온건파 입장에서는 나를 제거할 수 있는 절호의 기회라고 회심의 미소를 지었으리라. 아무튼 서로가 상생할 수 있는 일이라 내사를 했다. 당연히 주변이 쑥밭이 돼버렸고 인간관계가 멀어지고 말았다.

기가 막혔다. 전두환 일당보다 내부의 적, 특히 공수부대에 쫓기다가 찰과상으로 입원했다가 3일 만에 퇴원한 ㄱ 언론사 기자 출신의 부상자. 소식도 없다가 갑자기 나타나서 모임을 장악하려고 한 박 모씨가 더 가증스러웠다. 죽이고 싶었다, 아니 차라리 내가 죽고 싶었다. 그러나 내가 죽으면 저런 비열한 인간들이 5·18을 더욱 더럽힐 거라고 생각하니 죽는 게 억울했다. 그래서 악으로 깡으로 버텼다. 박 씨라는 분은 노태우 정권 때 광주시민들이 불신하는 민화위에 참여했다. 그 덕분에 국회의원(전국구)까지 거론됐다. 나는 안되겠구나 싶어 결사적으로 막았다. 그랬더니 공기업의 간부로 가겠다고 연락이 왔다. 고민하다 모른 체 해줬다. 공기업에서 퇴직한 후 정계진출의 꿈을 꿨으나 이루지 못했다.

어느 날 ○○○에서 전화가 왔다. 유가족한테서 조화를 보내달라고 연락이 왔는데 어떻게 하는 게 좋으냐고. 그래서 그가 세상을 뜬 줄 알았다. 아무리 밉고 궁핍해도 조문만은 간다. 그러나 학교 선배이고 5·18회원이지만 빈소에도 가고 싶지 않았다. 개인의 영달을 위해 5·18을 이용한 것을 용납할 수 없었다. 세월이 꽤 지났지만 아직도 마음에 걸린다.

야구와 5·18을 회상하면서 자문해 본다. 야구, 아니 연극보다 더 연극 같은 인생을 살아온 나는, 왜 야구공처럼 둥글게 살지 못할까?

명예와 멍에가 함께 피는 나의 '5월 나무'

5·18 이후에 모임에 가면 응원단장 시절처럼 기립박수를 받은 적이 많았다. 혹독한 1980년을 잘 견뎌낸 5월 가족에 대한 존경심과 동정심과 죄책감 때문이었으리라. 그런데 세월이 흐를수록 분위기가 달라졌다. 이유가 충분했겠지만 원망과 비아냥이 들리니 속이 몹시 상했다.

"야, 느그들만 5·18 때 싸웠냐?"

"무슨 단체가 그렇게 많다냐."

"어중이떠중이가 모두 5·18 회원이더라."

"5·18 간판 달고 성공한 정치인이 있느냐."

"아시아 문화전당 건립도 너희들 때문에 늦어진 것 아니냐?"

"좋겠다. 너희들은 연금까지 받아서."

"이제 5·18 좀 그만 우려먹어라."

"5·18기념재단은 뭣 하고 있다냐?"

떠도는 얘기지만 대부분 맞는 말이다. 미력하나마 5·18에 대한 오해를 풀어드리고 싶다.

1. 5월 단체에 대하여

유족회는 1980년 6월 6일 현충일에, 부상자회는 1982년 8월 1일에 창립되었다. 구속자협의회는 1983년도, 5·18 위령탑건립범국민추진위원회는 1985년, 그리고 5·18 민중항쟁동지회가 1987년 11월 8일에 창립되었다. 그밖에 5청동과 민주기사동지회, 구속자회, 교도소생존자동지회 등이 생겼다. 전두환의 분열공작에 의해서 유족회와 부상자회가 분열되었고 수많은 단체가 난립하였다.

그래서 1990년에 석방된 후에 정리 차원에서 5·18민중항쟁연합(오민연)을 만들었다. 창립에는 성공했으나 능력 부족으로 지속하지 못했다. 내 책임이 크다. 아무튼 유족회, 부상자회, 구속부상자회 3개 단체만 존재했다가, 지금은 유족회, 부상자회, 공로자회라는 공법단체로 진화했으나 할 말이 너무 많다.

2. 5·18 유공자들의 자격과 예우에 대하여

5월 문제가 피해자 중심이 아닌 가해자가 칼자루를 쥐었기에, 1차에서 7차에 이르는 동안 변화가 있었다. 초창기에는 80년 5월 18일부터 27일까지만 국한을 시켰다. 부상자의 경우는 병원 기록이 있는 858명만이 해당됐다. 그런데 시장이 바뀔 때마나 점차 확대되어 김대중 내란음모 사건 관련자가 포함됐고, 그 이후 5·18진상규명 투쟁 관련 구속자들까지 포함하여 1987년 6·29때까지 확장시켰다. 민주유공자에 대한 처우가 형편없다보니, 5·18관련자로 신청을 많이 하게 되었다는 것이다. 아무튼 호프만식 보상법에 의해서 처리됐으며 연금은 없다. 다른 국가유공자는 '보훈급여금'이 지급된다고 하나 5월가족에겐 혜택이 없다.

3. 구 도청 원형 보존에 대한 갈등과 잡음

5·18단체가 대한민국 민주장정에 지대한 공헌을 한 점은 대단한 자랑이다. 그러나 부끄러운 부분도 있다. 그 중의 하나가 구 도청 원형보존을 둘러싼 추태다. 국립 아시아 문화전당 건립 과정에 1980년 5월 당시에 활동했던 '기동타격대'가 주축이 되어 목숨 걸고 지키려고 했던 '구 도청의 원형보존'을 외쳤다.

2008년에 농성을 시작하자. 즉각 구속자들이 합세했다. 유족과 부상자들도 동참했다. 그러자 공사가 지연될 위기에 몰리자 추진단이 나섰다. 그러는 과정에서 모 단체장들과 유력인사들의 동의를 얻어서 진행하게 됐다는 문서가 공개됐다. 어처구니가 없었다. 그래서 3개 단체가 사생결단으로 '해골처럼 뼈대만 남아있는 도청'이라도 지키자고 결의했다. 가장 결사적인 곳은 당연히 구속자들이었다. 특히 기동타격대 출신의 양기남, 김기광, 이재춘, 김공휴, 임성택, 김재귀 등이 주축이 되어 상무대 영창에서부터 천막농성을 시작했다. 그리고 전남도청으로 옮겼다. 그런데 도청과 천년 동안 살 것 같은 구속자들이, 갑자기 삼베 바지에서 방귀 새나가듯 철수해 버렸다. 유족과 부상자들은 당황했다. 더 환장하게 만든 것은 빨리 철거를 해서 공사를 마무리해야 된다면서, 농성 중이던 유족과 부상자들을 끌어내려고 하였다. 가까운 사람들이 원수 된다는 말이 현실이 됐다. 한편의 5월 막장 드라마의 서막! 개봉박두가 아니라 '오메 천불이어라' 영화 시나리오 같았다. 그러다 보니 건설업체와 밀약이 있었다, 동원된 회원들에게 얼마씩을 준다는 말이 떠돌았다. 참담한 배신감이 느껴졌다. 그러나 슬퍼하고 분노할 수만은 없지 않은가! 하여 숫적으로 열세에 몰린 유족 어르신들은 1층을 지키고, 부상자들은 화염병을 만들어서 옥상에서 전투 준비를 했다. 1980년 당시 시민군과 진압군의 대치 상황 같은 일촉즉발의 상황. 그러자 5월 문제에 대해서 금기시 하던 진보연대를 비롯한 시민사회 단체가, '5월항쟁의 심장부'를 보듬어야 한다고 '공동 대책위'를 꾸렸다. 모 인사의 이기적 사고와 구속부상자회 지도부의 그릇된 판단으로 인한 촌극은 그렇게 막을 내렸다. 지금은 함께하고 있으며, 5월정신으로 원형보존을 위한 계획을 실천하고 있다.

4. 5월 단체나 회원들에게 무슨 혜택?

항간에 5·18 유공자들 때문에 공무원 시험에 합격할 수도 없다는 가짜뉴스가 떠돌았다. 가산점 5%가 막강한 것은 맞다. 그러나 이미 관련자 자녀들은 나이가 들어서, 또 공부를 못 해서인 줄 모르나 극소수만이 공무원으로 근무하고 있다. 자신들의 실력 부족을 5·18 유공자 탓으로 돌려서 억울하다. 임시 운영했던 자판기도 실제 이익금은 얼마 되지도 않았는데 마치 대박난 것처럼, 또 여기저기 이권에 개입한 걸로 왜곡돼 있으니 개탄스럽다. 부상자회에서 할 수 있는 수의계약도 기존 상이군경 등의 견제가 심해 액수를 얘기하기도 창피할 정도다.

5. 5·18 유공자들이 역할은 잘하고 있는가?

보상금이 나오기 전까지는 존경도 받고 동정도 받으면서 진상규명

투쟁을 했기에 박수를 받은 게 사실이다. 그러나 5·18기념재단 창립 과정에서의 불화, 일부 회원들의 가정문제, 특히 당사자주의가 팽배하면서 시민들로부터 멀어지기 시작했다. 공직사회에서는 5·18 회원들에 대한 기피현상까지 일었다. 1980년 이후 상당수의 회원들이 직장을 잃고 가정이 파탄되고 폭도로 몰려서 친구들마저 외면했으니, 그 참혹한 삶을 어찌 필설로 형용할 수 있겠는가? 그렇다고 합리화할 수는 없다.

이제라도 지난 42년을 반성하고 나눔과 배려와 소통의 '주먹밥 공동체정신'으로 살아가기만을 간곡히 바랄뿐이다. 그러기 위해서 제도권에서 진상조사를 올바로 하고, 빠른 시간에 '보훈급여금' 등이 입법화되어야 함은 물론이다.

1980년 5월, 나는 눈을 잃었고 남동생은 연행됐다. 여동생은 죽었으며 부모님께서는 한을 안고 세상을 떠났다. 잃은 것도 많지만 얻는 것도 많다. 하루 네 갑 피우던 담배를 끊었고, 이름 없는 시인이 되었고 방송활동도 했으며, 지금은 5·18 기념공연 '애꾸눈광대'를 205회를 넘겼다. 이런 디딤돌이 장차 상설공연 활성화와 상설공연장 건립으로 진화할 수도 있지 않겠는가 말이다. 그보다 훨씬 중요한 게 있다. 국가가 무엇인가를 알았고, 새로운 가치관이 형성되었으며, 어떻게 살다가 죽는 게 올바른 길인가를 비로소 알게 됐다. 이보다 더 감격스런 행복이 어디 있으랴!

1985년 12월 24일에 창간한 5·18광주의거 부상자회 기관지 『혈우』의 창간시(이세상)로 아쉬움을 달래보고자 한다.

어둠을 찢어 두 손을 잡고
금남로를 불태우던 5월아
땅바닥에서 침대에서
피와 땀으로 얼룩진 날들아
차디찬 공포의 새벽
눈물로 끌려가던 도청앞 광장아
진달래 피다 만 무등산 기슭기슭
원혼되어 떠도는 임들아
일어나라 일어나라
모두모두 깨어나 버리자
환희의 5월이 식기 전
더 잔인한 그날이 달려들기 전에!

5월나무는 내 인생의 전부다

김홍빈 산악인이 에베레스트에 묻혔듯, 나도 5월 무대에서 잠들었으면…….

광주 YWCA의 고마움과 그때 그 사람들

가톨릭센터에서 민폐를 끼치고 둥지를 튼 곳이 북구 유동의 YWCA였다. 알다시피 도청 앞에 있었던 Y는 구 전남도청과 함께 시민군의 마지막 항쟁 장소로서 상징성이 높다.

YWCA가 왜 유동으로 옮겼고 또 우리 민주화운동 세력에게 6층이라는 공간을 할애하게 됐는지 확실히는 모른다. 소문에 의하면 독일에서 성금을 모아서 Y에 전달했는데 건물이 완성되면 5월단체를 비롯한 시민사회단체에게 무상으로 사용토록 하라 했다는 것이다. Y 6층은 5·18 진상규명 투쟁을 준비하고 토론하는 공부방이었으며, 80년의 슬픔을 희망으로 연주하는 무대가 되었다.

여러 단체들이 YWCA에 모여들기 시작했다. 5·18 부상자동지회(오부동), 5·18청년동지회(오청동), 전남민주주의청년연합(전청련), 기독교농민회(기농), 민중문화운동연합(민문연) 등이 Y에 둥지를 틀었다. 이러한 기운으로 1986년 3·30을 터뜨렸고, 최초로 민주쟁취국민운동본부(국본)를 태동시켰으며, 6월항쟁의 기폭제 역할을 했다. 전남사회운동연합(전사연)을 발족했고 6월항쟁 과정에 최루탄부상자협의회

(최부협)까지 Y에 합류했다. Y는 그야말로 민주진영의 메카로 자리매김한 것이다.

그러나 1990년 이후 세상도 민심도 변했다. 5월 단체가 자리를 옮긴 후 다른 단체들에게 임대료를 요구했다. 그후 울면서 쫓겨났다는 얘기가 들려서 씁쓸하고 안타까웠다. 그러나 춥고 배고픈 시절에 민주주의 발전을 위해 사무실을 배려해준 독일 국민과 YWCA 측에 감사드린다.

1980년 5월 이후 학업과 생계를 팽개치고 민주화투쟁을 했던 사람들, 특히 유동 YWCA에서 라면을 나눠 먹으며 투쟁을 했던 사람들이 그립다. 대한민국의 동맥 역할을 하고 있는 선후배 동지들께 국밥에 막걸리 한 사발을 대접하며 덕담을 나누고 싶다.

고인이 됐지만 항상 낙천적인 정광훈 의장님, 열정 넘치는 신영일 동지께서, Y식구들이 모일 때, 하늘나라에서 잠시 다녀갈 수 있으면 좋겠다. 빠뜨릴 뻔 한 게 있다. 수배 중일 때 기독교방송국 광주지사장 차량의 트렁크까지 검문을 당하게 했던 점에 사과드린다.

다음은 당시 Y에서 활동했던 분들 중 생각나는 사람들이다.

· 농민: 배종열, 정광훈, 최병상, 윤기현, 김종순,

· 기독교: 조봉훈, 김상집, 황인기, 박종열, 조선호, 차명진, 최진호, 정기정 등

· 청년: 정상용, 송재형, 신영일, 김전승, 김상전, 이춘문, 김병수, 이경률, 장갑수, 김진열, 차종수 등

· 전사연: 최평지, 김창중 등

· 노동:　　조익문, 손태복, 정용식, 정봉희 등

· 민문연:　　전용호, 박영정, 김미경, 전영초, 김혜선 등

· 최부협:　　구용기, 이사문, 김인수 등

· 여성:　　이춘희, 박형숙, 김길순, 최경옥 등

· 5월:　　정태영, 정길영, 김태헌, 이세영, 서채원, 김광호, 이순노, 강구영, 심영의, 김태찬, 박주석, 김현채, 나일성, 유춘학, 홍금숙, 심영의, 이지현 등

미인계와 체육관 대통령 선거

1980년 5월 전남대병원에 입원했을 때 육체적으로는 장애인, 정신적으로는 폭도라는 누명에 고통스러웠다. 그래서 개사를 해서 노래를 불렀다.

—클레멘타인—
넓고 넓은 광주시에 우뚝 솟은 전대병원
5월항쟁에 참여한 부상자들은 괴로워
빛고을이여 민주주의여 부모님이시여
하루 속히 퇴원하여 효도하여 드리리다

그 당시 사회적 분위기도 그랬거니와 조사관들이 권총을 차고 다니던 살벌한 병원이었다. 특별한 경우가 아니면 면회 오기가 쉽지 않았다. 그러던 어느 날 외출 허락을 받아 잠시 고향에 들렀다. 그런데 어떻게 알았는지 초등학교 동창이 찾아왔다.

"어이 조카, 고생하고 있는데 못 가봐서 미안하네."

"아따 아재, 제가 폐를 끼쳐서 죄송하지라."

"솔직히 용기가 없어서 못 갔네."

"별 말씀을 다하십니다. ○○할아버지는 잘 계시지라?"

"응 건강하시네. 그러지 않아도 안부 전하시대."

"제가 종손이라 문중 어르신들이 크게 될 것이라고 기대를 했을 것인데, 쓸데없이 키만 커버리고 쯧쯧. 그래서 문중 어르신들한테 인사도 못 가겠대요."

"만리 같은 인생인데 뭘 걱정인가?"

"가족들과 동네 어르신들에게 죄송합니다."

"참. 내가 부탁이 있어서 겸사 겸사 왔네."

"우리 같은 폭도가 뭘 도와줄 일이 있겠소?"

"뭔 그런 서운한 소리를 한가?"

"어디 한 번 들어봅시다."

"글지 말고 광주로 나가서 얘기하세."

그래서 아재 뻘 되는 동창과 광주로 나갔다. ○○아재는 방림동의 지하 술집으로 안내하며 막걸리와 안주를 시켰다. 소위 그 당시의 '니나노 술집'이었다. 어릴 적 추억을 꺼내며 아가씨에게 못난 사람의 자랑을 늘어놨다. 이 사람을 오늘 잘 모시라고. 그러자 아가씨가 키 크고 못 생기고 안대까지 쓴 폭도에게 갖은 애교를 떨었다. 술이 어느 정도 취했다고 느꼈던지 귓속말을 하다가 돈을 주며 '여인숙'으로 가라는 것 아닌가?

"아재. 지금 여자랑 그럴 정신이 아니오."

"나는 자네가 외로울까 봐서."

"체면이 있지. 뭣이 좋다고 여자랑 어울린다요?"

아재가 속이 있소 없소? 아재. 수상한데, 혹간 누가 시킨 것 아니오?!“

“누가 시켰겄는가, 병원도 못 가고 미안해서…….”

“솔직히 얘기 안 하면 아재고 뭣이고 간에 가만 안 있소 잉.”

“어이, 화내지 말고…….”

“부탁이 있다면서 말은 안 하고, 세상에 나한테 거시기를 해라고라?”

“사실은 면장님께서 아버지한테 ‘지현이가 오늘 선거를 방해할 줄 모르니 도와달라’고 해서 내가 이러게 됐네.”

동창의 아버지인 ○○할아버지는 문중의 큰 어르신이었다. 그래서 문중의 일이든 정치적 문제에 대해서 대단한 위력을 발휘했다. 호메이니옹 같은 분이었다. 그러나 너무 실망하고 통탄할 일이라고 생각하여 와장창 술판을 엎어버렸다. 어여쁜 아가씨가 ‘혹간 고자가 아닐까’ 하며 비아냥거리는 것 같았다. 그래도 더 이상 있을 수 없어 택시를 잡아타고 화순군 청풍면사무소로 갔다. 그 당시의 면장은 청풍면 신석리 출신 박○○. 아저씨뻘 되는 분이었으며 동생이 해군의 투 스타였다.

“이런 지미, 당신이 사람이여?”

“아따 내가 그러고 싶어서 그랬겄는가?”

“아무리 그렇다고 살인마 두환이 꼬봉 노릇을 해라? 당신이 면장이여!”

“내가 자네 아재 안 된가, 잉?”

“뭣 까는 소리하지 마시오.”

“자네도 내 입장 되아 보소 잉.”

“그랑께 끝까지 잘했다고라? 에라!”

멱살을 잡았다. 침을 뱉어버리고 싶었지만 참고 흔들어댔다. 뺨을 갈기려 했더니 면사무소 직원들과 방위병(공익요원)들이 말렸다. 뿔따구가 났다. 의자를 던지고 책상을 치며 면사무소를 나왔지만 분이 안 풀렸다.

그날은 장충체육관에서 있을 대통령 간선제를 위한 ‘통일 주체 국민회의 대의원 선거일’(속어로 한번 써먹고 버린다고 해서 비닐우산이라고 했다)이었던 것. 그래서 공안당국이 전라남도와 화순군을 통해서 면에 까지 하달했던 모양이다. 살인마 전두환은 광주학살을 통해 ‘허수아비 대통령 최규하’의 하야를 압박했다. 그리고 1980년 8월 27일 마침내 2,525명이 투표하여 2,524명 찬성 기권 1명, 압도적으로 대통령이 되었으며, 그 후 공안통치로 정권을 유지했다. 회유와 협박과 미인계. 42년 동안 전두환 덕분에 수많은 추억을 마셨다.

이와 같은 회유와 미인계는 그 이후에도 여러 번 있었지만 추잡스러워 차마 얘기하지 않겠다.

늦둥이와 그리운 두 연인—김근태, 김경님

서먹서먹한 부부 사이에 늦둥이는 활력소. 그런데 사람들이 칭찬과 놀림을 병행했다. 예쁘다는 것과 의심스럽다는 것. 다른 사람들의 눈에는 더 예쁘고 귀엽게 보였나 보다. 그래서 용돈을 꽤 많이 받았다. 인정이 많아서 혼자서 안 쓰고 할머니에게 상납(?)을 했다.

“할머니. 자 여기 용돈.”

“오메 우리 나라가 얼굴도 이쁜디 허는 짓도 이쁘네. 나는 돈 있응께 너나 써라.”

“할머니가 업어서 키워줬응께 고마워서 그래.”

“느그 아버지보다 낫다.”

“아빠는 나한테는 잘 해주는데요.”

이런 나쁜 딸 같으니, 딸에게 주는 용돈과 어머님께 드리는 규모가 달라서 목돈을 못 드린 것이 평생 한이 됐는데 어쩌나? 1991년에 5·18 보상금을 호프만식으로 받을 때, 교도소에 있어서 직접 수령을 못해, 드릴 기회가 없었다. 그랬으니 돌아가신 어머님 입장에서는 섭섭했으리라. 사랑은 내리사랑이라며 어머니는 늦둥이 손녀를 무척 예뻐했다. 아버지도 손녀만 보면 평생 고생을 잊고서 웃었다. 두 노인들끼리는 늙어갈수록 사이가 더 안 좋았다. 이상스럽게 어머님이 더 억세졌다. 그런데 막내 손녀가 생긴 이후로 사이가 좋아졌다.

2002년 월드컵 경기가 열리던 그 해. 음력 사월 초파일 하루 전에 아버지께서 소천했다. 5·18때 입원했던 전남대병원 영안실에 빈소를 마련했다. 늦둥이가 초등학교 3학년 때였는데, 학교를 가지 않고 어른들보다 심부름을 잘했다. 웃으면서 하니 너무 귀여웠던지, 만사를 제치고 조문을 온 김근태 전 장관께서 말을 걸었다.

"이 회장, 심부름 하는 얘가 조카인가?"

"아니, 제 늦둥이입니다."

"자네를 안 닮은 것 같고 누구를 닮았는지 참 귀엽고 기특하구먼."

"선배님, 제가 인생일대의 큰 실수를 저질렀습니다. 국회에서 진상조사를 해주십시오."

"에끼 이 사람아, 예쁘게 잘 키워. 내가 중매할게."

"그 약속을 꼭 지키셔야 합시다."

지인들의 격려 속에서 무사히 장례를 치렀다. 그리고 조의금을 정리하는데 부조금만 넣고 이름을 쓰지 않는 분도 계셨다. 품앗이를 해야 하는데 걱정이 됐다. 그러다가 2,000원을 넣은 봉투를 발견했다. 어떤 어려운 사람이 왔을까? 그 사람을 알면 오히려 몇 만 원이라도 주고 싶었다. 자꾸만 누가 그랬을까 궁금했다.

"나라 엄마, 우리 회원 중에 곤란한 사람이 왔다 갔소?"

"왜요? 무슨 일이 있소?"

"누가 2,000원을 넣고 '감사합니다' 라고."

"그랑께라잉."

"아빠, 내가 그랬어."

"아니 왜 니가?"

"사람들이 인사를 하고 봉투를 넣길래, 생각해보니 나도 그래야겠다고 생각해서 절을 하고 나서, 2,000원밖에 없어서 그 돈밖에 못 넣었어."

아버지께서 타계하신 이후에 어머님은 손녀 사랑을 독점했다. 그런데 딸이 중학교 2학년 때 '대형사고'를 쳐버렸다. 1등을 해버린 것. 나는 초등학교 1학년 때 급장이란 텃세와 할머니의 '계란 로비(?)'로 1등을 했다. 그러나 그 이후엔 한 번도 1등을 한 적이 없었는데 딸이 2학년 수석을 해버렸으니, 빚이라도 내서 한턱을 내고 싶어서 담임 선생님께 전화를 했다.

"인사가 늦었습니다. 저 나라 아빠입니다."

"네, 반갑습니다. 저는 이정현이라고 합니다."

"이정현……. 이정현이라? 혹간 옛날에 야구선수 안 하셨습니까?"

"네, 맞습니다."

"자네 1번 타자 이정현이 맞제?"

"아니, 어떻게 아십니까?"

"어이 반갑네. 응원단장을 했던 이지현일세."

"오메 성님. 요것이 뭔 일이다요?"

"그랑께 참 재수 없는 날이네."

"나야말로 X나게 기분 나쁘요. 가만 계이시오, 제가 형님 집으로 갈께라."

2학년 때 순번제로 하는 반장을 딸에게 시켰다고 한다. 그런데 얼굴도 예쁜데 통솔력도 있고 친절해서, 누구 딸인지 궁금해서 학적부를 봤다나? 부친 이름이 이지현이라고 적혀있었지만, 나이를 계산해보니 너무 차이가 나서 묻지를 않았다는 것.

아무튼 담임 선생이 아빠의 후배라서 딸은 더욱 공부를 열심히 했다. 고등학교 때는 연극을 한다고 해서 걱정을 했다. 문화 예술 분야는 돈이 많이 들어가기에 뒷바라지를 해줄 자신이 없었다. 그런데 성격은 나를 닮아서 낙천적인데, 고집과 머리는 엄마를 닮았는지 공부를 제법 했다. 그래서 엄청 기대를 했다. 6년 동안 학교에 태워다 준 보람이 있어 서울대학에 틀림없이 진학할 것이라는 확신이 들었다. 아는 사람들이 물어보면 더욱 겸손하면서 표정관리를 했다. 그런데 수능 첫 시험을 망쳐서 전체가 망가져버렸던 것. 몇 년 동안을 상전 모시듯 기사 노릇 하면서 내 인생을 바쳤는데 너무 허탈했다.

그래서 너무 속이 상해 말도 안하고 지냈다. 성질 같으면 욕이라도 퍼붓고 싶었는데 친구 딸 생각이 났다. 유 모 친구는 딸이 기대에 미치지 못하자 "야 그것도 점수냐? 나가서 디져버려라."했더니, 학교에 가다가 기차 건널목에 뛰어들어 자살을 해버렸단다. 자존심 센 늦둥이도 한동안 말이 없더니 울면서 하소연을 했다.

"죄송해요. 부탁이 있어요."

"무슨 일인지 얘기나 해봐라."

"저……. 재수를 꼭 시켜주십시오."

"뭐여 재수?"

1년 동안 재수를 하려면 2,000만 원 이상이 들던 시절. 마등(마누라

등쳐먹는 사람)인 나로서는 유일한 빽이 아내였는데 어쩌랴. 내 인생에 여러 가지 잘못이 있지만 그 하소연을 들어주지 못한 무능한 아빠. 지금은 직장에 다니고 있지만, 늦둥이 딸의 인생을 바꿀 수 있는 기회를 망가뜨려버린 죄책감에 지금까지 시달리고 있다.

"나라야, 아빠 노릇 못해 진짜 미안하다."

사람 노릇도 못한 사람이 딸 얘기를 하다 보니 유별나게 두 분이 떠오른다. 김근태 선배님과 어머니 김경님 여사. 우리 늦둥이를 중매시켜주겠다던 김근태 선배님은 2011년 12월 30일에, 손녀를 예뻐하시던 어머님께서는 2015년 2월 25일에 세상을 떠나셨다.

유행가 한 귀절이 가슴을 할퀸다.

"있을 때 잘해 후회하지 말고…"

상경투쟁과 교황 방문과 최기식 신부와의 만남

상경투쟁을 한 지 40여 년이 돼간다. 새벽에 일어나 밤늦게 들어가는 것을 운명으로 받아들였다. 경찰들이 봉쇄한 적이 훨씬 많았지만, 교통신호를 조작하여 '국빈급 예우'를 받은 적도 있었다. 좋아서가 아니다. 번개처럼 지나가버리기를 바래서다. 상경버스에 '광주학살 배후조종 미국놈들 몰아내자', '미국놈들 몰아내고 전두환을 찢어죽이자' 등의 플래카드가 걸려있으니 군사독재정권이 좋아할 리 있겠는가? 얻어듣지 않기 위해서 잔머리를 쓴 것이 버스 빨리 보내기 작전. 공안당국의 고뇌에 찬 결단에 의한 '아름다운 배려'가 눈물겹다. 그런데 어쩔 때는 강제로 태워서 오지에 쓰레기처럼 던져놓고 가버렸다. 그래도 악착같이 또 모여서 시위를 했다. 전두환에겐 가장 징헌 사람들이 5월식구들이었으리라. 그중에서 가장 인상적인 추억이 있다. 1988년 5공청문회 당시에 국회에 진입했다가 9개 경찰서에 분산 수용된 후, 만남의 광장에서 재회했으니, 전라도 말로 얼마나 오지겠는가!

"나 태어나 이 강산에 투사가 되어 꽃 피고 눈 내린지 어언 삼십년." 투사의 노래를 부르며 '떼창과 떼춤'을 연출한 장면은 '5월투쟁사'에 영원히 잊지 못할 아름다운 추억으로 남아있다. 그때 열정적으로 활동했던 회원들은 주로 유족회와 부상자회원들이었고, 200명이 되지 못했다. 그런데 7차에 걸쳐서 5·18유공자로 인정된 사람은 약 5천여 명이 되었다. 사람들이 많다 보니 안 좋은 얘기들도 있었다. 특히 모 단체의 일부 회원들이 꼭 말썽을 일으켰다. 그래도 한 물에 있는 물고기라 욕은 공평하게 먹었으니, 그야말로 불공평이 아닐 수 없다. 2020년 11월 16일 5월 단체의 상경투쟁이 있었다.

보훈청이 속한 정무위를 독립유공자와 4·19와 5·18 단체를 국방위로 변경한다는 설이 있었다. 기자회견을 마치고 국회 앞과 민주당사 앞에서 시위를 했다. 그리고 국회 건너편에 텐트를 쳤다. 30년 전 투쟁과는 다른 점이 있었다. 30년 전에는 소수정예였지만 준비성도 있었으며 처절했다. 그때는 유족과 부상자들이 주도했고 한이 맺혀서 했다면, 이제는 구속자 중심으로 변해가고 있다. 그래서 지난날에 열심히 뛴 사람들 중에는 "돌멩이 한 번 안 던져보고 최루탄 냄새도 안 맡아본 자들이 설치는 게 보기 싫어서 5월과 담을 쌓았다"라는 회원들도 있다. 하지만 유족 어머니들이 늙어가고 죽어가니 "늦둥이들이 이제라도 투쟁을 해주니 고맙지 뭐야"라고 이해하며 포용한 사람들도 있다.

42년이 됐어도 제대로 된 진상규명은 되지 않고 있으며, 학살자들은 떵떵거리고 사는데, 5월 관련자들과 민중들의 삶은 개선되지 않은 채 역사의 바퀴는 굴러가고 있다는 슬픈 현실. 나도 지긋지긋한 '5월의 늪'에서 빠져나와 평범한 사람으로 돌아가고 싶건만, 계속해서 '5월길'을 걷고 있다. 이것 또한 숙명 아닌가!

독자들을 위해서 숨겨놓은 얘기 하나를 털어놓는다.

1984년 5월 3일부터 7일 사이에 로마 교황청의 요한 바오로 2세가 한국을 방문했다. 한국 천주교 200주년 기념을 위한 장정 중에 광주를 위로 차 방문했다. 공설운동장으로 환영을 가기로 하여 기대에 부풀었다. 그런데 '짭새'들이 덮쳤다. 진도아리랑을 개사한 노래가 생각났으니…….

아리아리랑 스리스리랑 아리리가 났네
아리랑 응 응 응 아라리가 났네
서방님이 오신다기에 홀랑 벗고 잤더니
서방님은 아니 오고 찬바람만 불더라

이런 지미 거시기 같으니……. 그러지 않고도 틈만 나면 집 앞에서 지키고 있어서 아내를 제대로 사랑해 주질 못했는데 또 폭거를 당했으니 뿔따구가 날 수밖에. 대한민국에 있는 욕을 모두 뱉었다. 그래도 분이 안 풀렸다. 한참 차를 부수고 욕을 하는데 여자 하나가 들어왔다. 이런 개만도 못한 놈들이 미인계를 쓰려고 하는구나 생각하니 돌아버릴 것 같았다. 그런데 낯익은 사람은 바로 우리 아내가 아닌가? 조합장에게 협박과 회유를 했는지 아내와 함께 생각지도 않은 구혼여행을 하게 됐다. 그런데 아침에 일어나니 머리가 멍했다. 이상하다 생각하고 지갑을 봤더니, 우리 어머니가 비상금으로 가지고 다니라고 신신당부한 용돈이 사라져 버린 것 아닌가? 우는 애기한테 과자를 뺏어먹지, 나 같은 불쌍한 놈의 돈을 훔친 도둑이 있을 줄이야.

"야 짭새 새끼들아, 지미……. 여관 문이나 잘 지키랑께, 야, 지미 못 도망가도록 구렁이 알 같은 내 돈을 도둑질해? 에라 두환이보다 X 같은 새끼들아!"

돈을 잃어버린 것도 기분 나쁘지만 '짭새'들이 의도성이 있지 않았나 해서 괘씸했다. 가톨릭신자가 아닌 나로서는 처음이자 마지막이 될 수도 있는 교황을 뵐 기회를 박탈당한 것도 분통이 터지는데, '짭새'들에게 당했다는 생각에 참을 수 없었다.

"야 이런 니미 X같은 새끼들아."

"아따 그랑께 과부가 애기를 낳아도 이유가 있는 것처럼 우리도 사연이 있당께."

"아무리 그런다고 내 돈을 쌔배부러. 허허허."

"우리가 어떻게 훔쳐갔겠어?"

"그럼 돈이 발 달려서 도망갔겠어?"

"우리 성질을 모른가? 처음에는 지켰는데 덥기는 허고 잠이 스르르 온디, 자네도 알다시피 잠에는 장사가 없는 것이여."

"그랑께 자네들이 내 돈을 일부러 감춘 것은 아닌께 믿으란 말이제?"

"에이 사람아. 아무리 그렇다고 우리를 의심한가?"

"그래 그렇다 치고 내 돈은 어떻게 할 것이여?"

"우리가 해결헐 것이여."

"글지말고 어떤 수단을 써서라도 도둑놈을 잡아서 콩밥을 먹여야 된단께."

"나라 도둑질 헌 놈도 못 잡고 있으면서 어떻게 좀도둑을 잡는다고 그래?"

"오메 짭새가 수준이 쬐금 높네 잉."

"목구멍이 포도청이라서 그라제, 나도 양심이 있네. 형사 노릇도 못해 묵겄네. 우리가 줄께 염려마."

"박봉인 그대들의 돈을 받으면 내 목구멍은 편하겠는가?"

"우리가 명색이 정보과 형사들 아닌가? 돈은 얼마나 된가?"

"응. ○만원."

"와따메, 솔찬허네잉"

정보과의 김○○과 이○○ 두 형사가 여관 주인한테 갔다. 그런데 내 입장에선 돈은 차치하고 불편했다. 우리 5·18 회원들은 교황 방문에 맞춰서 전두환 정권의 학살만행을 폭로하고, 진상규명과 민주화를 위한 노력을 하고 있을 것인데, 여행 같지 않은 여행을 와서 기분까지 잡쳤다. 전두환 일당에 대한 증오심만 깊어갔다.

"○○ 아빠, 저 사람들한테 성질 좀 그만 내시오."

"나도 참을라고 했지만 뿔따구가 난디?"

"윗사람들이 물짠 놈들이제 저 사람들이 뭔 죄가 있겄소?"

"위에서 시키더라도 부당한 짓은 안 하면 될 것 아니여?"

"집이도 직장생활 해보이시오. 그렇게 된가."

"나는 죽었으면 죽었지 절대 나쁜 짓은 안해."

"그나저나 나도 마음이 안 좋소. 얼른 집에 갑시다."

두 형사 중 한 사람은 집안 동생이 변을 당했을 때 헌신을 했던 사람이고, 한 형사는 초등학교 단짝의 사돈이다.

시간이 꽤 흘렀는데 두 형사가 돌아왔다. 여관 주인한테 저 사람이 간첩으로 의심받고 있는 사람인데, 슬기롭게 해결이 안 되면 보안대에서 조사가 나올 것이라고 엄포를 놨는지, 안기부 중요 간부의 자녀라고 했는지, 여관의 허가가 취소가 안 되려면 변제를 해라고 했는지,

5·18 폭도들이 몰려오면 큰 일 난다고 했는지는 모른다. 아니면 도저히 설득이 안 되자 둘이서 갹출했는지 묻지는 않았다. 그러나 분명한 것은 도둑맞은 액수만큼의 돈이 돌아왔다는 것.

“이럴 줄 알았으면 동그라미 하나를 더 잊어버렸다고 뻥을 칠 것인데 멍청이 같으니.”

내가 참 순진하다는 생각이 들었다. 아무튼 교황이 한국을 떠날 때까지 형사들과의 동행은 계속됐다.

5월 항쟁에 직간접적으로 영향을 미친 종교는 단연 가톨릭이었다. 김성용, 조비오, 정형달, 남재희 신부님께서 옥고를 치렀다. 여기에서 그치지 않았다. 5월의 불똥은 가톨릭 원주교구까지 날아갔다.

1982년 3월 18일, 부산의 고신대생들인 문부식, 김은숙 등이 미국을 향해 ‘어퍼컷’을 날렸다. 광주학살을 미국이 배후조종했다며 부산 미문화원에 불을 지른 것. 당국은 난리가 났다. 방화범들은 원주성당으로 피신했다. 가톨릭 원주 교육원장이었던 최기식 신부(최양업 신부, 이성례 순교자 후손)와 한강성당 함세웅 신부가 자수를 권유했다. 그러지 않고도 가톨릭을 눈에 가시처럼 여겼던 전·노 일당은, 가톨릭 관계자들은 범인 은닉죄로 구속시켰다. 총 9명이 옥고를 치렀으며 당국의 탄압은 계속됐다. 김수환 추기경을 비롯한 가톨릭 교계가 민주화 운동 전선에 합류하게 된 결정적 계기가 되었다. 그런 과정에서 원주교구의 최기식 신부를 광주 계림동 성당에서 뵐 수 있었다. 그 당시에 함께한 회원들에겐 위로가 됐으며 영광된 자리였다. 그때 함께했던 회원 중 김용대, 이광영 두 척추환자는 5월영령 곁으로 가버렸으니 두환이가 원망스러울 수밖에…….

오메 어째야쓰까잉-엄니 징허니 죄송하요

5·18 30주년이 됐다. 그러나 세상은 크게 달라진 게 없고 진상규명은 요원했다. 하여 문화예술을 통해 5월을 알려야겠다는 일념으로 시작한 게 바로 연극 '애꾸눈 광대'였다. 초창기엔 성대모사, 마술, 난타, 각설이, 방송댄스 등의 장르로 투박했다. 그래서일까, '애꾸눈광대'라는 연극이 광주에서 제대로 인정받지 못했다. 일부 언론이나 관심있는 분들이, 5월 당사자가 본인의 자전적 얘기를 극으로 만들었다는 자체를 의미있게 평가했지만 대부분 냉소적이었다. 그것은 내가 전문 예술인이 아니라 어색해서였는지, 아니면 5월에 대한 피로감과 문화를 접할 수 없는 환경이 작용했는지 알 수 없다. 그런데 전국 순회공연을 다닌 제주·부산·창원·대구 등에서는 큰 울림이 있었다. 특히 2015년 1월 21일 22일의 오사카 공연에 대한 평가가 의외로 좋았다. 앵콜공연에 대한 주문이 쇄도했다. 그래서 감독을 비롯한 스텝진들과 상의를 했다.

"일본 공연 때 고생했네.덕분에 평가가 좋았고 그래서 앵콜공연을 하자고 하네만……."

"그러면 당연히 해야지라."

"그란디 문제가 쬐끔 있네."

"어떤 문제요?"

"딱 잘라서 말하면 돈이 없응께 재능기부로 해주라고 허네."

"아따 그것은 안 되지라. 고급인력들인데."

"그래서 말을 꺼내기가 쑥스러웠어."

"아따 농담이고라. 우리가 언제 돈 보고 했다요. 보람있는 일이라면 해야죠. 불러준 것만도 고마운디 추잡스럽게 돈을 따지면 쓰겄소?"

"고맙네. 너무 미안해서 그라네."

"아따 우리가 5월 이야기를 연극으로 만들어서 상설공연을 시작한 것만도 영광 아니요? 그러냐 안 그러냐?"

"아따 두 말하면 볼딱지 아프지라."

그렇게 해서 앙코르 공연하기로 만장일치 통과되고 연습을 시작했다. 공짜공연이라고 해서 적당히 넘길 수 없었다. 틈만 나면 재능기부의 공연을 갔다. 그럴수록 최선을 다했다. 더군다나 앵콜공연 아닌가! 그래서 죽을동 살동하며 겨울을 달궜다. 마침내 2015년 2월 25일 저녁 7시 반 공연시간이 다가왔다. 간단한 식사를 마치고 무대에 오르려고 준비할 때 전화벨이 울렸다.

"○○ 아빠, 빨리 병원으로 오이시오."

"뭣땜시? 바빠 디지것는디."

"엄니가 위독하단 말이오. 후딱 오랑께라이."

"곧 공연 시작한단 말이여."

"예 말이오. 정신이 있소 없소?"

“공연 끝나고 얼른 갈게.”

“곧 돌아가실 것 같은디 집이가 사람이오?”

“지금 어떻게 가냐구! 관객과의 약속은 어떡하고.”

“관객이 중허요? 낳아주신 엄니가 중허요?”

“어머니가 소중하지만 관객들을 버리고 절대 갈 수가 없어.”

“세상에 평생 엄니한테 돈 갖다 쓰고, 마음고생 시키고, 마지막 가시는 길마저 함께하지 못한다니 불효자식 아니오!”

“맞아. 불효자식이여. 용서해줘 여보.”

“엄니는 용서할랑가 몰라도 나는 죽어도 용서 못하겄소.”

“여보, 진짜 죽을 죄를 졌네.”

“엄니……. 흐흐흑.”

행여 일본 공연 때 돌아가시면 어쩌나 하고 걱정했는데, 살아계셔서 천만다행이었다. 그런 분이 하고많은 날 놔두고 하필이면 공연 시간에 돌아가시나? 눈물도 나지 않았다. 관객 100여 명보다 어머니 한 분의 무게가 훨씬 무거웠다. 그러나 1980년 5월 27일 광주의 새벽을 지킨 동지들은 죽음으로 민주주의를 지키려다 산화했는데, 5·18 기념공연을 한다면서 광주시민을 두고 차마 어머니 곁으로 갈 수가 없었다. 설사 호로자식, 아니 벼락맞을 X이라고 욕하더라도 공연장을 지켜야 하는 숙명이었다.

전화 통화 후 어머님은 운명하셨다. 어릴 적부터 학창시절과 악극단과 응원단장 시절, 그리고 5·18 이후 어머니께서 겪었던 수많은 애환들이 주마등처럼 스쳤다. 차마 단원들께 얘기하지 못했다. 가슴으로만 흐느끼며 연극을 마쳤다. 그리고 마이크를 잡았다.

"관객 여러분, 고맙습니다. 오늘은 한 여인의 얘길하겠습니다. 일제강점기에 남편을 일본에 뺏긴 여인, 그분은 6·25때 낮에는 군인과 경찰, 밤에는 빨치산에게 시달렸습니다. 그러다가 5·18때는 큰 아들이 부상을, 둘째 아들은 영창으로, 그리고 외동딸은 5·18유가족과 결혼하여 죽었습니다. 한평생을 가족을 위해 고생만 한 여인, 아니 약소국가에서 태어나 녹록치 않은 한국의 근현대사를 관통한 불쌍한 여인. 그분이 오늘 세상을 떠났습니다. 저의 어머님입니다."

나는 울음을 참았다. 그런데 여기저기에서 흐느낌이 들렸다. 나한테 미친놈이라고 한 사람도 있었을 것이고 진정한 예술인이라고 한 사람도 있었을지 모른다. 관객들의 평가를 뒤로 하고 빈소를 찾았다. 임종도 빈소도 못 지킨 불효자식이 무릎꿇고 술 한 잔을 올리면 무슨 소용있으랴만, 노래 한 곡을 바치며 뻔뻔스럽게 용서를 빌었다.

—불효자는 웁니다—
불러봐도 울어봐도 못 오실 어머니여
원통해 불러보고 땅을 치며 통곡해요
다시 못올 어머니여 불초한 이 자식은
생전에 지은 죄를 엎드려 빕니다.

더 이상 무슨 말을 하리오. 오늘이 어머님 7주기다. 당신이 미치도록 그립다.

춘삼월에 노무현과 김근태가 그리워진 이유

2021년 3월 9일, 봄 향기를 맡으며 차에 올랐다. 긴 겨울과 코로나를 뚫고, 봉하마을 들녘에도 희망은 피어오르고 있었다. 노무현 대통령 생가에도, 노무현 전 대통령의 마지막 담배 연기가 외롭게 피어오르던 부엉이 바위에도 2021년 봄은 와 있었다.

노무현 전 대통령을 처음 본 것은 1988년 5월 청문회가 열리던 때. 여소야대의 국회였지만, 광주학살의 주범 노태우 씨가 정권을 잡고있던 엄혹한 상황이었다. 5·18 대표성을 띠고 국회에 진출한 정상용 의원은 '살인마 전두환'을 외쳤다. 그런데 격정을 잠재우지 못하고 국회의원 명패를 던진 사람이 있었다. 바로 노무현이었다. 그때만 해도 안기부와 보안대 등 권력기관의 위세가 드센 때였는데, 쉽지 않은 용기로 젊은 정치인은 파격 행보를 이어갔다.

여소야대 국회에 위기를 느낀 군부세력은 정계개편을 시도했다. 마침내 3당합당이란 그림이 완성됐다. 김영삼의 추천으로 정치권에 진출한 노무현은 합류를 거부했다. 그 후 부산에서 출마하여 낙선하고 1998년 서울 종로의 보궐선거에서 당선됐다.

1997년 12월 19일, DJP연합을 통해 김대중 총재가 대통령에 당선됐다. 이듬해 5월 가족과 함께 제주도 여행을 갔다. 그 곳에서 우연히 서민 복장을 한 노무현 의원을 만났다.

"의원님, 반갑습니다. 저희들은 5·18 부상자회 회원들입니다."

"청문회 때 잠깐 뵈었지예?"

"네 맞습니다. 그때 명패를 던질 때 저희들은 통쾌했지만 두렵지 않았습니까?"

"광주시민들은 목숨걸고 싸웠는데 거기에 비하면 아무 것도 아니지예……."

"호남에도 의원님 같은 정치인이 탄생했으면 좋겠습니다."

"광주항쟁 때 목숨걸고 싸운 것만으로도 광주시민들은 위대하지 않았습니까? 그래서 항상 빚지고 사는 기분입니다."

4·3항쟁 유적지에서 그렇게 헤어졌다. 그리고 2000년 4월 13일 16대 국회의원 선거 때 노무현 의원은 지역구인 종로를 포기하고, 지역감정 타파의 기치를 걸고 부산에서 출마했다. 노무현 의원께 빚진 마음을 해소하기 위해 4월 11일 부산에 갔다.

당선이 유력한 노 의원에게 암초가 나타났다. 선거 막바지인 6월 15일에 남북 정상회담 개최 예정 소식이 알려진 것. 전반적인 분위기는 호재였으나 경상도에는 역풍이 불었다. 그래서인지 선거 유세원들과 노영국 탤런트만 함께하고 있을뿐 유세현장은 썰렁했다. 선거 사무실에 들렀다가 광주로 오는 내내 씁쓸하고 우울했다. 예상대로 낙선의 고배를 마셨다.

다시 노무현을 만난 곳은 서울의 한 식당이었다. 새천년 민주당 제1

차 전당대회가 2000년 8월 30일 잠실체육관에서 열렸다. 그때 김근태 선배가 대표에 출마했다. 1984년 5월 24일부터 가깝게 모셨던 분이라 상위권에 진출할 것을 희망했으나, 결과는 꼴찌에서 두 번째였다. 가장 실망한 사람이 당사자인 김근태 의원이다 보니 식당의 분위기가 준초상집 수준이었다. 가끔 유머로서 분위기를 반전시킨 나도 위로의 말씀을 건넬 엄두를 낼 수 없었다. 그때 등장한 사람이 해양수산부장관이었던 노무현이다. 시무룩한 김근태 의원께 핵심적인 한 마디로 응원했다.

"와 기가 죽었노? 내가 아니면 우리가 하면 될거 아이가!"

두 분과 한 좌석에 앉았던 내가 느낀 것은 '역시 노무현답다'였다.

김근태 의원과 노무현 장관의 여의도 캠프는 근접 거리에 있었다. 가끔 노무현 사무실에 들리면 이강철, 염동연 두 선배가 전략회의를 하거나 바둑을 두고 있었다.

"어이, 지현이 어서 오게나."

"네 수고들 하십니다."

"김근태 의원과 노무현 장관 두 분 중의 한 분이 대통령이 되면 좋을 것인디."

"긍께 말이라. 노 장관님께서 우리 김근태 의원님을 밀어주면 좋지 않겠습니까?"

"그러지 않고도 노 장관께서는 민주인사들이 대거 포진돼있는 김근태 의원님을 부러워한다네."

"그러면 다음 대통령 후보로 김근태 의원을 지지해주면 되지 않겠습니까?"

“그럴려고 하는데 김 의원이 워낙 대중성이 없어서……. 노 장관님은 김 의원님의 인기가 올라가면 언제든지 양보하려고 하네. 자네들도 우리 노 장관님과 차이가 나면 우리를 밀어줘야 하네.”

김근태 의원 입장에서는 서울대 출신에 화려한 경력이, 부산상고와 변호사 출신의 노무현 장관보다 인기가 없는 것을 이해하지 못했으리라. 두 분은 대통령 후보에 출마했고, 광주 경선을 앞두고 김근태 의원은 사퇴를 했다. 그날 아침에 숙소에 들려서 안마를 해드렸는데 뭔가 결심을 한 것 같았다.

마침내 노풍이 불었다. 정몽준과의 단일화 여세를 몰아 16대 대통령에 당선됐다. 비록 부엉이 바위에서 쓸쓸히 세상을 떠났지만, 당신을 버리고 더 큰 대한민국을 향한 메시지를 던져주었다. 그런 노무현 대통령이 생각난다. 그리고 선비 같은 선배님 김근태 전 장관님이 그리워진다.

분열의 강에서 만난 뱃사공 김부겸

1980년 5월, 광주시민들은 공수부대의 만행에 분연히 맞섰다.

짱돌과 카빈총, 그리고 M16과 탱크와의 싸움은 계란으로 바위치기처럼 상대가 되지 않아 수많은 시민들의 희생자를 냈다. 전두환의 승리처럼 보였다. 그러나 시민군의 결사항쟁 정신은 세계 민중의 귀감이 됐다. 그래서 광주에 빚진 국민들은 7년 뒤 6월항쟁을 폭발시켜 6·29 항복선언으로 이어졌고 대통령 직선제가 쟁취되었다. 기회를 잡은 양김은 물러서지 않았다. 민주진영은 단일화파와 비판적지지파 그리고 독자후보파로 나뉘었다. 분열은 필패였지만 그러나 어느 누구도 양보하지 않았다. 4자필승론까지 등장했다.

나는 김대중·김영삼 두 분을 모두 만났는데, 김대중 총재에게 호감을 가졌다. 하지만 비판적지지자는 아니었다. 단일화만이 승산이 있다고 얘기했다. 그러다가 정치권 진출을 노리는 사람들로부터 매서운 공격을 당했다.

“말만 순수하지 이 회장이 혹간 딴 생각이 있는 것 아니여?”

“이지현이는 김영삼 편이다.”

"그랑께 키 크고 속 없다는 얘기가 있지."

"광주에서 안 살려고 YS를 지지할까?"

나는 인간의 정치 세계가 동물의 세계보다 더 험악해서 실망했다. 도대체 국가를 위한 것인지, 자신의 입신양명을 위한 매도인 줄은 모른다. 심지어 "지금 대통령 후보를 관두면 우리들은 어쩌란 말이냐?"라는 말도 돌았다. 가짜 여론조사 결과까지 등장했다. 아무튼 대부분의 여론조사는 노태우 씨의 패배로 나왔다. 그러니 양김 진영이 각자도생 할 수밖에 없었다.

그때 김대중 후보가

"지금은 할 수없이 출마하지만 김영삼 후보와 내가 엇비슷하면 내가 양보할테니, 그때는 여러분께서 말려달라"고 했다.

양김의 여의도 집회, 그리고 김대중 후보의 보라매공원 유세, 정말 광적이었다. 그러던 1987년 12월, 대구공설운동장 김대중 후보의 집회에 갔다. 추위를 이기기 위한 소행인지 연설을 방해하기 위한 것인지는 불분명하지만 대구의 정서는 딴판이었다. 자칫 테러 위험까지 느낄 정도로 살벌했다.

그때 한 청년이 등장했다.

"안녕하십니까? 저는 경상도, 대구 사나이 ○○○입니다."

"야, 때려쳐라 마. 경상도 사나이가 미쳤나? 빨갱이 김대중을 돕나마."

야유와 욕설이 퍼부어졌다. 가끔씩 돌멩이도 날아왔다. 그런데 그 청년은 아랑곳하지 않고 연설을 했다. 자신은 상주 출신이고 경북고를 졸업했다나? 노태우 씨는 고향사람이지만 광주시민을 죽인 학살자다.

그래서 절대 찍어서는 안 된다 등등.

번개와 천둥이 어우러진 것 같은, 아니 포효하는 명연설은 대구의 겨울을 녹였다. 경상도 청년이 존경스러워 눈물이 났다. 벌써 35년 전 이야기다.

그 청년은 그후 정계에 진출하여, 고난과 역경을 극복하며 도전을 했다. 그리고 희망의 정치를 위한 시험대에 섰다. 파란만장한 인생역경 끝에 마침내 국무총리가 된 '김부겸'이다.

정치인 김부겸 총리가 아니라, 전화를 하면 아무리 바빠도 받아주거나 문자로 회신해주는 인간미 넘치는 그 분을 그래서 존경한다.

애꾸눈광대의 애환과 희망

1980년 5월의 광주민중항쟁이라는 역사적 사건은 광주의 문화예술계에 크나큰 충격을 주었다. 광주항쟁을 소재로 토박이는 연극을, 놀이패 신명은 마당극을 펼쳤다. 여러 작품이 있지만, 토박이의 〈금희의 오월〉과 신명의 〈일어서는 사람들〉은 국내뿐만이 아니라 세계 공연을 통해서 '오월광주'를 알리고 광주시민의 자긍심을 심어준 '명품'들이다.

그런 작품들을 보면서 민주화투쟁을 했다. 수차례의 연행과 감시 사찰, 수배와 구속과 고문을 당했어도 진상은 밝혀지지 않았고 학살자는 떵떵거리는 세상. 그래서 분통이 났다. 하여 문화 예술로 광주를 알리자고 시작한 게 5·18민주화운동 기념공연 〈애꾸눈광대〉였다. 그 시작은 2010년 5월 27일, 가톨릭센터 앞이었다. 어설픈 마술과 만담과 코믹댄스와 성대모사 등의 장르로 일종의 원맨쇼였다고나 할까? 연극이라고 하기엔 조잡한 행위—돌이켜보면 똥배짱이었는지 무모했는지 용기가 있었는지…….

그렇게 악과 깡과 사명감으로 시작한 연극. 힘든 작업이었다. 하룻강아지 범 무서운 줄 모른다는 말처럼 뭣도 모르고 뛰어들었다가 중단하자니 자존심이 상했고, 지속하자니 가장 큰 문제가 돈이었다. 할 수 없이 전답을 팔고 빚을 냈다. 한계에 부딪혔다. 만만한 아내에게 손 벌리는 것도 염치가 없었다. 그래서 어머님께 곤혹스러운 상황을 말씀드렸다. 어머니는 이유도 묻지 않고 돈을 주고 통장을 맡겼다. 어느 날이었다.

"예 말이오, ○○아빠. 우리 엄니가 이상해라."

"뭣이 이상해? 멀쩡하시드만."

"그게 아니고 엄니 통장에 돈이 꽤 있었는데 없어져부렀어라."

"아따 엄니가 누구에게 빌려줬거나 썼것제."

"혹간 집이가 갖다 써버린 것 아니제라?"

"아무리 힘들어도 엄니 것을? 예끼……."

우선 피하고 보자. 시골에서 고사리 분추 등 산나물을 채취하여, 십리 길을 걸어서 화순 이양역까지 이고지고 다닌 울 엄니. 남광주역 앞에서 노점상을 하며 벌어놓은 구렁이 거시기 같은 돈. 차라리 원숭이 똥꼬에서 촌충을 빼먹지 종손이란 자가, 아니 염병할 놈이 써버렸다. 그러나 진실을 얘기할 수 없어서 거짓말을 하고 나니 양심이 찔렸다. 아내가 알았으면 말 그대로 '연극 하고 자빠졌네' 했으리라. 학창 시절에는 공부를 안 하더니 나이 들어서 연극을 하다가 또 불효자가 됐다. 그래서 할 수 없이 지인들에게 티켓을 팔았다. 그런데 회수율이 30% 이하였다. 갈등이 생겼다. 내가 살겠다고 민폐를 끼치는 것이 아니냐? 불쌍한 지인들에게 죄인이 됐다고 생각하니 자존심에 상처를 입었다.

어느 날이었다. 광주 문화재단의 사무처장이었던 박선정 씨(작고)와 만났다.

"형님도 참 징허요. 뭘라고 연극을 시작해갖고 쌩고생을 허요?"

"그런께 마시. 나도 이렇게 힘들 줄 몰랐네."

"형님. 밑 빠진 독에 물 붓기란 말 들었지라?"

"뭔 말인 줄 알겠네. 무슨 묘안이라도 있어?"

"있기는 허요만……."

"야그 해보소."

"형님. 형님이 왕발 아니요? 서울에 한 번 댕겨오시오."

"거기 가면 뾰쪽한 수가 있당가?"

"있다 마다요."

"그래?"

체면이고 자존심이 무슨 대수냐? 며칠 후 용기를 내어 서울에 올라갔다. 최재성, 강기정 두 의원의 도움이 컸다. 그런데 보수정권인 이명박 대통령이 취임한 후 끊길 위기에 놓였다. 그래서 광주광역시 비서실장인 최현주 향우를 설득하여 광주광역시가 후원을 하게 됐다. 1인극, 2인극, 3인극, 6인극, 8인극, 15인극을 거쳐 2021년 6월 23일까지 200회 공연을 하게 된 것.

지나간 11년은 참말로 징헌 세월이었다. 어쩔 땐 무대에서 쓰러진 적도 있었고, 2015년엔 메르스로 인해 서울공연을 포기한 적도 있다.

영원히 잊지 못할 슬픈 추억이 있다. 초창기부터 상설공연을 도와줬던 '광주○○재단'과의 이별이다. 모 대표가 취임하면서 "공모를 통해 이뤄져야 한다"는 미명 하에 '150회'가 넘은 공연을 방출한 것은 엄청난 상처로 남아있다. 그것도 동지라고 할 수 있는 분이 당신의 안위를 위해 '5、18민주화운동 상설공연'을 내팽개쳤다는 의혹과 불신 때문에 연극을 포기할까 했으나, 광주시 '민주 인권 평화국'에서 포용키로 해서 용기를 얻게 됐다. 어머님의 피와 땀 광주시민들의 응원 속에서 버텨온 '애꾸눈광대!' 내가 떠난 이후에도 '5월광주'를 상징하는 연극으로 지속되길 바란다. 영국의 "쥐덫"처럼…….

전두환 씨의 죽음과 이광영 씨의 애환

나는 전두환이란 양반(?)을 만나서 집안이 쑥밭이 됐다. 운명적으로 투사가 됐으며, 경찰서 교도소 국정원 보안대를 섭렵했다. 자살 기도를 했지만 죽지 않았다. 죽을 각오로 살자. 그래서 5월정신을 예술로 승화시키기 위해 시작한 것이 5·18 기념공연 〈애꾸눈광대〉다. 2021년 11월 23일 전남여고에서 마지막 공연을 준비하다 비보(?)를 접했다. 전두환 씨의 사망 소식은 충격이었다. 분노와 허탈, 안타까움 속에서 공연을 마쳤다. 41년을 회상하고 있자니 만감이 교차했다. 그 때 또 다른 소식이 들려왔다.

"지현이 성님, 광영이 성님 소식 들었소?"

"상원아, 얼마 전에 변호사 사무실에서 만났잖아?"

"근디.., 오늘 자살해부렀단 말이오."

"뭐시라고. 어디서야?"

"고향의 저수지에서.... 흐흐흑."

이광영 씨는 승가대학을 졸업하고, 광주 증심사의 승려로 수행하고 있었다. '부처님 오신 날'을 준비하러 1980년 5월 19일에 시내에 나갔다.

선량한 시민들이 공수부대의 무자비한 만행에 무자비하게 희생당하는 걸 목격했다. 부처님의 제자로서 양심으로 도저히 가만있을 수 없어 부상자들을 후송하던 중, 5월 21일에 총상을 입고 정신을 잃은 채 기독병원에 입원했다. 입원 중에 합동수사본부에 끌려가 적극 가담자로 분류돼, 통합병원에서 특수관리를 받으며 치료했다. 그러나 하반신이 마비되어 평생을 휠체어에 의지하며 살아가야 하는 1급장애인이 될 수밖에 없었다.

이광영 씨는 신체적 결함을 극복하며 적극적으로 활동했고, 1982년 부상자회 창립의 일등공신으로 초대 총무를 맡았다. 그리고 불편한 몸으로 5·18을 증언하러 다녔다. 1985년도엔 경찰들이 묘지 참배를 방해하자, 장주인·김용대·김요한·김래향 등 '휠체어 5인방'이 선두에서 활로를 뚫었다. 고속도로를 행진했던 일은 신화로 회자되고 있다. 이후 1989년엔 5공청문회에 증인으로 참석하여 광주의 참상을 알렸다. 또한 전두환 씨의 회고록이 빌미가 된 '조비오 신부 사자명예 훼손 공판'에서 헬기 기총소사의 증언도 했다. 불구의 몸으로 진상규명과 책임자 처벌투쟁을 가열차게 했던 이광영 씨. 41년 동안 불면과 고통의 세월을 감내한 그는, 마침내 건강이 악화되고 정신적 공황에 이르자 극단의 선택을 결심하게 된 것이다.

이광영 씨가 10여년 동안 광주를 벗어나 경상도에서 치유를 하고있다는 소식을 들었다. 그러나 나는 찾지 않았다. 그 이유는 강경파와 온

건파로 나뉘어졌을 때의 앙금 때문이었다.

자살 소식을 듣고 나니 내 자신이 옹졸했다는 자책을 하였다. 보름 전 마지막 만났을 때, '최후의 만찬'도 없이 보냈다는 죄책감으로 너무 고통스러웠다. 잠을 설치고 빈소에 들렀다.

"어이 광성이 동생, 어찌된 것인가?"

"경상도 쪽에서 계시다 최근에 익산으로 옮겼지라. 이상해서 들렸는데 침대에 유서를 써놨드라고요. 전화를 했더니 전화기가 꺼져 있어서 경찰에 신고를 했죠. 고향인 강진군 군동면 부근으로 형님 차가 지난간 게 CC-TV에 ..."

"그럼 어떻게 찾았단가?"

"평소에 아버님이 자주 보고싶다고 했죠. 산소 부근 저수지에서 차를 발견했는데 세상에...."

"그럼 차를 몰고서 저수지로 돌진?"

"아니오. ㅎㅎ흑...."

광주의 비극을 외면했다면, 아니 전두환 학살집단만 없었다면 그는 종교지도자로서 추앙받는 인생을 살았을 것인데, 참으로 비통한 일이 아닐 수 없다.

2021년 11월 25일 11시가 넘어서 민주당 이재명 대통령 후보께서 유가족을 위로하기 위해 빈소를 찾았다.

"후보님. 와주셔서 고맙습니다. 2020년 9월 1일에도 고아 출신 구두닦이 시민군 정병균 동지가 투신을 했습니다."

“자살율이 일반인들보다 다섯 배 많다면서요?”

“그렇다고 합니다. 그 때 후속조치를 취했으면 이런 일이 안 일어나지 않았지 않습니까?”

“죄송합니다.”

“이광영 씨는 그냥 자살한 게 아닙니다. 저수지에 차를 놔두고 기어서 저수지로 내려갔습니다.”

“……”

“그 지독한 양반이 작심을 하고, 얼굴에 비닐을 뒤집어쓰고 배낭에 돌을 넣고서 잠수했습니다.”

1980년에 우연히 문병을 가서 이광영 씨의 참담한 모습을 보고,헌신을 하겠다며 스스로 고난의 길을 선택한 미망인 나ㅇㅇ여사가 참았던 눈물을 흘렸다. 이 후보도 흐느끼기 시작했다. 마음이 약해지려고 했으나 말을 꺼냈다.

“틈만 나면 정략적으로 5·18을 이용하려고 하지말고, 광주를 진정하게 보듬아 줘야 하지 않겠습니까?”

“당연히 그래야죠. 노력하겠습니다.”

그렇다면 광주학살의 주범 전두환 씨는 어땠는가? 그의 만행과 추태는 필설로 형용하기도 챙피하다. 진짜로 “아더매치”다. 그러나 우리는 가해자들이 광주학살의 진실을 밝히고 사죄하면 대범하게 용서할 수 있다고 했다. 그러나 전두환 씨는 끝까지 배 째라며 오리발로 일관하지 않았던가! 천수를 누릴 것 같던 그는 마침내 연희동 화장실에서 지저분하게 숨을 멈췄다.

가해자 전두환 씨는 아주 편안한 죽음을, 피해자 이광영 씨는 고통 끝에 산화했다. 억울하고 불공평하지만 현실이다. 우리들은 미치고 환장할 노릇인데 이광영 망자는 달관했는지 유서엔 이렇게 써있다.

"5·18에 원한도 없으려니와, 작은 서운함들은 다 묻고 가니 홀가분하다."

우연인지 필연인지 전두환 씨가 죽던 날, 노희관 교수를 비롯한 네 분의 유공자가 하늘나라로 향했다. 세 시간 먼저 하늘에 도착한 이광영 씨가 염라대왕께 강력히 민원을 제기해서 부른 것 아닐까?

돌이켜보건데 국민화합이라는 미명 하에, 반성과 사과도 없이, 무조건적인 사면·복권이 빚은 잘못— 그래서 너무 비통하다. 늦었지만 아직도 같은 하늘 아래서 떵떵거리고 살고있는 '광주학살 관련자들'이 고해성사를 하고 무릎 꿇고 사죄하길 바란다. 전두환 씨가 죽었다고 진실마저 묻을 순 없지 않은가! 비극의 전철을 밟지 않기 위해서, 법적 제도적 장치를 마련하고 '진상규명과 주먹밥 공동체 5월 정신 계승'을 해야 할텐데 녹록치가 않다. '전두환을 찬양하는 세력들'이 준동하고 있기에 역사가 뒷걸음치는 것은 아닐까? 왕스트레스와 함께 잠 못 이루는 날이 계속되고 있다.

그러나 우린 아무리 힘들어도 '1980년 봄날의 약속'을 위해 자살하거나 포기하지 않고 끝까지 투쟁하겠다. 하여 진실이 규명되고 5월정신이 헌법에 수록되고, 또한 암매장 당한 영령들이 가족의 품으로 돌아갈 수 있다면 얼마나 좋을까? 그 날이 오면 '애꾸눈 광대'가 아닌 평범한 자연인으로 돌아가 '5·18 민주광장'에서 희열의 눈물 쏟으며 더덩실 춤추고싶다.

부디 어머님의 아들로 다시 태어나게 해주세요

코로나 난국을 뚫고 2022년 새해가 솟았습니다. 아버님(이기동·1923~2002)과 헤어진 지 20년, 어머님(김경님)께서 하늘여행을 떠난 지 7년이 됐군요. 1928년생인 당신께서는 4살 때 외숙과 소꿉장난을 하다, 사고로 한쪽 가슴을 상실한 뒤, 외할머니마저 잃어버렸다지요? 외할아버지께서는 가난을 털어버리고, 딸이 일본군 '위안부'로 끌려가는 불행을 막기 위해서, 어느 눈 내린 겨울에 15살 당신을 시집보냈습니다. 그런데 신혼을 만끽하기도 전, 아버님을 징용으로 뺏기고 말았으니, 그 설움과 분노를 어떻게 형언할 수 있겠습니까? 철천지 원수 일본이 항복하자, 2년만에 부상당한 몸으로 귀국하신 아버님을 맞은 당신. 하여 오랜만에 오순도순 살아가고 있을 때, 또 6·25 동족상잔의 괴물이 덮칠 줄이야…. 낮에는 군인과 경찰, 밤에는 빨치산에 시달리며 구사일생의 나날이셨다죠? 그러던 중 임신이 되자, 태아라도 살려야겠다며 고모할머님이 계신 보성군 득량면 쇠실마을(김구 선생이 은거한 곳)로 피난을 떠났습니다. 이윽고 11년 시집살이의 한을 토해낸 득남의 순간. 그 얼마나 기쁘고 감격스러웠습니까.

어머님, 그런데 소자는 어머님의 기대에 부응하지 못하고, 학창시절에는 말씽을 부려 아버님을 종종 학교에 불러다니게 했지요. 청소년 시절부터 악극단을 기웃거리고 고교 야구 응원단장을 하며, 속만 썩였죠. 그러다가 '제2의 인생'의 계기가 된 '80년 5월'을 만나고야 말았습니다. 당신께서는 서울에 있는 내가 염려되어 "광주가 6·25 때 난리는 난리도 아니다. 절대 내려오지 마라" 말리셨죠. 그런데 어찌 불의를 보고서 가만있을 수 있겠습니까? 결국 남동생은 연행당했고 저는 부상을 당한 뒤 폭도로 몰렸습니다. 문중 종손에 대한 기대가 실망으로 번지자, 당신은 넋을 잃어버렸습니다.

그래서 부천에 살고 있던 여동생(이인숙)이 고향에 내려오자, "너라도 시집보내야 내가 눈을 감겠다"라며 반강제로 결혼을 시키셨죠. 신랑은 망월동 5·18 민주열사묘역(묘지번호 114번)에 잠든 민병대 열사의 형이며, 제 친구이지요. 행복을 염원했던 동병상련의 결혼은 오래 가지 못했습니다. 전두환 군부독재정권은 광주학살 만행을 감추기 위해, 505보안대와 전남지역개발협의회를 통해 '5·18 묘지 이장 음모'를 획책했습니다. 광주는 두 번 죽임을 당했고, 동지인 유가족들은 분열됐으며, 집집마다 갈등과 싸움이 빈번했죠. 화가 난 여동생은 1983년 9월 음독자살하고야 말았습니다. 불쌍한 인숙이를 묻고 내려오던 날, 우리는 얼마나 통곡했는지…. 설상가상으로, '5월 가족'과 동지들과 반목과 갈등으로 홍역을 치르다, 죄책감과 트라우마에 시달린 저도 자살을 시도했습니다. 살아나긴 했지만 어찌 그게 자식이 할 도리였겠습니까?

당신께서는 감시와 연행 그리고 사찰과 탄압에 이은 구속과 고문이 반복되는 자식의 불행 앞에 얼마나 애간장이 타셨을 것이며, 피눈물을 쏟을셨을까요? 그 애환을 달래고자 남광주시장 앞에서 노점상을 시작하셨고, 단속을 숙명으로 받아들이며 자존심마저 팽개치고 악착같이 사셨습니다. 그때가 가장 행복했다던 당신. 그렇게 갖은 수모와 고생 끝에 모아놓은 그 돈마저, 투쟁 자금과 연극을 준비하기 위해 모두 탕진해버린 '웬수'가 바로 저였습니다.

그러다 2015년 연극보다 더 연극 같은 일이 벌어졌습니다. 아버님께서 징용당해 일하셨던 후지나 가타 조선소가 있던 오사카에서 연극이 호평을 받은 덕분에, 난생 처음으로 앵콜 공연을 하던 날이었습니다.

"여보, 빨리 병원으로 오시요." "공연 시작해야 하는데, 왜?" "엄니가 금방 돌아가시게 생겼단 말이오." "오메 어째야쓰까. 근디 어떻게 시민과의 약속을 어기고 엄니한테 가겠는가? 미안흐네." "세상에! 엄니가 중요하요 관객이 중허요? 마지막 가실 때까지 불효 할라요? 집이(당신)가 사람이오 짐승이요!?"

어머님. 설사 '호로자식'이라고 욕을 먹더라도 당신께 절대로 갈 수 없었습니다. 5월 영령들은 1980년 5월27일, 민주주의의 새벽을 밝히다 목숨을 바쳤는데, 어찌 관객들을 외면하겠습니까! 그래서 임종도 빈소도 못 지켰습니다. 연극을 마치고 관객들께 어머님의 소천 소식을 알렸습니다. 관객들이 우는 바람에 저 역시 참았던 슬픔에 울컥할 수밖에요. 이런 놈을 자식이라고 믿고 숨을 거둘 때까지 못난 저를 기다렸을 어머님, 이 불효자식이 무슨 말로 해명을 한들 용서가 되겠습니까?

가산을 탕진했을 때나 죽으려다 살아났을 때도, 단 한 마디 꾸지람이 없었던 당신. 그래서 더욱 죄송하고 부끄럽습니다. 당신은 이 못난 아들이 대한민국의 민주주의와 통일보다, 평범하게 가장 노릇을 하기 바랐지만, 저는 역사의 부름을 거역할 수 없어 투사의 길을 택했습니다. 하여 몸은 망가지고 집안은 쑥대밭이 되고 말았습니다.

뒤늦게 극기의 일환으로 냉수마찰을 하고 무등산을 맨발로 오르기도 했으며, 각설이로 분장하고 봉사활동을 시작했습니다. 남을 즐겁게 하다 보니 기적처럼 우울증이 치유되지 않았습니까? 덕분에 5·18을 문화예술로 승화시킨 '애꾸눈 광대'라는 연극인으로 진화했습니다. 또한 당신께서 열정적으로 활동하신 모습을 보며 쓴 글 「노점상」으로 신인문학상을 받고 시인까지 됐습니다. 이제 어떻게 살다가 죽어가야 하는 줄 알았으니, 이보다 더 큰 행복이 어디 있겠습니까! 그래서 절대 울거나 후회하지 않습니다. 만약 환생할 수 있다면 분단의 설움으로 목이 메인 한반도에서, 어머님의 아들로 다시 태어나게 해주십시오.

대한민국의 근현대사를 피눈물로 살다가 서럽게 떠나버린 우리 어머님. '광주학살 원흉' 전·노 일당은 사죄 한마디 없이 떠났는데, 트라우마에 고통스러운 동지들은 계속 목숨을 끊고 있습니다. 특히 진실이 암매장당한 채 42년을 맞았으니, 어찌 통탄하지 않을 수 있겠습니까? 어머님, 그들은 떠났지만 우리는 역사의 등불을 켜고 진실을 밝힐 겁니다.

그리고 '주먹밥공동체정신'으로, 나누고 배려하며 봉사하겠습니다. 당신께서 원하는 세상을 만든 다음 어머님 곁으로 가겠습니다. 그래서 못다한 효도를 올리겠습니다. 어머님. 죄송하고 고맙습니다. 그립습니다. 존경합니다.